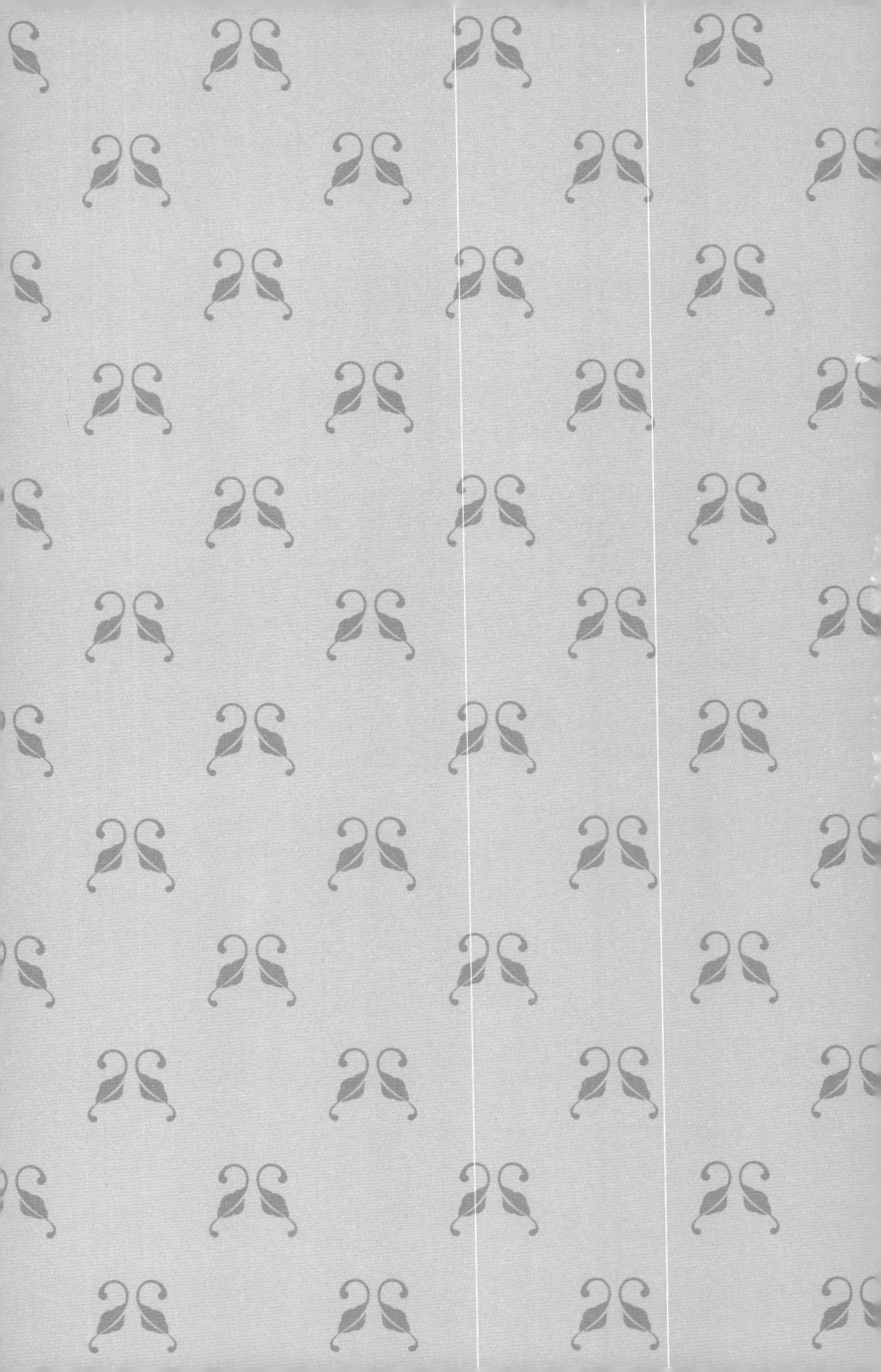

伦理学名著译丛

储昭华 主编

Kant on Human Dignity

康德论人类尊严

〔德〕奥利弗·森森 著

李科政 王福玲 译

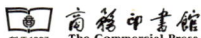

KANT ON HUMAN DIGNITY
Oliver Sensen
© 2011 Walter de Gruyter GmbH Berlin Boston.
All rights reserved.
This work may not be translated or copied in whole or part without the written permission of the publisher
(Walter De Gruyter GmbH, Genthiner Straße 13, 10785 Berlin, Germany)
本书根据德国德古意特出版社2011年版翻译出版

中译本序

由于本书首先以英文出版，我得以同许多人交流"尊严"问题，包括许多中国学者。所有这些讨论与后续的研究进一步增强了我对本书中提出的诸多论题的信念。康德相信，一切人类存在者[*]都应受敬重，哪怕是一个罪犯。在康德的研究性文献中，这多少成了一种普遍的观点：一、康德把"敬重他人的要求"奠基在一种绝对的、内在的价值之上，一切人类存在者都具有这种价值；二、康德把这种绝对的、内在的价值定义为"尊严"。在本书中，我论证，这两个主张都需要加以修正。

我首先论证，康德把"敬重他人的要求"奠基在一种先天的原则之上，即定言命令式或人性公式，而不是奠基在一种价值之上。然后，我论证，康德以截然不同的方式定义"尊严"。在他出版的著作中，康德使用"尊严"这一术语共计111次。绝大多数时候，他并没有

---

[*] Human being在很多书中被译作"人类"，这种译法在非哲学语境中并没有太大的问题。但在哲学语境中，being作为"存在者"，是一个重要的概念，有必要加以强调。因此，译者在本书中将human being译为"人类存在者"。其中，human本身就是一个类概念，是对"人"这一物种的特殊性与限制性的强调，故译为"人类"或"人类的"是恰当的，同时还可以与本书中出现的"人类心灵"（human mind）、"人类认识能力"（human cognition）、"人类理性"（human reason）、"人类意志"（human will）等术语形成呼应。——译者

把尊严定义为一种价值，而是把它定义为一种较高的地位，这种用法很可能使康德更接近于孔子。只有9次，"尊严"看起来确实近乎"价值"（value or worth）。在那些段落中，康德论证说，道德价值在其他诸多价值中具有最高的地位。我的这两个主张都有助于使康德的文本更为融贯。

我十分感激王福玲，她发起了本书的翻译工作，以及李科政，他翻译了本书的大部分内容，并承担了校改工作。我同样十分感激商务印书馆出版本书，以及德古意特出版社（de Gruyter）授予版权。我想感谢《康德研究》（Kant-Studien）刊发了一场关于本书的专题研讨会的全部论文，我还想感谢四大洲的那些邀请我就这一主题发表讲演的东道主们。我尤其感激海纳·克莱米（Heiner Klemme）、保利娜·克莱因盖尔德（Pauline Kleingeld）与詹斯·蒂默曼（Jens Timmermann），他们为我的这本书组织了多个研讨会。我为同刘睿（Rui Liu）以及我能在此提及的许多人就此话题所展开的更多交流感到愉快，他们包括汤姆·希尔（Tom Hill）、苏珊·谢尔（Susan Shell）、斯特凡诺·巴钦（Stefano Bacin）、约亨·博亚诺夫斯基（Jochen Bojanowski）、鲁宾逊·多斯·桑托斯（Robinson dos Santos）、保罗·弗摩萨（Paul Formosa）与迪特尔·舍内克尔（Dieter Schönecker）。

奥利弗·森森
2019年11月12日

中译者序

本书的作者奥利弗·森森教授是美国杜兰大学的一位才华横溢的学者，师从当代著名学者奥诺拉·奥尼尔（Onora O'Neil）与西蒙·布莱克本（Simon Blackburn）。正如他在致谢中所言，本书乃是基于他在剑桥大学攻读博士学位时所撰写的毕业论文，其主要观点从那个时候开始就引起了学界的关注，并且获得了多项重要学术基金的资助。完成毕业论文之后，森森教授在三个大陆的八个不同国家就论文的主题开展了一系列的学术讲座，并且引起了包括亨利·阿利森（Henry Allison）、拉腊·德尼（Lara Denis）、斯蒂芬·恩斯特龙（Stephen Engstrom）、保罗·盖耶（Paul Guyer）、奥特弗里德·赫费（Otfried Höffe）、塞缪尔·克斯滕（Samuel Kerstein）、萨莉·塞奇威克（Sally Sedgwick）、詹斯·蒂默曼、托马斯·希尔（Tomas Hill）等诸多国际知名的康德研究专家的兴趣与回应。后来，又经过进一步的修正与扩充，才有了眼前这一本精炼而厚重的著作。

森森教授的研究始于如是一个观察：在过去的半个多世纪中，人类尊严的概念在政治学与哲学领域越来越多地受到重视，世界各国都把它视作国家宪法与政治宣言的基石，并将其视作证成人权的根据。森森教授还特意指出，这种情况在联合国文件中也十分显著。例如，1966年的《国际人权公约》(International Covenants on Human Rights)明确指出，人的种种权利"是从人格的内在尊严中派生出来的"。除了森森教授之外，这种情况当然也引起了其他许多学者的注意。例如，德国当代学者瓦尔特·施瓦德勒（Walter Schweidler）在其代表作《论人的尊严：人格的本源与生命的文化》(Über Menschenwürde: Der Ursprung der Person und die Kultur des Lebens)中也深入浅出地讨论了相关主题。这本同样杰出的著作目前已由武汉大学哲学学院的贺念副研究员以远胜于我的卓越文采翻译成中文，我希望那些关注森森教授的研究的读者们，也能对施瓦德勒教授的著作给予同样的关注。

然而，森森教授关心的并不是尊严与宪法的关系。他注意到，学界通常把用尊严论证人权的做法追溯到康德的道德哲学，追溯到他在《道德形而上学的奠基》中的论证，追溯到他关于理性存在者作为人格"具有一种内在的价值，亦即尊严"的说法。(《奠基》，4：435）同时，以克里斯蒂娜·科斯嘉德（Christine Korsgaard）、艾伦·伍德（Allen Wood）、保罗·盖耶、理查德·迪安（Richard Dean）、塞缪尔·克斯滕为代表的许多学者，都把人类尊严理解为人所具有的一种形而上学的价值属性，尽管他们的具体主张有所不同。例如，科斯嘉德与伍德认为，理性存在者设定目的的能力具有一种无条件的价值，并且充当其他一切有条件的价值的条件，这种无条件的价值就是尊严。然而，盖耶却认为，具有这样一种无条件的价值的东西是人的自由，迪安与克斯滕则认为应当是理性存在者的一个善的意志。但是，无论如何，他们大抵都认为，"尊严"就是这种无条件的价值的名称。根据这种诠释，康德的道德哲学似乎确实能充当联合国文件与各国宪法中的人权论证的一个强有力的理论基础。然而，森森教授却认为，它们绝不是对康德的尊严思想的一种正确的解读，尽管它们并非没有包含一些真知灼见。在他看来，康德的尊严根本就不是一个规范性的概念，而是一个描述性的概念。也就是说，它根本就不是一种特殊的价值属性的名称，也不是人权的一个论证基础，更不是种种道德要求的根据。相反，"尊严"是对人类存在者相对于自然中的其他事物而具有一种较高地位的描述。人之所以具有尊严是因为他们应该无条件地（仅仅因其自身）受到敬重，从而相对于自然中的其他事物（它们只能有条件地被看重，从而是相对地有价值的）具有一种较高的地位。

为了确保自己的结论正确可靠，森森教授先是使用了词源学的方法对"尊严"概念做出了一番考察，并且概括出了思想史上思维与使用这个概念的三种范式，其中的两种都把"尊严"理解为一种地位或较高的位置。具体而言，首先是尊严的贵族范式。它是古罗马时期政治生活中所使用的一个概念，用以表达统治阶级的较高的位置，是一种殊荣。某人由于功绩、出身以及财富而获得了某种特殊的职务或荣誉，就被称作是"有尊严的"，他也因此被叫作一位"权贵"（dignitary）。其次是尊严的传统范式。它可以被看作是对前一种范式的延伸与扩大，被用于意指全体人类存在者在宇宙中具有一种较高的位置。这种范式最初是由以西塞罗（Cicero）为代表的斯多葛派哲学家提出的，后来在基督教与文艺复兴时期的学者那里得到了延续。再次，尊严的当代范式。它意指人类存在者固有的一种形而上学的价值属性，并且被看作是种种道德要求的根据。然后，森森教授又使用了统计学的方法，考证了康德著作中每一处对"尊严"概念的使用情况，并且指出，康德在任何时候都仅仅是在前两种范式下使用这个概念的。例如，当康德说理性存在者"具有一种内在的价值，亦即尊严"的时候，他是在一个讨论"价值"与"价格"的关系中做出这种断言的。因此，森森教授认为，这句话应该被正确地解读为"道德性的价值高于其他任何形式的价值"；同时，把尊严规定为"内在的"就等于是说"内在的价值是一种较高的价值，因为它意指某物由于自身的缘故而被看重（敬重），而不是由于它自身之外的一个主体对他的看重而具有一种外在的（因而是有条件的）价值"。我以为，除了森森教授在本书中表达出来的卓越见识之外，他的研究方法也是值得我们借鉴与学习的。

本书中所有出现康德原文的地方，我大多直接采用了我的导师李秋零教授主编的《康德著作全集》（人民大学出版社）中的译文。其中，中文译文与英文译文略有不同之处，我尽量根据科学院版《康德全集》给予必要的核对，并且发现，在许多时候，中文译文似乎都更加符合原文的意思，这也是一个非常有趣的现象。此外，我认为自己有必要对个别词汇的翻译做出一些说明。首先，本书中duty一词明确对应于德文的pflicht，但是，obligation则可以对应于康德著作中的多个术语（例如，Obliegenheit、Verbindlichkeit、Schuldigkeit），中文一般根据不同语境分别译作"责任"与"职责"。然而，由于本书毕竟是一本英文著作，故而一概统一译作"责任"。其次，康德著作英译本中的existence对应于德文的dasein与Existenz，being对应于德文的Sein。由于中文中把being或Sein译作"存在"已经成为学界惯例，为了突出它与existence的区别，在与秋零老师多次商议讨论后，我决定将existence一律译作"实存"。实际上，我在自己的其他作品中，也把德文的dasein或Existenz译作"实存"，具体理由可参见本人的《康德的实存问题与本体论批判》一文，它发表于2018年第4期的《北京社会科学》。再次，森森教授用英文的respect来翻译德文的Achtung，这与英语学界中部分学者的译法略为不同，他们将其译作reverence，后一种译法最初应该是由H. J. 帕通（H. J. Paton）提出的。我在翻译森森教授这本著作的同时，恰好也在翻译帕通先生的《定言命令式：康德道德哲学的一项研究》(*The Categorical Imperative: A Study in Kant's Moral Philosophy*)。在那本书中，我特意将reverence译作"敬畏"，因为帕通先生坚持认为Achtung是一个具有宗教意味的概念，它应该同时包含"畏惧"的意思。但是，在本书中，我依据秋零老师的译本将respect译作"敬重"。

本书的翻译是中国人民大学哲学院王福玲副教授的一个心愿，她是我在博士求学期间的一位重要的老师、亲密的朋友与善解人意的姐姐。多年以来，福玲姐姐醉心于西方伦理思想研究，尤其偏好康德道德哲学。奥利弗·森森教授的这本《康德论人类尊严》正是她在博士求学期间就注意到的一本学术杰作。我相信，正是在森森教授（以及其他许多杰出的学者及其著作）的启发之下，她才把自己的研究重点放在了"尊严"这个古老却并不过时，至今依然对世界各国的政治、经济、社会生活有着重要影响的概念上，并且完成了她的代表作《康德尊严思想研究》。福玲姐姐原本打算独立译成此书，向国内学界介绍森森教授的卓越见识。然而，自从就职于中国人民大学哲学院以来，她不仅承担了多门课程的教学工作，还主持参与了包括国家社会科学基金在内的多个科研项目的研究工作，以至于分身乏术，极大地影响了本书翻译工作的进展。因此，福玲姐姐找到了当时正在人民大学攻读博士学位的我来协助她完成这项工作，出自长久以来对康德道德哲学的热爱，我欣然接受了她的邀请。对于她的信任，我感到十分荣幸，这无疑是为我提供了一个开阔眼界、了解国外学术前沿，以及挑战自我的机会。

在本书的翻译过程中，福玲姐姐本人承担了导言与第一章的翻译，我承担了其余部分的翻译。尽管是二人合译，这项工作还是经历了许多困难。在翻译本书的那段时间里，我一方面接受华东师范大学晨晖学者吴彦老师的邀请，承担了帕通先生的《定言命令式：康德道德哲学的一项研究》一书的翻译工作，另一方面临近毕业，正在努力完成自己的博士毕业论文《现当代争论中的康德的理性神学批判》。当然，这都并不是自己拙劣的工作成果的借口。无论如何，由于本书的全文校对与最终定稿工作是由我来完成的，因此，译文中如果出现任何问题，那完全是我一个人的责任。而且，本书与帕通先生的《定言命令式》都是我首次尝试整本学术著作的翻译，无论是在翻译经验上还是在学术积累上自然都有许多的欠缺。因此，我热烈地欢迎学界各位前辈的批评，这将是我在未来的学术道路上不断前进的重要动力。

李科政

2019年9月于天津南开

献给
凯思林和莉莉

目 录

致　谢 ……………………………………………………… 1
缩　写 ……………………………………………………… 4
导　言 ……………………………………………………… 7

第一部分　敬重他人

第一章　康德的价值观念 ……………………………… 25
　　导　言 ………………………………………………… 25
　　第一节　康德论作为一种属性的价值 ……………… 26
　　第二节　康德反对作为一个基础的价值的论证 …… 39
　　第三节　替代性的价值观念 ………………………… 45
　　第四节　康德的绝对内在价值的观念 ……………… 52
　　第五节　康德著作中出现的"价值" ………………… 62
　　结　论 ………………………………………………… 80

第二章　人性的价值 …………………………………… 83
　　导　言 ………………………………………………… 83
　　第一节　科斯嘉德的回溯论证 ……………………… 86

第二节　科斯嘉德的修订论证 …………………………… 106
　　第三节　艾伦·伍德的修订版回溯论证 ………………… 115
　　第四节　盖耶论自由的价值 ……………………………… 121
　　第五节　一个道德上善的意志的价值 …………………… 132
　　结　论 ……………………………………………………… 143

第三章　康德的人性公式 ……………………………………… 145
　　导　言 ……………………………………………………… 145
　　第一节　人性公式的段落（*GMS*, 4: 427-429） ………… 146
　　第二节　敬重的证成 ……………………………………… 170
　　第三节　人性公式的应用 ………………………………… 178
　　第四节　空洞性反驳 ……………………………………… 203
　　结　论 ……………………………………………………… 210

第二部分　康德的尊严观念

第四章　尊严的三种范式 ……………………………………… 218
　　导　言 ……………………………………………………… 218
　　第一节　尊严的当代范式 ………………………………… 220
　　第二节　尊严的传统范式 ………………………………… 227
　　第三节　两和观念之间的差异 …………………………… 241
　　第四节　康德与传统范式 ………………………………… 244
　　结束语 ……………………………………………………… 257

第五章　康德的人类尊严观念 ………………………………… 259
　　导　言 ……………………………………………………… 259

第一节　康德著作中出现的"尊严"……………………263
第二节　《奠基》中的尊严……………………………268
第三节　《德性论》中的尊严…………………………284
第四节　康德尊严观念的相关性………………………299
结束语……………………………………………………312

结　论……………………………………………………314

参考文献…………………………………………………317
著者索引…………………………………………………332
主题词索引………………………………………………337

致　谢

本书乃是基于对我最初在学位论文中讨论的主题的扩展和反复修改。我首先想感谢我在剑桥大学的导师奥诺拉·奥尼尔和西蒙·布莱克本，他们为这本著作的成形提供了最初的指导并提出了质疑。在论文写作的较早阶段，弗里多·里肯（Friedo Ricken）、吉米·奥尔瑟姆（Jimmy Altham）、弗朗茨–约瑟夫·韦茨（Franz-Josef Wetz）扩展了我对人类尊严的历史背景的理解。我在撰写学位论文期间，克里斯蒂娜·科斯嘉德帮助我在哈佛学习了一整年，德国学术交流中心（DAAD）、艺术与人文研究委员会（AHRB）和德国人民研究基金会（Studiensftung des Deutschen Volkes）为我提供了经济支持。作为一名助理教授，我还有幸获得了杜兰"伦理学和公共事务"中心的学术奖金。

我的学位论文完成以后，我获得了在三个大陆的八个不同国家介绍我对相关问题的理解的机会，我非常感谢我的听众和他们提出的有益的质疑。我十分感激曾有机会和许多朋友们与学者们讨论我对相关问题的理解的方方面面，他们包括亨利·阿利森、斯特凡诺·巴钦、拉尔夫·巴德（Ralf Bader）、加里·班纳姆（Gary Banham）、马西娅·巴伦（Marcia Baron）、罗伯特·伯曼（Robert Berman）、亚当·丘尔顿（Adam Cureton）、斯蒂芬·达沃尔

（Stephen Darwall）、拉腊·德尼、斯蒂芬·恩斯特龙、卡特林·弗里克舒（Katrin Flikschuh）、杰里·高斯（Jerry Gaus）、格奥尔格·盖斯曼（Georg Geismann）、约舒亚·格拉斯哥（Joshua Glasgow）、艾娜·戈伊（Ina Goy）、保罗·盖耶、奥特弗里德·赫费、帕特里克·卡因（Patrick Kain）、塞缪尔·卡恩（Samuel Kahn）、塞缪尔·克斯滕、阿曼达·珀露-扫欣（Amanda Perreau-Saussine）、道格·波特莫尔（Doug Portmore）、安迪·里思（Andy Reath）、迪特尔·舍内克尔、萨莉·塞奇威克、苏珊·谢尔、休斯敦·斯密特（Houston Smit）、詹斯·蒂默曼、马克·蒂蒙斯（Mark Timmons）、安德烈亚斯·特兰博塔（Andreas Trampota），以及理查德·维尔克里（Richard Velkley）。

我尤其要对托马斯·希尔表示感激。他对我的著作怀有一种哲学的兴趣，并且为我提供了非常宝贵的友谊上的支持，尽管他并无丝毫责任要这样做。我还要感谢安妮·玛格丽特·巴克斯利（Anne Margaret Baxley），以及德古意特《康德研究》系列的三位评论家，他们阅读了全部的手稿，并提供了宝贵的意见。我还要感谢我的雇主杜兰大学，感谢哲学系亲切的同事们。我还想要感谢我的父母，他们是我的启蒙老师；感谢我的女儿莉莉（Lily），她是令人愉悦的"消遣之物"。但是，最为重要的是，我要感激我的妻子凯思林（Kathryn），她阅读和评议了这项计划的每一个阶段的每一份草稿；她聪慧的心灵和持续的质疑有助于让本书变得更好。

最后，我想向一些刊物致谢，它们允许我在本书中收入我已经发表的论文中的一些内容。第一章的内容出自我的《康德论内在价值》（Kant on Inner Value）一文，它收录于《欧洲哲学研究》（European Journal of Philosophy），第19期，第262—280页。第三章的核心理念最初是从我的《尊严和人性公式》(Dignity and the Formular of Humanity)一文中发展出来的,它收录于詹斯·蒂默曼编《康德的〈奠基〉:批判性的导读》(*Kant's Groundwork: A Citical Guide*)(剑桥:剑桥大学出版社,2010年),第102—118页。第四章的内容出自我的《历史视角中的人类尊严》(Human Dignity in Historical Perspective)一文,它收录于《欧洲政治理论杂志》(*European Journal of Political Theory*),第10期,第71—91页;而且,我还在我的第四章和第五章中结合了我的《康德的人类尊严的观念》(Kant's Conception of Human Dignity)中的部分内容,它收录于《康德研究》,第100期,第309—331页。

缩 写

引用康德的文本时，我使用如下缩写：

Anth：*Anthropologie in pragmatischer Hinsicht*
《实用人类学》

BDG：*Der einzig mögliche Beweisgrund zu einer Demonstration des Daseins Gottes*
《证明上帝存在唯一可能的证据》

Collins：*Moralphilosophie Collins*
《柯林斯版道德哲学》

GMS：*Grundlegung zur Metaphysik der Sitten*
《道德形而上学的奠基》

GSE：*Beobachtungen über das Gefühl des Schönen und Erhabenen*
《关于美感和崇高感的考察》

IaG：*Idee zu einer allgemeinen Geschichte in weltbürgerlicher Absicht*
《关于一种世界公民的普遍历史的理念》

Log：*Logik*
《逻辑学》

KpV：*Kritik der praktischen Vernunft*
《实践理性批判》

KrV: *Kritik der reinen Vernunft*
《纯粹理性批判》

KU: *Kritik der Urteilskraft*
《判断力批判》

Mrong: *Moral Mrongovius II*
《蒙哥维斯版道德学II》

NF: *Kants Naturrecht Feyerabend*
《法伊尔阿本德版康德自然法权》

NG: *Versuch, den Begriff der negativen Größen in die Weltweisheit einzuführen*
《将负值概念引入世俗智慧的尝试》

Päd: *Pädagogik*
《教育学》

PG: *Physische Geographie*
《自然地理学》

Refl: *Reflxion*
《反思》

RezUlrich: *Kraus' Recension von Ulrich's Eleutheriologie*
《克劳斯对乌尔利希的〈自由学〉的书评》

RGV: *Die Religion innerhalb der Grenzen der bloßen Vernunft*
《纯然理性界限内的宗教》

RL: *Metaphysische Anfangsgründe der Rechtslehre*
《法权论的形而上学初始根据》

SF: *Der Streit der Fakultäten*

《学科之争》

TL：*Metaphysische Anfangsgründe der Tugendlehre*

《德性论的形而上学初始根据》

TP：*Über den Gemeinspruch: Das mag in der Theorie richtig sein, taugt aber nicht für die Praxis*

《论俗语：这在理论上可能是正确的，但不适用于实践》

Vigil：*Die Metaphysik der Sitten Vigilantius*

《维吉兰提版道德形而上学》

WA：*Beantwortung der Frage: Was ist Aufklärung?*

《回答这个问题：什么是启蒙？》

ZeF：*Zum ewigen Frieden*

《论永久和平》

所有参考文献均对应于：《康德著作集》(*Kants gesammelte Schriften*)，德国科学院（前"王家普鲁士科学院"），柏林：德古意特，1902年及其后多年。唯有*KrV*分别以"A"和"B"表示第一版和第二版，其他所有参考引文都标明了普鲁士科学院版《康德著作集》的卷号、页码，有时候还标明了行数，例如：*GMS*, 4：420.17。除非另有说明，所有译文均出自：《剑桥版伊曼努尔·康德著作集》(*The Cambridge Edition of the Works of Immanuel Kant*)，剑桥：剑桥大学出版社。

导　言

在过去的65年中,人类尊严的概念在政治学、哲学和日常思维中备受重视。如今,人类尊严已经成为许多国家的宪法和政治宣言的基石,联合国文件也把尊严视作对人权的证成。例如,《国际人权公约》(1966)指出,这些权利"源于人身(人格人,human person)的固有尊严"。

在这种语境中,人类尊严通常被设想为所有人类具有的一种内在价值;这种意义上的尊严被视为一种价值,它是敬重他人的要求的根据。与之相应,《杜登:词源·德语词源词典》将尊严定义为"固存于人类存在者身上的要求敬重的价值"[1]。根据这一普遍的见解,正是因为他人具有尊严,所以人们才应该敬重他或她。学者们也经常诉诸伊曼努尔·康德对这一思想做出的哲学阐述和证成。[2]

---

[1] 原文为"Achtung gebietender Wert, der dem Menschen innewohnt"(《杜登:词源·德语词源词典》,1997年,第821页;系我所译)。
[2] 参见(例如):格沃思(Gewirth),1982年;塞弗特(Seifert),1997年;伍德,2008年;德国法学中的迪里希的对象公式(Dürig's object formula);第四章的讨论。(迪里希是研究宪法的德国学者,对象公式是用来检验人的尊严是否受到侵犯的标准,即当具体的人被贬低为物品或仅仅是工具时,他的尊严就受到了侵犯。——译者)

本书正是始于这样一个计划。激发我的研究的最初动力,是想要更加清晰地理解人类尊严,并分析康德对上述思想的论证。但是,我越是仔细地研究康德的文本和研究性著作,越是难以相信康德哲学中蕴含了人类尊严的当代见解。当人们基于许多当代学者们的假定来研究康德的时候就会产生诸多困惑,他们认为康德将人类具有的一种价值视为敬重他人的要求的根据。例如,康德说,所有人类存在者都应该受到敬重,但只有一个道德上善的意志才具有绝对的价值;然而,并非所有人类存在者都具有一个道德上善的意志。或者说,如果价值被认为是道德要求(moral requirement)的基础,为什么康德还主张没有任何价值能够充当道德要求的根据呢?同样,他为什么说人类存在者具有尊严是因为他们应该受到敬重(参见:TL,6:462,435),而不是说他们应该受到敬重是因为他们具有尊严呢?最后,为什么康德在证成种种道德要求的时候,或者概述他的立场的时候,既没有提及价值也没有提及尊严呢?

对这一困惑的思考令我得出如下结论:康德要求我们彻底地转变视角,转变我们通常所假定的价值和敬重他人的要求的关系的思维根据——这一转变类似于他在形而上学中的哥白尼式的革命。一种看似理所当然的假定是:如果我们应该敬重他人,这必定是由于他们具有某种有价值的东西。康德赞同这一假设是理所当然的,但是,看似颇为矛盾的是,他转变了它们之间的关系。我们应该敬重他人并非由于他人具有一种价值,相反,正是因为我们要敬重他们,他们才会具有一种重要性和一种尊严。敬重他人的命令的证成在于:它是理性的一个直接的诫命。在这一方面,康德的道德哲学和他的理论哲学是一致的:无论是在认识世界或探索我们应当做什么的时候，康德都没有把人类存在者视作被动的观察者。相反，在这两种情形中，理性都是带着自身的先天原则来处理世界的，敬重他人的原则就是这样一种原则。近来，在康德的研究性文献中逐渐被认可的一种观点是：康德的道德哲学并非建立在一种价值上，我们需要转换视角。[1]与之相应，我在这本书中主张说，我们在理解康德对尊严和敬重他人的命令的立场的时候，无需以某种先行的价值作为它们的基础。

当我们认识到这种尊严和敬重的哥白尼式的革命的特点时，一个显著的效果就是：康德的文本变得具有一贯性了。如果我们并不打算从康德那里寻得一种作为道德要求的根据的价值，那么，我们也就不会对如下情况感到惊讶，即无论是在康德说他要证成道德要求的地方，还是在他阐述其道德哲学的本质的地方，价值和尊严都没有发挥任何作用。而且，这种对康德的解读能够使如是一个段落显得更为合理，即康德说没有任何东西能够具有一种除了道德法则规定的价值之外的价值；同样，我们由此也就能够理解如是一段话，在其中，一方面，康德说唯有一个道德上善的意志才具有一种绝对的价值，另一方面，他又说甚至一个道德上恶的人类存在者也值得敬重。如果所有的人类存在者都值得敬重，但是，并非所有人都具有一种价值（一个道德上善的意志的绝对价值），那么，价值就不是敬重他人的要求的根据。

---

[1] 参见：恩斯特龙，2009年；里思，2012年a；赫尔曼（Herman），2010年；弗摩萨，2012年；沃格特（Vogt，未出版）。至于更早的怀疑者们，可见于：奥诺拉·奥尼尔，1989年，第七章；希尔，1992年，第二章；赫尔曼，1993年，第239页；施内温德（Schneewind），1996年；迪安，2000年；约翰逊（Johnson），2007年。

因此，我请求读者对我怀有耐心，并尝试以一种不同的方式思考尊严的问题。大家可以将我的研究视为这样一种尝试，即在不援引一种基本性的价值的情况下，我们能够将康德理解到什么程度。在我看来，我们可以按照这种方式一直走到底。康德对敬重他人的要求的证成根本就不是我们通常所期待的那种，而且他承认这一点。但是，遵循他的思路可以让我们更为清楚地思考论证那种要求的可能性。这是一个本书打算要做出筹备，但没有打算要完成的任务。

就人类尊严的概念而言，最令我感兴趣的问题在于：所有人类存在者是否都具有一种价值，它构成了敬重他人的要求的根据？因此，我的这本书也正是从这个问题入手。在第一章中，我考察了康德的价值观念，看他是否提出了一种作为道德要求的根据的价值。如果某种价值被认为是道德要求的基础，那么，这种价值是什么？例如，它是人类存在者具有的一种形而上学的属性吗？它是我们看重的什么东西，或者是我们应该看重的什么东西吗？在第二章，我讨论了二次文献中关于下述论证的最为重要的尝试，即一种价值能够充当对一切人类存在者的敬重的根据。康德的文本中真的有这样一些论证吗？它们是否有效？在第三章中，就康德如何证成敬重他人的要求，我提出了自己的诠释。正如我所论证的，假如康德并没有把一种先行的价值作为这种要求的根据，那么，它又以什么东西为根据呢？在后面两章中，我将更为仔细地考察康德对"尊严"的使用。如果康德确乎没有一种能够充当道德要求的根据的价值，他又如何能够把"尊严"当作这样一种价值的名称来使用呢？我将在第四章中指出，在历史上，还有一种截然不同的理解尊严的方式，康德对尊严的使用常常都反映出这种较为古老的见解。最后,在第五章中,我仔细地考察了《奠基》和《德性论》(*Doctrine of Virtue*)中的一些康德似乎把尊严定义为一种绝对的内在价值的著名段落。即使康德常常都赞同"尊严"的一种较为古老的用法,他难道不是也用它来定义"绝对的内在价值"吗？以下是对每章的论证的概述,它们将预先给出我对上述问题的回答。

本书概要

在第一章中,我要对康德的价值观念做出诠释。如果他确实把尊严视为所有人类存在者都具有的一种价值,那么,仔细研究他的价值概念对于理解其尊严概念来说似乎就是必要的。尊严不应被认为是一种普通的价值,而应被认为是一种非常特殊的价值：它不仅是一种证成敬重人类存在者的要求的价值,而且也是一种胜过其他任何价值的价值,是一个人格(person)*的不可丧失的价值。然

---

* 人格在日常语言中是指"作为个体的人",但不仅限于此,它也可以是一个神灵、妖魔鬼怪、外星人、神话故事和寓言中拟人化的动物,以及其他一切可能的类人存在者。人格一词源自拉丁文的persona,原本是指神话戏剧中使用的一种脸谱面具,代表剧中的一个角色或人物形象——它可以是一个神灵、半神、妖魔鬼怪或人类。后来,persona被用于现实的社会世界之中,并有了今天日常语言中的意义。哲学上的人格,一般沿用的是5世纪的学者波爱修斯(Boethius)的定义,即"拥有理性本性的不可分的实体"(naturaerationabilisindiuidua substantia)。简单说来,一个人格就是一个理性存在者。例如,约翰·洛克(John Locke)就说："我们必须考察'人格'指的是什么；我认为,它是一个思维的理智存在者,即拥有理性与反思……"(洛克,《人类理解论》, XXVI. 9)康德也说："理性存在者被称作人格。"(康德,《道德形而上学的奠基》, 4: 428)人格由于是理性存在者,能够在认识活动与实践活动中充当主体,亦即拥有认识上的与实践上的主体性,从而必须被看作自由的存在者。而且,由于人格能够充当实践主体,必须被看作自己的行动的原因,从而在道德上与法律上是

而，康德确乎持有这样一种价值的观念吗？我的结论是他没有，而且，他的论证排除了任何价值能够充当道德要求的根据的可能性。我在把康德的道德哲学比作一种哥白尼式的革命的时候，就已经得出了这一结论。但是，他是如何论证的呢？

康德本人讨论过如是一个问题，即价值如何能够充当道德要求的根据。他的观点是：如果我们试图把道德性奠基在任何价值之上（也包括一个人类存在者固有的一种独特的形而上学的属性），就会导致他律。因此，如果我们试图把价值奠基在道德性之上，我们就必须对如下两个问题做出解释，即我们是如何觉察到这种价值的，以及我们为什么能够被推动着去遵从它。对于康德来说，外在的对象是通过感性被给予人类存在者的。这一点和他在《纯粹理性批判》中对我们如何能觉察到外在的实体（external entities）做出的论证有关。根据康德的看法，如果这种价值并不是我们能够通过五官感觉到的东西，那么，它就必定是一种情感。这就意味着，我们能够具有一种外在于自己的意志的价值的唯一标志就是情感。然而，情感是易逝的、相对的和偶然的。因此，它们不能充当一种必然的和普遍的道德法则的根据，而康德认为道德法则必须是必然的和普遍的。我们可以提出反驳说，康德的论证并没有排除其他人身上确乎有这样一种价值的可能性，但是，这样做会大大地提高困难。如果我们要反驳康德的论证，就要开发出一种替代性的认识论，以此来表明这样一种价值是如何为我们所察觉，并且成为道德要求

可归责的。因此，在西方道德哲学、法哲学与法学的语境中，人格（而不是纯然生物学意义上的人）被看作权利与责任的主体。为避免歧义，本书中出现的person一律译作"人格"。——译者

的根据的（例如，道德直观主义）。在康德的框架内，我们决不可能以任何外在的价值（例如，一种外在于我们自身的意志和意识的价值）来充当根据。相反，他把价值设想为理性的一种规定。价值是我们在我们自己的理性的指示下，不得不看重的东西。这些指示并不是基于其他人类存在者身上"明摆着的"一种先行的和独立的价值；相反，康德认为它们出自一种先天的道德法则——因此，这就构成了道德性中的哥白尼式的革命。

在第二章中，我将讨论康德的研究性文献中最为著名的论证，它们试图证明人类存在者具有一种能够充当敬重他人的要求的根据的价值——例如，尊严就被认为是这样一种价值。如果价值并不是一种外在的属性，它是否如这些研究性文献所论证的那样，是一种内在于意志之中的价值，并且能够充当道德要求的根据？在这个方面，克里斯蒂娜·科斯嘉德、艾伦·伍德、保罗·盖耶、理查德·迪安、和塞缪尔·克斯腾所提供的论证，并不必然和我在第一章中所提出的对价值的诠释相冲突。这是因为，这些学者中的大多数人——也有值得注意的例外——并没有把价值设想为一种独特的形而上学的属性，而是把它设想为我们不得不看重的东西，或者说是一个完全理性的存在者会看重的东西。在这个程度上，我赞同他们提出的论证。然而，我也赞同那些得出如是一种结论的批评者们的观点，即这些论证无法从非道德的前提（例如，从人类存在者在日常生活中为他们自己设定目的的事实）中推导出一个道德的结论（例如，我们应该敬重他人）。这种论证无法证实我们确乎不得不看重其他人类存在者。

在第三章中，我将根据康德的看法，阐明我们为什么要敬重他人的一种替代性的理由。在康德看来,道德性乃是基于法则。价值相对于法则是次要的,并且由法则所规定。这些法则不能来自任何外在的权威(包括一种外在于我们的意志的价值),因为这将导致他律。如果法则来自一种外在的权威,那么,我们就还需要一个理由来解释我们为什么要服从这种权威。如果这个理由被说成是我们具有的一种偏好,那么,道德性就是基于这种偏好,从而摧毁了这种外在的权威。因此,康德把敬重他人的法则设想为一种内在的法则,它是来自我们的理性。同样,这里表现出了一种和第一批判的相似性。康德在那里论证说,人类存在者并不是世界的被动的观察者,而是要凭借一些先天的原则来塑造他们对这个世界的感知。同样,根据康德的看法,在规定我们应该如何行动的时候,我们也要使用一些先天的原则来处理问题。这些原则中的一个就是人性公式:"你要这样行动,把不论是你的人格中的人性,还是任何其他人的人格中的人性,任何时候都同时用做目的,而绝不仅仅是用做手段。"(GMS,4:429)康德说,这个原则和定言命令式在根本上是一回事,他认为后者是先天的。我认为,康德首次提出人性公式的段落(GMS,4:427-429)证实了如是一种见解,即康德把定言命令式和人性公式设想为按照不同方式得到表达的同一种要求。

在第四章中,我将解释前面的分析何以和康德的尊严观念相符。康德不可能把人类尊严设想为一种能够为敬重他人的要求奠基的价值:他的确并不持有这样一种价值的观念,他把应得的敬重奠基在理性的一个法则之上。我将在这一章中指出,哲学史上还有另一种广泛应用的尊严观念,而且,康德也频繁地使用这种观念。在这种从根本上来说属于斯多葛派的观念中,"尊严"根本就不是一种价值属性的名称。相反,"尊严"被用于表达如是一个理念,即某物超乎其他事物之上。例如,一位古罗马元老院议员凭借其政治权利而超乎其他公民之上。人类存在者由于具有理性(或者有时候是自由)而被说成是超乎自然中的其他事物之上。在这种观念中,尊严首先并不是一种道德的或规范性的概念,而是表达了一种关系,即一个事物X超乎另一个事物Y之上。它超乎什么事物之上,以及为什么超乎其上,则依赖于这个概念应用于其中的语境。康德频繁地使用这样一种观念,例如,他在谈到一位导师的尊严或数学的尊严的时候。然而,在《奠基》和《德性论》中的一些"尊严"和"价值"同时出现的著名段落中,他是否也是这样使用这个概念的呢?

在第五章中,我对人们通常认为康德把"尊严"定义为一种"绝对的内在价值"的著名段落做了一个仔细的解读。我们可以按照某种方式把这些段落解读为是在把尊严定义为价值,但却不至于和我在第一章中谈及的价值(value or worth)相冲突。如果价值不过是道德法则所诫令者的另一种表述,尊严也不过是价值的另一种表述,那么,尊严就同样也是这种法则所诫令者。然而,那些"尊严"和"价值"同时出现的段落还要复杂得多。在那些段落中,康德认为道德性超乎一切其他形式的行为之上。这是因为,唯有道德的行为才是(道德法则)无条件地所诫令者。康德用"尊严"来表达如是一个理念,即道德性超乎其他任何事物之上(因为,唯有道德性应该被无条件地追求)。尊严并不是价值的一个定义,而是表达道德性是较高者或特殊者的一种方式。简而言之,即使是在这些地方,康德使用的也是一种根本说来属于斯多葛派的尊严观念。

* * *

我的诠释在多个方面有所创新。相比以往的种种诠释,我的诠释更为充分地解释了,康德为什么没有把道德要求奠基在一种价值之上;我对引出人性公式的段落给出了一种新的诠释;它包含了对诸如"目的自身""敬重"和"人性"等概念的一种崭新的解读;而且,我还指出,康德赞同一种根本上属于斯多葛派的尊严观念。我的诠释使得康德的文本更具有一致性。康德仅仅少量且零星地使用"尊严"的事实,尤其是他从未在他说自己要证成道德要求的地方,或者他在概述自己的立场的地方依仗任何价值或尊严的事实,也就都变得合乎情理了。这同时也就消除了一众学者在《奠基》中所发现的两种对道德性的截然不同的证成之间的明显冲突:第三章中的理性的能力,以及第二章中被认为是一种价值(他在那里明确表示,他并没有在证成道德要求,并且提出要在第三章提供一个证成)。因此,我的诠释的一个进一步的优势就是,它能够使康德的文本更具有一致性。

我在把这些章节介绍给不同的受众的同时,已经收到了两种主要的回应。一方面,人们承认康德不是一个道德实在论者。他并没有把价值设想为一种独特的形而上学的属性。另一方面,人们并不愿意退回到定言命令式。学者们对我们如何能够从定言命令式中推导出具体的义务做出了广泛的讨论,其方法也被发现是有所欠缺的。我相信,康德并不认为这种命令式对于推导出具体的义务来说是一个清晰的程序,但无论如何,我们都不需要重启争论。相反,我的诠释足以令上述两种回应感到满意。我们可以把康德视作一个价值上的反实在论者,因为敬重他人的要求乃是诉诸定言命令式而得到证成的。然而,由于人性公式和定言命令式在根本上是一回事,我们现在就可以用这个公式来推导出具体的义务。

因此,我的诠释和尊严的当代范式之间的差异并不在于应用方面。康德坚信我们应该敬重所有人类存在者。我的诠释不过是就敬重他人的要求提供了一种截然不同的证成。我的论证也并不是一种系统性的主张。我并没有试图表明,尊严的当代范式是错误的,或者是毫无根据的。我的诠释不过是指明了当代范式的一个困境:如果我们想要证成尊严的当代范式(作为敬重的根据的一种价值),我们无法从康德那里找到这样一个证成。我们必须到其他地方去寻找。另一方面,如果我们感兴趣的是康德如何看待这个问题,我们就会从他的文本中找到支持一种截然不同的尊严观念的依据。而且,我们在此遵从康德或许是有好处的。康德提醒我们说,我们无法直接地觉察到一种能够引发敬重的价值,但是,敬重其他人类存在者的要求也无需等候对任何一种如此难以捉摸的属性的发现。

第一部分

敬重他人

第一部分　敬重他人

康德在去世前三个月,曾接见过他的医生。尽管虚弱已经让他近乎崩溃,但即使他的医生请求他入座,他也依然保持站立。瓦西安斯基(Wasianski)(康德过去的学生,现在是他的受托人)向医生解释说,除非他的客人已入座,否则康德是不会入座的。当医生对此表示难以置信的时候,康德挣扎着说道:"人性的感觉还没有从我身上离开。"(瓦西安斯基,1804年,第263页及以下)

我们应该始终敬重所有其他人类存在者,这是康德道德哲学的核心内容。他众所周知地把他对"敬重一切人类存在者"的重要性的认识归功于卢梭(Rousseau):

> 我天性热爱钻研。我对知识感到强烈的渴望……曾几何时,我相信这一点构成了人性的荣耀,而且,我鄙视大众,他们一无所知。卢梭纠正了我。这种盲目的偏见消失了。我学会了荣耀人性,而且,如果我不相信自己的这种态度能够在确立起人性的权利方面赋予所有其他人价值,我就会觉得自己比普通的劳动者更为无用。[①]

康德主张,所有的人类存在者都应该受到敬重。即便是一个恶棍(Lasterhafte),他作为一个人类存在者,也值得敬重(参见:TL,6:463)。康德在其"作为一个目的自身的人性的公式"中阐明了这种要求,他把这个公式称为我们的自由的最高限制条件:"你要这样行动,把不论是你的人格中的人性,还是任何其他人的人格中的人性,任何

[①] SE,20:44的评语;译文出自:伍德,1996年,第xvii页。

时候都同时用做目的,而绝不仅仅是用做手段。"(*GMS*,4:429)

尽管如此,我们为什么要敬重他人的真正理由也依然是一个备受争议的话题。康德的研究性文献中盛行的一种观点是:我们之所以要敬重其他人类存在者,是因为所有人类存在者都具有一种绝对的内在价值①。这种绝对的价值通常都被叫作"尊严"②,而且这种价值被说成是我们为什么要敬重他人的理由。③这种价值通常不仅被看作我们为什么要敬重他人的理由,甚至被看作康德的"最根本的价值"④,甚至被看作是构成定言命令式的基础的价值⑤。这场争论的焦点在于:人类存在者之所以具有这样一种价值或尊严,是由于他们具有一种前道德的能力(例如,自由或设定目的的能力),⑥还是由于一个道德上善的意志。⑦

---

① 我将在下文中相互交替地使用worth和value,因为康德只用了一个术语Werth。

② 参见(例如):帕通,1947年,第189页;罗(Lo),1987年,第165页;勒雷尔(Löhrer),1995年,第34—44页;福施纳(Forschner),1998年,第38页;伍德,1999年,第115页;舍内克尔/伍德,2003年,第142页。对这种著名的见解的一种怀疑论调,可见于:迈耶(Meyer),1989年,第520—534页。

③ 参见:琼斯(Jones),1971年,第130页,"正是由于这种绝对的价值,我们才应当把人格当作目的自身来对待,绝不当作纯然的手段来对待";伍德,1998年b,第189页,"康德的道德哲学奠基于作为其独有的根本价值的人性尊严之上";罗斯(Ross),1954年,第52—54页;哈钦斯(Hutchings),1972年,第287,290页;罗,1987年,第165页;勒雷尔,1995年,第34—36,124页。

④ 伍德:1998年b,第189页;2008年,第94页。

⑤ 可见于:盖耶,2000年,第150—157页。我在此处和全书中所说的"定言命令式"都是指普遍法则公式:"要只按照你同时能够愿意它成为一个普遍法则的那个准则去行动。"(*GMS*,4:421)

⑥ 参见:盖耶,2000年,第四章;科斯嘉德,1996年a,第四章;伍德,1999年,第四章。

⑦ 参见:帕通,1947年,第168页及以下;罗斯,1954年,第51页及以下;里肯,1989年,第246页;迪安,2006年,第一到五章;克斯滕,2006年,第219页。至于道德性的一种替代性的根据(除了某种价值之外),可参见:恩特斯龙,2009年;里思,2012年a;赫尔曼,2010年。

第一部分 敬重他人

这种盛行的见解从直观上看来是合理的。如果我们追问,我们之所以要敬重他人是因为他们具有一种价值,还是说他们之所以具有一种价值是因为他们应该受到敬重,那么,我们似乎会自然而言地选择前者。如果我们应该敬重他人,这似乎意味着跟他们有关的某种东西——他们具有的一种价值——乃是这种要求的根据。[①]然而,康德的研究者们却很少去反思一个元伦理学的问题,即这种价值自身究竟是什么。当我们说人类存在者具有一种绝对的价值的时候,我们的意思到底是什么?这种价值在本体论上是什么东西?我们如何辨识这种价值,而且,我们为什么会被推动着去追求它?具有一种能力(设定目的的能力或者成为道德的的能力)和具有绝对的价值之间究竟有着一种什么样的关系?举个例子,如果我们身处一种霍布斯(Hobbes)式的"一切人反对一切人"的战争之中,他人又具有理性和自由,我们岂不是更有理由畏惧他们吗(参见:*NF*,27∶1320)?霍布斯究竟忽略了什么东西?一切人类存在者自身都具有价值,这种主张如何能够和康德的如是一些段落保持一致,例如,康德曾说过:"除了法则为之规定的价值外,没有任何东西拥有一种价值。"(*GMS*,4∶435 f.),还有"绝对的价值只能被赋予一个具有道德上善的意志的人"(参见:*KU*,5∶443;208 f.;*GMS*,4∶439,449 f.,454;*KpV*,5∶110 f.,147 f.,86)?

康德本人联系有关定言命令式之根据的问题来反思价值的本性。沿着他在第一章中的思路,我们就会发现康德所说的"绝对的内在价值"到底是指什么意思,他的最根本的价值到底是什么,以及

[①] 参见:沃特金斯(Watkins)/菲茨帕特里克(FitzPatrick),2002年,第364页。

无论是在把我们的准则普遍化的要求中,还是在敬重他人的要求中,是否都会有一种能够充当定言命令式的基础的价值?为了追寻这些问题的答案,我首先要考察一下如是一个元伦理学的问题,即对于康德来说,绝对的内在价值的本体论本性究竟是什么(第一章)。然后,我将把这个结论和康德的研究性文献中给出的标准见解联系在一起(第二章)。最后,我要考察一下表达在康德的人性公式中的对敬重他人的要求的证成(第三章)。我认为,康德事实上颠覆了价值和敬重他人的要求之间的关系。对于他来说,我们之所以要敬重他人,并不是因为他们具有一种价值或重要性,相反,他们之所以具有一种重要性是因为他们应该受到敬重。敬重他人的要求乃是诉诸理性的一个直接的诫命得到证成的。就此而言,康德的道德哲学和他的理论哲学是相似的。正是一些先天的原则塑造了理论的和实践的知识。[①]

---

① 参见:施内温德,1998年,第484页;恩斯特龙,2009年;劳舍尔(Rauscher),2002年。

第一章 康德的价值观念

导 言

康德的研究性文献中时常被说成是敬重他人的要求的根据的那种价值究竟是什么？在这一点上，问题并不在于人类存在者由于何种特征而具有价值——举个例子，设定目的的能力、自由或道德性。相反，关于这种价值的本性是一个元伦理学问题。如果人类存在者具有设定目的的能力，当我们说这种能力具有价值的时候，我们的意思到底是什么？举个例子，我们意思是说，存在着一种依附于设定目的的能力的额外属性，还是说我们看重设定目的的能力，或者我们应该看重这种能力？在康德的框架中，价值到底是什么东西？

可能性之一是：人类存在者的价值是所有人类存在者都具有的一种独特的属性。除了我们的肉体和灵魂的属性之外（例如，自由和"是一个自我"的属性），它们属于对一个人类存在者的一种理论描述，我们还具有"是珍贵的"这一价值属性。在这一章中，我首先要论证，康德并不持有这样一种价值的观念（第一节），而且他的论证排除了这样一种价值能够充当道德要求的基础（第二节）。然后,我要考虑何种其他价值可以充当这一基础,以及这些观念是否能够为敬重他人的要求奠基(第三节)。接下来,就康德如何使用诸如"绝对的内在价值"这样的说法,我将概述一种替代性的解读。(第四节),并且通过考察康德更多的文本来证实这种解读(第五节)。我的结论将会是:康德并没有用一种价值来充当敬重他人的要求的基础。尽管康德的一些段落可以被解读为他仿佛持有一种基本性价值的观念,然而,对这些段落和他的论证的仔细考察将会使之背离这种结论。

第一节 康德论作为一种属性的价值

尽管近期的康德研究颇为强调价值,但这些研究性文献却很少反思这种价值的本性。学者们确乎倾向于把人性的价值比作一种非自然的属性,也就是一种通常被归之于G. E. 摩尔(G. E. Moore)的观念。[1]根据这种解释,价值是一个事物固有的属性,也就是说,即使某物是唯一实存的事物,或者即使在全然孤立于其他任何事物而实存的情况下,它也会具有的这种属性。那么,价值就会在最广

---

[1] 尤可见于:兰顿(Langton),2007年;舍内克尔,1999年,第387—389页;沃特金斯/菲茨·帕特里克,2002年。兰顿对芭芭拉·赫尔曼和卡尔·阿梅里克斯(Karl Ameriks)的观点做出了补充。然而,赫尔曼明确否认存在着一种能够证成定言命令式的独立的价值,可见于:赫尔曼,1993年,第239页;同时,阿梅里克斯并没有讨论价值,他讨论的是定言命令式是否依赖于一种反实在论的形而上学,可见于:阿梅里克斯,2003年,第十一章。科斯嘉德的早期论文让人觉得,她似乎赞同这种客观价值的观念,参见(例如):科斯嘉德,1996年a,第250及下页,第257页。但是,我将在下一章里论证说,这并不是她的见解。我还会在那里论证说,这也不是盖耶的见解,但是,伍德的立场是难以证实的,参见:卡因,2010年。

泛的意义上乃是"世界的一个构成部分"[麦凯（Mackie），1997年，第15页]：一种独特的属性、实体，或者一种柏拉图式的形式的一个实例。那么，说一个人类存在者具有一种绝对的内在价值，可能就是指内在于一个人类存在者之中的某物，一种"固有的、内在的珍贵性"（塞弗特，1997年，第96页；参见：科斯嘉德，1996年a，第250页及其后，第257页）。康德在把一个善的意志比作宝石的时候（参见：GMS，4：394），他或许就是在暗示说，人类存在者在自身之中就具有某种珍贵的东西。因为，价值可能就是人类存在者固有的一种属性，这种客观价值的形式并不必须在世界之中"明摆着地"实存，亦即独立于人类存在者而实存。同样，由于价值可能是伴随着人类心灵的一种属性，它可能也不能独立于心灵而实存。

描述这种价值的常见方法是这样的：它是一种内在的属性，而且，如果康德主张这样一种价值的实存，他就是一个道德实在论者。我刻意地回避了这两种分类，因为这些术语的用法复杂多变。举个例子，甚至一个事物全然孤立地实存时才会具有的一种属性，也有可能唯有在诉诸其他什么事物时才能被描述出来（参见：兰顿，2007年，第179页）。那么，这种属性就会是相对的或外在的属性，而不是内在的属性。气质的属性就是一个例子：我们可以把人类的绝对价值说成是这样一种属性，即只要他和一个观察者邂逅，这种属性就会让后者产生敬畏。同样，"道德实在论"这一标签也十分的不明确（参见：劳舍尔，2002年，第480—484页）。康德可以是一个关于定言命令式的实在论者，却不是关于善的实在论者。他可不在这种命令式或价值作为一种独特的属性或实体而实存的意义上，而是在关于它们的断言具有一种真值的意义上是一个实在论者。因此，无论我们想把什么东西当作"道德实在论"，我们都可以提出我们要遵守定言命令式的主张。然而，"实在论"的这些用法并不能解决我们在此所关心的问题。

我在此想要讨论的问题是：康德是否支持人类存在者的价值是一种独特的（非自然的）属性，那是人类存在者即使全然孤立地实存也具有的一种属性。一个想要为如是一种主张，即确乎有这样一种构成了康德道德哲学的基础的价值属性，辩护的康德主义者可能会使用这样一种论证——和G. E. 摩尔的论证类似——，即这样一种价值是不可证明的（参见：盖耶，2000年，第170页；兰顿，2007年，第184页；伍德，1999年，第125页），而是通过直观被知晓的。虽然这对于为敬重他人的要求奠基来说似乎是一条光明大道，然而，越来越多的研究性文献都主张说，康德并不持有这样一种价值观念。[①]接下来，我将通过论证如下观点为这些质疑的声音提供支持，即康德甚至想都没有想过这样一种观念，而且即使他确实考虑过这种观念，他的论证也会将它排除掉。

首先，我们有理由相信，康德从未想过作为一种分离的属性（或实体）的价值观念。支持这种主张的理由在于：康德在试图罗列出"一切可能的"（*KpV*, 5:39）"善的东西"和"价值"的时候，并没有列出这种观念。这意味着，这种观念甚至都不是我们如何

---

① 参见：希尔，1992年，第48页；施内温德，1996年，第285—288页；迪安，2000年，第34页；劳舍尔，2002年，第484及下页；里思，2003年，第127—155页；约翰逊，2007年，第133—148页；恩斯特龙，2009年，第11—14页；赫尔曼，2010年；弗摩萨，2012年；沃格特（未出版）。

第一章　康德的价值观念

理解"善的东西"和"价值"的备选项（我认为这两个概念在康德那里是等同的[①]）。纵览康德成熟时期的著作，他经常都会就什么是"善的东西"给出相同的备选项：康德认为，我们可以把诸如愉快、一种道德情感、完善性，或者一个神圣的诫命（参见：*GMS*, 4: 441 f.; *KpV*, 5: 39 f., 64; *Mrong*, 29: 628; *Collins*, 27: 252-255）等"善的东西"设想为"道德性的基础"（*Mrong*, 29: 620）。有时候，康德还会加上教育和公民宪法作为能够充当道德性的基础的备选项的"善的东西"（参见：*KpV*, 5: 40; *Mrong*, 29: 621; *Collins*, 27: 252-255）。他主张说，一个扩展的列表还将会包括"一切以往的"试图把道德性奠基在某种"善的东西"之上的企图，以及——更为重要的——"一切可能"的为道德性奠基的努力。（参见：*KpV*, 5: 40; *GMS*, 4: 432, 441）

康德认为这个列表穷尽了所有备选项，因为"善的东西"要么是一些经验性的（主观的）根据，要么就是一些理性的（客观的）根据。在每个范畴之下，这些根据要么是外在的，要么就是内在的。经验性的根据是教育、公民宪法（外在的根据）或一种愉快的情感（内在的根据）。理性的根据也可以是内在的（完善性）或外在的（神圣诫命）（参见：*KpV*, 5: 40; *Mrong*, 29: 620-629）。康德认为，这些可能性"穷尽了其他所有可能的场合，除了唯一的一个形式上的场合"（*KpV*, 5: 40），那就是康德的道德法则或定言式命令。注意到这一点是十分重要的，康德并没有把"善的东西"或"价值"看作

[①] 我们要记得，他在《奠基》的开头是如何毫无区别地在这两种表述中做出转换（参见：4: 393 f.）。

一种形而上学的属性或实体。①相反,他把一种神圣诫命理论标记为"形而上学的"选项,并且把完善论和罗伯特·保罗·沃尔夫(P. R. Wolff)与鲍姆加滕(Baumgarten)联系在一起(参见:*Mrong*,29:622,627,628)。这就意味着,康德根本就没有想到过一种20世纪摩尔式的非自然属性的价值观念。

反思一下,如果我们回忆起康德那个时代人们如何使用这些术语,他并不持有一种客观价值的观念的结论就不足为奇。在他所处的时代,德语的"价值"(Werth)和它的英文对应词都是经济学术语[参见:胡格利(Hügli),2004年,第556页]。它们意指一个东西在市场上能够卖得的价格。甚至"内在的价值"和"外在的价值"的区别也是在这样一种语境中得到使用的。这无关乎一种本体论上的区别,而是意指一个东西在经过人类劳动之前能够售得的和之后能够达到的价格[参见:利希特布劳(Lichtblau),2004年,第587及下页]。因此,我们不能认为一种摩尔式的价值观念就是康德自然而然地所默认的立场。相反,我们需要提供更有力的证据来表明,康德有悖于他所处的时代的见解而持有这样一种观念。但是,如果康德曾接触过一种作为一种形而上学的属性的价值观念,他又会持何种立场呢?

需要注意的第二个要点是:康德在《实践理性批判》(*Critique of Practical Reason*)中给出的论证同样适用于一种摩尔式的价值观念(参见:皮珀,2002,第117及下页)。相关的论证出现在"纯粹实

---

① 在他提及过的这些备选项中,他没有把柏拉图式的善的理念包含在内。然而,他在其他地方直接地反驳了柏拉图的理念自身,参见:*KrV*, B370-375, B8 f.。

践理性的对象的概念"这一章中（KpV, 5: 57-65）。一开始,这个章节仿佛仅仅关乎这样一个问题,即一个道德上善的理性会或不会追求哪些对象:"我把实践理性的对象的概念理解为一个作为因自由而有的可能结果的客体之表象。"（KpV, 5: 57）因此,我们或许会认为,这个章节仅仅关乎纯粹理性所能容许的种种结果（伍德,1998年a,第170页）。然而,这一章似乎又不止关乎这些东西。康德想要阐明的是:纯粹实践理性的对象出自纯粹实践理性的原则,亦即道德法则或定言命令式。在这个方面,第二《批判》颠倒了第一《批判》中的顺序。理论知识始于感觉,向对象出发,然后是原则;然而实践的洞识却必须从一个原则出发,亦即道德法则。实践的研究唯有从那里出发才能走向对象,然后是感觉（参见: KpV, 5: 16）。因此,《实践理性批判》第二章在本质上乃是关于"至上的道德研究的方法"（参见: KpV, 5: 64）:道德法则是从一个先行的善观念中推导出来的,还是说,善的东西是由道德法则所规定的。

康德对这个问题的处理包含两个论证。第一个论证主张:如果我们要把一种善置于法则之前,那么就不会有任何东西直接就是善的（相对于作为一个手段的善）。第二个论证认为,如果我们要把一种善置于法则之前,就不会有一个道德的法则。在这一节中,我要考察一下第一个论证。我想要解释的是:它为什么也排除了作为一种形而上学的属性的价值观念。简而言之,康德排除了一切可能的先行于和独立于道德法则的善观念,因为这将导致他律（参见: KpV, 5: 64; GMS, 4: 441）。康德的意思并不是说,有一种价值叫做"自律",它将会遭到侵犯。相反,他的意思是说,即使有一种神圣的诫命,或者——我可以补充说——一种形而上学的价值属性,我们还是必须要对我们如何能觉察这种价值，以及我们为什么应该被推动着去遵从它做出解释。康德的回答是：那就必须是一种愉快的情感，我们凭借这种情感才能觉察到这种价值，并且被推动着去遵从它。然而，愉快是偶然的和主观的，无法充当一个必然的和普遍的道德法则的根据（参见：*KpV*, 5: 64）。

详细说来，这个论证采用了"归谬法"（reductio ad absurdum）的形式。康德论证说，如果善的概念是道德法则的根据，那么就没有任何东西能够直接是善的，善的东西也"始终只是对于他物而言的善"（参见：*KpV*, 5: 59）。理由是，我们需要用愉快来发现善的东西，并且推动我们的意志：

> 如果善的概念不是从一个先行的实践法则推导出来，而是毋宁说应当充任这个法则的根据，那么，它就只能是这样一种东西的概念，这种东西的实存预示着愉快，并这样规定着主体的因果性去产生它，也就是说，规定着欲求能力。（参见：*KpV*, 5: 58）

19　　为什么康德认为善的概念只能许诺愉快？他在第二《批判》的前文中（参见：5: 22）就曾论证过这一点。他在那里论证说，我们和任何外在对象（这包括其他人类具有的一种价值）发生关系，都只能通过易感性和感性，而不是知性或思维的能力：

> 愉快……就它应当是对这个事物的欲求的规定根据而言，建立在主体的易感性之上，因为它依赖于一个对象的存在；所

以它属于感官（情感），而不属于知性。（参见：KpV, 5：22）

我们在解读这个主张的时候必须牢记第一《批判》。他在那里论证说，人类并不具有一种理智的直观，一个对象被给予人类的方式只能是经由感性（参见：KrV A50 f./B74 f.）。我猜想，康德想要提出的是如下观点：如果假定"善"并不是一种能够为五感中的一种所觉知到的自然属性（例如，如果价值被设想为一种我们无法看见、触摸、听闻、品尝或嗅到的非自然的属性），那么，感性能够接受到这种对象的唯一途径就只能是一种愉快的情感。同样，为了被推动着去追求这种价值，我们需要一种愉快的情感。在康德看来，人类存在者要么是由愉快所推动的，要么就是由一种先天的法则所推动的（参见：KpV, 5：63[①]）。他为什么要坚持这种观点呢？康德的标靶是休谟式的动机理论。休谟曾论证说，理性不过是激情的奴隶，唯有激情能够推动行为（参见：《人性论》，2.3.3）。如果这种观点是正确的，那么，康德的先天道德法则就无法单独地影响行动，而是要依赖于一些先在的和独立的欲求为其效力。为了反驳这一点，康德在第二《批判》中论证说，我们也能够被纯粹理性的法则所推动（参见：KpV, 5：15）。他并没有考虑过除了愉快和一种先天的法则之外，还可能会有第三种选项。

鉴于这样一些前提，康德论证说，如果"善"或一种价值失行于法则，那么，它就只能是由愉快所激发的。如果我们遵从康德的思路，就会得出结论说："关于直接是善的东西的概念就会必然仅仅关

---

① 亦可参见（GMS, 4：400）："意志处在其形式的先天原则和其质料的后天动机的中间，仿佛是处在一个十字路口。"

涉快乐的感觉直接与之结合的东西"(参见：KpV, 5: 58)。康德继续说道,善是由愉快所决定的这一说法有悖于如是一种日常的说法,即善的东西能够为理性所评估,也就是说,能够通过被普遍共通的概念得到评估(参见：KpV, 5: 58)。因此,他得出结论说,如果善的观念是道德法则的根据,那就根本没有什么绝对善的东西。

注意到如是一点十分重要,即这个论证同样也适用于作为一种独特的形而上学的属性的价值观念。如果我们想要以他人具有的一种价值属性作为敬重他人的要求的基础,那么,我们依然必须要解释我们如何能够觉察到这种价值,以及我们为什么能被推动着去遵从它。如果我们想要认识一种"明摆着的"的价值,它就首先必须在感觉中被给予：如果我们无法看见、听闻、触碰、品尝或嗅到这种形而上学的价值属性,它就只能通过愉快而被给予。因此,即使有一种"明摆着的"价值属性(尚且没有表现出来的),人类存在者能够认识它的唯一方法——根据康德的看法——就是通过一种愉快的情感。我将在下一节中论证,康德运用这个推理排除了他人的一种价值能够充当敬重他人的要求的根据。就这种语境而言,注意到如是一点十分重要,即对于人类存在者来说,一种形而上学的价值属性无法通过这种方式得到认识。我们能够认识它的唯一途径就是愉快的情感。因此,即使存在着有一种作为一种独特的形而上学的属性而实存的价值,人类存在者也绝不能按照这种方式来认识它；我们所能拥有的唯一的东西就是愉快的情感。因此,假定人类存在者具有一种"明摆着的"的价值,就把自己置于一种荒谬的境地。即使真的有这样一种价值存在,它也跟我们毫不相干。我们无从得知它的实存。这也就意味着,康德从道德哲学中排除了这种形而上学的价值属性的知识,以及这种知识和道德哲学的相关性。(依旧可参见:皮珀,2002年,第117及下页。)

我们或许会反驳说,康德的论证远远不是滴水不漏的。因为,他的这个"没有任何东西能够直接就是善的"的论证依赖于日常的说法,但是,后者或许根本就不准确。然而,更为重要的是,一个现代直观主义者或道德实在论者并不会认为康德穷尽了所有的备选项。①为什么不可以有一种能够觉察人类存在者的一种价值的理智的直观,为什么我们不能被康德就道德法则而提出的那种相同的敬重的情感所推动? 在此,我们的目标并不是为康德做出系统的辩护。康德在第一《批判》中给出了这些问题的答案。他在那里论证说:"我们的本性导致了,直观永远只能是感性的。"(*KrV*, A51/B75;参见:*KpV*,5:58)康德认为,由于形而上学至今依然止步不前(参见:*KrV*, B20 f., Bvii),试图获得一种超越感觉的洞识的努力都是徒劳无功的;他在"先验辨证论"中更为广泛地论证说,如果理性试图去获得超越感觉的洞识,就会陷入矛盾和出现谬误。我的目标并不是要为这些见解做出辩护,但是,它们表明康德的回答是多么深刻,它们增加了反对康德的见解的人的困难——现在,他必须要指出康德为什么是错误的,并且为一种替代性的认识论提出辩护。但是,我们已经清楚地了解到,康德并不持有一种作为一种独特的形而上学的属性的价值观念,而且,他反对这样一种观念。这也正是我在这里唯一关注的问题。②

---

① 更多的近期研究可见于:斯特拉顿–莱克(Stratton-Lake),2002年;谢弗–兰多(Shafer-Ladau),2003年。
② 我将在下一章中讨论康德的研究性文献中试图推理出他人的一种价值属性的种种尝试。

但是，康德有没有在其他著作中认可一种形而上学的价值属性呢？学者们特别喜欢经常引用《奠基》中的两个段落来支持一种对价值的形而上学解读。最为明确的段落是在《奠基》的开头，康德把"善的意志"比作一颗宝石。它之所以是最为明确的段落，并不仅仅是因为他在那里使用了"绝对的价值"这一表述（举个例子，他也在《奠基》的4：428中使用了这一表述），也是因为他似乎是要阐明价值的本性。他说，即使一个善的意志无法产生任何效果，它也依然"像一颗宝石那样，作为在自身中就具有其全部价值的东西，独自就闪耀光芒"（*GMS*,4：394）。这难道不是对作为一种形而上学属性的价值的认可吗？（参见：兰顿，2007年，第158页）

尽管康德在此使用了如此动人的一个类比，这个段落实际上并不能确证，康德把绝对的价值看作一种形而上学的实体。我们要注意的第一个问题是：这个类比的重点是"闪耀光芒"，而不是"宝石"。康德用类比来表达一种关系上的等同性："类比无疑并不是指（就像这个词通常被认为的那样）两个事物之间的一种不完全相似，而是指全然不同的两个事物中的两种关系之间的一种完全相似。"（*Prol*,4：357；参见：*KrV* A179 f./B222）举个例子，如果我们说"4比2等于6比3"，我们并不是说4等于6。相反，在上述情形中，两对数字之间的关系是相同的——同样都是两倍。康德用宝石的类比想要表达的是，即使一个善的意志不能产生任何效果，它也依然像宝石一样闪耀光芒，意思是说它迫使一个观察者对它表示敬重："在一个身份低微的普通市民面前，如果我在他身上察觉到……正直的品格的话，我的精神鞠躬，不管我愿意还是不愿意。"（*KpV*,5：76 f.）

第一章　康德的价值观念

因此,使用一颗宝石的类比并不能使康德投奉于一种关于价值本性的本体论主张。第二个被认为是表达了一种形而上学的价值主张的段落也是如此:

> 事物的本质并不因为它们的外在关系而有所变化,而不考虑这种关系,独自构成人的绝对价值的东西,也是任何人,甚至是最高存在者对人做出判断的依据。(GMS,4:439;参见:伍德,2008年,第112页)

这个段落同样无法确证康德所讨论的是一种形而上学的价值实体。构成一个人类存在者的价值的东西,是他出自定言命令式的行动:"一个绝对善的意志的真正的价值……正在于行动的原则摆脱了偶然根据的一切影响。"(GMS,4:426)[1]康德多次说过,人类存在者的价值只能是他通过使自己成为道德上善的而给予自身的价值(依旧可参见:KU,5:443;参见:208 f.;GMS,4:439,449 f.,454;KpV,5:110 f.,147 f.)。正如宝石的段落所澄清的,这种价值独立于一个意志所要产生的结果。因此,一个善的意志的本质不会因为它的任何外在关系而有所改变,一个人类存在者也必须仅仅通过他是否出自定言命令式的缘故而遵守它来加以评价。即便最高的存在者也不会察看意志所产生的结果。无论如何,最高的存在者不会去直观一个善的意志中的一种价值属性,他只看这个人类是否出自定言命令式自身的缘故而遵守它。这种解读可以从上述引文

---

[1]　参见(GMS,4:437):"一个意志不是恶的,因而它的准则在被当做一个普遍法则时绝不可能自相矛盾,那么,这个意志就是绝对善的。"

的前一句话得到证实。一个人类存在者诉诸定言命令式而得到评价："尽管如此,这位唯一不受限制的立法者毕竟还是必须被设想为,他仅仅按照理性存在者无私的、纯然从那个理念出发为它们自己规定的行为来评价它们的价值。"(*GMS*,4:439)前面关于事物的本质的段落不过是重申了这一观点。尽管我们还必须就康德如何使用"绝对的价值"给出一个精确的解释(参见:第四节),但是没有证据表明这个段落自身就提出了一种形而上学的价值主张。

最后,有人或许会论证说,康德认为人类由于是一个理知世界的成员而具有一种形而上学的价值属性。毕竟,康德确实把自我的理知的方面称为"真正的自我"(*GMS*,4:457 f.,461)。①然而,真正的自我的这种本体论上的优越性本身并没有一种道德上的价值。因为,任何作为显现于现象世界之中的对象都具有一个理知的方面。就任何桌子的情形而言,也会有一张"真正的桌子"(无论它会是什么样)。但是,这并不意味着一张桌子具有一种道德上的价值。同样,康德并没有就一个真正的自我具有一种道德上的价值给出任何论证,而且,他还直接地论证说,一个理知的自我的任何知识对于人类存在者来说都是不可能的(参见:"谬误推理",*KrV*, A341/B399-A405/B431)。那么,我们如何能够知道我们自己的这个理知的方面具有一种客观的价值属性呢?相反,康德其实是在解释我们为什么会对道德法则感兴趣的语境中谈到"真正的自我"的:"法则之所以引起兴趣,乃是因为它对我们人有效,因为它产生自作为理

---

① 我感谢迪特尔·舍内克尔提出这种反驳;这个问题可参见:舍内克尔,1999年,第387—389页。

智的我们的意志，从而产生自我们真正的自我。"（GMS,4：461）法则之所以有效是因为它有一个绝非外在的真纯来源；一种外在的来源无法为一种必然的和普遍的法则奠基（参见：第一节和第二节）。由于法则是真纯的，我们才会对它感兴趣。此处并没有一个进一步的论证以表明，一个理知世界具有任何价值。

综上所述，我们难以证明，康德把人类存在者的价值设想为一切人类存在者都具有的一种独特的属性。相反，康德甚至想都没有想过这样一种观念，他的论证也排除了任何有关此类价值的知识能够（在康德的框架中）充当一个独立的论证起点的可能性。根据这些论证，康德对诸如"内在的价值"这样的说法的使用，并不足以使我们把一种作为一种独特的形而上学的属性的价值观念归之于他。[1]

第二节 康德反对作为一个基础的价值的论证

到目前为止，我已经论证说，康德并没有把价值设想为一种独特的形而上学属性。而且，即使他曾经遇到过一位提出过这种观念的作家，即使他曾设想过这种观念，他也还提出过另一种论证，这种论证似乎排除了这样一种价值能够为任何道德要求（包括敬重他人的要求）奠基的可能性。我们正在讨论的这个第二《批判》中的段落并没有明确地提及（如同人性公式所表达的那般）敬重他人

---

[1] 兰顿和科斯嘉德似乎就表达了这样一种观点。参见：兰顿，2007年，第182—185页；科斯嘉德，1996年a，第250及下页，第257页。此后，科斯嘉德放弃了对这个论证的一种形而上学的解读；可见于：科斯嘉德，1998年，第63及下页。

的要求。但是,注意到这一点十分重要:这个论证对于人性公式来说也是有效的。这个公式也理性的一个诫命和一个定言的命令式。这个公式命令我们,绝不要仅仅把他人当作手段来对待,而是要在任何时候都把他们同时当作一个目的自身来对待。这一点不仅是在我们想要得到其他什么东西的时候有效(例如,为了赢得心爱之人的欢心),甚至在我们并不打算遵守它的时候——根据康德的看法——也是不可颠覆的。

这个论证和前一个论证相似,因而可以说得简短一点(参见:盖耶,2000年,第132及下页)。当康德在第二《批判》中讨论善的时候,他曾提到过一位评论者对《奠基》提出的反驳。[1]这位评论者说,康德应该从一个先在的善概念中推导出定言命令式。这促使康德要对他确证道德法则的方法做出解释(参见:KpV, 5: 8 note):

> 这里正是解释一种实践理性批判中的方法的悖论的地方。也就是说,善和恶的概念必须不是先行于道德法则(表面上必须是这概念为道德法则提供根据),而是仅仅(如同这里也发生的那样)在道德法则之后并由道德法则来规定(KpV, 5: 62 f.)。

同样,康德并不关心我们要追求何种善的问题,而是提出了一个关于道德法则的基础或证成的更深层次的问题。道德法则并不

---

[1] 参见:KpV, 5: 8 note。这个读者通常被认为是皮斯托留斯(Pistorius),可见于:康德,1996年,第631页。

建立在一种先在的或独立的价值之上,例如,人类存在者的一种价值。这个主张——即善或价值不能先于道德法则,而是必须由后者来规定——有违普通的思维方式。康德承认这是荒谬的,而且,他在其他地方曾坦言,认为有一个构成了定言命令式的基础的条件存在,这是再自然不过的。①

然而,他还论证说,没有任何一种善或价值能够构成这种命令式的基础。他的论证是另一个归谬(reductio)。同样,康德先是假定我们能够从一种善观念入手:"假设我们现在要从善的概念开始,为的是从中推导出意志的法则来。"(参见:KpV, 5:63)他的结论是:诚若如此,就根本不会有任何如定言命令式一般的意志的先天法则——"先天实践法则的可能性就会被直截了当地排除了"。(参见:KpV, 5:63)同样,他的理由在于:诚若如此,我们就只能通过对一种愉快情感的经验来规定什么东西是善的。然而,如果做出这种规定的标准依赖于经验,它就是后天的,而不是先天的,如同他认为道德法则必定所是的那般。(参见:GMS, 4:389)

进一步解释:这个标准必定是愉快的经验,"因为这个(善的)概念没有实践的先天原则作为它的标准"(同上)。就康德为善的概念所能想到的备选项而言,他没有提供第三种选择(参见:第一节)。如果我们并非始于道德法则,那么,善的东西就要么是愉快,要么是一些外在的事物(例如,上帝的意志,或者是一种独特的形而上学的价值属性)。如果这种善是外在的,那它就必须通过愉快才能被发现(同样,愉快就会是我们拥有的和知晓的一切,参见:第

---

① 参见:GMS, 4:463;我将在下文第三章中来讨论这个问题。

一节）。因此，如果没有一种先天的道德法则，善的标准就会是愉快；愉快是相对的和偶然的，从而无法产生一种先天的道德法则。愉快对于人和人来说是不一样的："愉悦或不快……决不能被当作普遍地指向同一些对象的。"（KpV,5:26）然而，即使所有人都欲求相同的事物（例如，自由或人性），这种共有的欲求也依然没有资格充当道德法则的基础，因为"这种一致本身毕竟只是偶然的"（KpV,5:26）。偶然的偏好无法为一种先天的道德法则奠基。这是因为先天的东西的确切标志乃是必然性和严格的普遍性："因此，必然性和严格的普遍性是一种先天知识的可靠标志，不可分割地相互从属。"（KrV, B4）但是，道德法则究竟为什么必须是先天的法则？为此，康德在《奠基》的开头论证说：

> 每一个人都必须承认，一条法则如果要在道德上生效……它就必须具有绝对的必然性；例如，"你不应当说谎"这条诫命并不仅仅对人有效。（GMS,4:389；参见:412,425）

康德的归谬可以被总结如下：如果我们不从道德法则开始，那么，我们就必定被愉快所推动；愉快是相对的和偶然的，从而无法产生道德法则。

就像出现在上一节中的第一个论证一样，康德对"善的东西依赖于道德法则"的论证并不是滴水不漏的。这两个论证都共享同一个前提，即任何一种外在的善都唯有通过一种愉快的情感被知晓（而且，愉快是我们对这种价值所能拥有的一切）。同样，一个现代的直观主义者可能会质疑康德的第一《批判》，并且论证说，人类存

第一章 康德的价值观念

在者确乎具有一种理智直观或一种第六感,能够发现一种形而上学的价值属性。无论如何,这个论证再次澄清了康德确乎不认为有任何价值能够为作为道德法则的定言命令式奠基:"相反,道德法则首先对善的概念就善完全配得上这一名称而言予以规定并使之成为可能。"(KpV, 5:64)

在这个方面,我们可以就康德对价值和道德法则的关系的见解和他的理论哲学中的"哥白尼式的革命"做出比较(参见:恩斯特龙,2009年,第13及下页;阿利森,2011年,第九章①)。其相关特征在于:康德提出了我们思维方式的一种革命(Revolution der Denkungsart)(KrV, Bxvii f.)。我们自然而然地认为,人类的认识必须符合对象。同样,我们通常都会认为,道德法则必须符合某种具有价值的或珍贵的东西。康德对上述两种关系都做出了一种颠倒。在他的理论哲学中,康德论证说,对象必须符合人类认识中的一些先天要素。在他的道德哲学中,康德论证说,绝对的价值依赖于人类理性中的一种先天法则(依旧可参见:GMS, 4:435 f.)。②

然而,康德对价值的见解还以一种更为深刻的方式和他的理论哲学中的"哥白尼式的革命"的有关。如果我们把价值解释为一种独特的形而上学属性,它就必须首先是一个能够被觉察到的"明摆着的"的对象。就此而言,知晓一种价值属性就跟知晓任何作为物

---

① 较早把康德的伦理学比作"哥白尼式的革命",可参见:西尔伯(Silber),1959年,第60页;卡诺伊斯(Carnois),1987年,第45页;沙利文(Sullivan),1989年,第45页;特兰博塔,2003年,第16,116,118—120页。

② 同样,康德将论证说,人类存在者之所以具有尊严是因为他们应该受到敬重,参见:TL, 6:435, 462。

自身的对象没有任何差别：

> 如果我们让外部对象被看做自在之物本身，那就完全不可能理解我们将如何在我们之外得到对它们的现实性的知识，因为我们所依靠的只是我们之内的表象。（*KrV*, A378）

如果我们想从一种形而上学的价值属性入手，就会面临相同的问题。我们无从知晓作为物自身的价值，而是只能知晓我们自身对它的主观反应。就价值的情形而言——康德论证说（可见于：第一节和第二节）——那就只能是一种愉快的情感。因此，康德在理论哲学中的"哥白尼式的革命"似乎也排除了把价值解释为一种独特的形而上学属性的可能性。

然而，难道相反的见解就没有文本依据吗？难道康德没有明确地说过，一种绝对的价值是定言命令式的根据，因为如果没有这样一种价值，我们在任何地方都不能找到一个最高的原则吗？我们来考察一下如下段落："如果所有价值都是有条件的，并且因此是偶然的，那么对于理性来说，就也根本不能发现任何最高的实践原则了。"（*GMS*, 4: 428）这难道不是表明，必须有一种价值构成定言命令式的基础吗？然而，这个段落比它看似所是的更为复杂。我将在第二章和第三章中为此给出一个更为充分的处理。现在，指出如是一点就足够了：如果价值（正如康德所论证的）依赖于定言命令式，这个说法同样可以是正确的。如果这种命令式以某种方式带来了绝对的价值，但是，我们却无法找到任何拥有绝对价值的东西，那么，就根本没有这样一种命令式。看一下如下这个"否定后件式"

（modus tollens）：

> 如果有一种定言的命令式，那么，就存在某种具有绝对价值的东西。①
>
> 根本就没有任何东西具有绝对的价值（一切价值都是有条件的）。
>
> 根本就没有定言命令式。

康德将否定第二个前提。那么，"如果一切价值都是有条件的价值，从而是偶然的价值，那么，理性就在任何地方无法找到一个最高的原则"这句话，就可以被解读为一个方法，我们能够用这个方法来查明是否会有一种定言的命令式，但它不是在说明这种命令式的根据。它给出的是这种命令式的一个"认识根据"（ratio cognoscendi），而不是它的"存在根据"（ratio essendi）（参见：*KpV*, 5：4 note）。因此，这个段落和康德反对价值先行于这种命令式的论证并不冲突。②

第三节 替代性的价值观念

我们尚且不清楚，康德是否必须把人类存在者的价值理解为一

---

① 参见（*GMS*, 4：436）："除了法则为之规定的价值之外，没有任何东西具有一种价值。"参见：*KpV*, 5：62 f.。

② 还有一种异议。康德难道不是说，每个行动都需要一个目的（参见：*TL*, 6：385），从而遵守定言命令式的行动也需要一个作为这种命令式的根据的特殊的道德目的吗？我将在第二章讨论这个异议。

种独特的形而上学属性，以便为敬重他人的要求奠基。价值难道就不能是其他什么东西，并且满足这种功能吗？在这一节中，我将要考察一下康德或康德主义者们是否考虑过其他任何价值观念，以及这种价值观念是否能够为康德的道德哲学奠基。价值还能是什么东西呢？

如果价值不是一个对象孤立地具有的一种属性（或者犹如一个实体或柏拉图的形式那样，能够单凭自身而实存的东西），它就有可能是两个对象之间的一种关系。最有可能的是一种工具性的关系。举个例子，食物对于活着的存在者是有价值的，因为它对于维持生命和那种存在者的健康是有用的。所以，我们在此无需设定一个对象孤立地就会具有的那种价值。就此而言，说"X是有价值的"就等于是说"X对于Y来说是有益的或有用的"（参见：冯·赖特，1963年，第42及下页，第47及下页）。工具性的关系并不是解释"价值可以是什么"这个问题的唯一的关系。另外一个例子是适宜性的关系。说一种做法是善的（例如，某种礼节）也可能是指这个行为适宜于这种场合〔参见：斯坎伦（Scanlon），1998年，第98页〕。

还有另一种可能性。如果价值既不是一个对象孤立地也会具有的一种分离的属性，也不是两个对象之间的一种关系，那么，价值就可能是人们事实上看重（value）的东西。在一种康德主义的框架下，我们还可以就此区分出两种不同的形式。我们看重某种东西可能是基于偏好，也可能是基于纯粹理性。如果我们把价值理解为我们基于偏好而事实上看重的东西，那么，价值就并不是指一种分离的属性，它不过是对主观的欲求或偏爱的描述。就此而言，我们很可能最终仅仅看重幸福或愉快，而且，当我们说什么东西是善的时候，我们很可能不过是在试图基于自己的欲求来影响他人，但价值本身除此之外什么也不是。对象唯有在一种派生的意义上才会是善的：说一个对象是善的就等于是说，我们确乎偏爱或看重这个对象，而且，我们还试图影响其他人。简而言之，我们不会因为某物具有价值而欲求它，它之所以是有价值的是因为我们欲求它。

最后，价值可能不是对一个存在者基于他的欲求所看重东西的描述，而是对我们应该看重什么东西的规定（prescription）（例如，要看重什么东西才是理性的）。因此，价值就不会是一个对象孤立地也会具有的一种属性，也不会是两个对象之间的一种关系，更不是对人们实际上看重什么东西的一种描述，而是对什么东西应该被看重的一个简略的说法。说人类存在者具有价值就等于是说，他们应该被看重和受到敬重。这种规定可以有不同的来源。它可以是外在的，例如，出自我们的双亲、社会或上帝的一个诫命，它的来源也可以是内在的，例如我们的理性能力或一种良知感。在一种康德主义的框架下，这种来源不能是外在的（参见：前文第一节和第二节）。相反，它将是纯粹理性的一个诫命——或者是一个存在者只要全然由理性统治就会看重的东西（参见：*GMS*, 4: 412 f., 453-455, 499）。这种规定就是康德所提出的定言命令式。

第四种替代选项，即"规定主义"（prescriptivism），似乎常常遭到忽视。澄清康德对价值的见解的尝试之一就是，将其置于如是一种二分法中：在康德看来，究竟是某物因其被欲求而是善的，还是某物因其为善而被欲求（参见：兰顿，2007年，第170—185页；伍德，2008年，第110页）？但是，这种欧悌甫戎式（Euthyphro-style）的问题并没有穷尽所有的可能性。因为，如果什么东西是善的是由定言命令式所规定的(而且,这种命令式本身并不以任何价值为其根据),那么,某物就既不是因其被欲求而是善的,也不是因其为善而被欲求的。举个例子,如果定言命令式规定了我们不能说谎,那么,不能说谎就不是因其被欲求而是善的,而是不顾其是否被欲求而被规定的。这种欧悌甫戎式的困境是无穷无尽的。

现在,我们考虑价值的本体论本性的方式有了四种可能性。首先,价值可以是一种独特的形而上学属性,就它是一个对象即使孤立地实存也会具有的一种属性的意义上而言。其次,价值也可以是两个对象之间的一种关系,例如,一种有用性或适宜性的关系。再次,价值也可以是主观的,就它是一个主体确乎看重的东西的意义而言(例如,愉快、幸福)。最后,价值陈述也可以无非就是要求我们应该敬重什么东西的一种(理性的)规定。①如果康德确乎没有把价值理解为一种独特的形而上学属性——正如我在前文已经论证过的——他有可能会按照上述三种意义中的任何一种来理解价值,以便能够为敬重他人的要求奠基吗?

首先,康德似乎并不认为价值可以是一种关系,并且为道德法则奠基。举个例子,我们从康德在《奠基》中对假言的命令式的著名讨论中得出这一点(参见:4:413-419)。康德讨论过的关系(以

---

① 还有其他可能性吗? 我在康德的文本中找不到任何迹象表明,他有可能会主张一种混合的或复合价值。此类见解的一个例子是:价值是一个对象加上对它的主观享受的复合体(例如,对一件艺术品的享受,或者G.E.摩尔所谓的一种"有机整体",参见:摩尔,1903年;科斯嘉德,1996年a,第252页)。此类见解的另一个例子是,我们可以把价值理解为相似于一种第二性的属性[参见:麦克道尔(McDowell),1958年,第110—129页]。另一方面,根据一种对各种理由的"责任推诿"的解释,价值也可能被理解为一种摩尔式的非自然属性,参见:斯坎伦,1998年,第97页。那么,价值就会是一种独特的形而上学属性。

第一章 康德的价值观念

及出现在康德的研究性文献中的关系①)都是有用性或工具性的关系。有关这些关系的陈述表达的都是达成任何可能的目的或达成幸福这一给定目的的手段。它们全都是技巧的规则或机智的建议（参见：GMS,4：416）。例如，一个医生治病的规则，或一个投毒者杀人的规则。这些建议全都是假言的；它们仅仅是说何种手段对于一个给定目的来说是善的，而且，它们无疑有别于定言命令式，后者无条件地发布诫命(参见：GMS,4：414-419)。

即使是能够被先天地预设为每个人都追求的一个必然目的的幸福，也不能为定言的诫命奠基。理由之一是：根据康德的见解，幸福不是一个确定的概念。因此，我们并不清楚到底什么东西能够使人快乐。故而，和我们一定要遵守的戒律不同，关于什么东西能够促进幸福的陈述会被分解为一些经验性的建议："例如，特定的食谱、节俭、彬彬有礼、克制，等等。"(GMS,4：418)但是，即使幸福有一个确定的概念，关于什么东西是善的或我们应该做什么的陈述也"仍然是假言的；行为不是绝对被要求的，而只是作为另一个意图的手段被要求的"。(GMS,4：416)再者，这个意图（幸福）和任何实现它的规则严格说来都不是普遍的；因为，它们仅仅对于人类存在者来说有效，而不是对一切理性存在者本身都有效——如同康德认为道德性必然所是的那般（参见：GMS,4：398,412,425)。

其次，价值不可以是主观的，也不能为道德性奠基，因为这有悖于康德的基本前提，即道德性是必然的和普遍的："道德法则应当对

---

① 参见：伍德，1999年，第61—65页；亦可参见：科斯嘉德，1996年a,第250—253页。

每一个理性存在者有效。"(*GMS*,4：412；参见：389,425)对于康德来说,人们基于偏好而看重的东西无法为普遍的道德法则奠基,因为,人和人的愉快和欲求各不相同(依旧参见：*KpV*,5：26)。但是,即使一切人都欲求相同的事物,这样一种全体一致也是偶然的(同上),偶然的偏好无法为一个必然的道德法则奠基(参见：前文第二节)。

最后,主张价值是对我们应该看重的东西的一种规定。我将在下一节中论证说,这正是康德理解价值的方式。如果理性能力认定一个准则或一个行动是必然的,康德就会说这个准则或这个行动"具有价值",并且无需为这个行动赋予一种形而上学的属性。说"某物具有价值"不过是"应该看重某物"或"只要他充分理性就会看重某物"的另外一种说法。这也正是康德为什么会说"善必须由道德法则来规定"的原因(参见：*KpV*,5：62 f.；*GMS*,4：435 f.)。我们还可以把"对我们应该看重什么东西的规定"表述为：人类存在者不得不看重的东西,或者只要他们充分地符合理性就会看重的东西。然而,作为一种规定的价值无法为道德法则奠基。我们还要解释某物为什么被如此规定,以及它如何得到规定。如果这种规定不以任何外在的事物为根据(例如,一个神圣的诫命或一种价值),那么它就很有可能是通过诉诸一个原则(例如,康德的定言命令式)获得证成的。

此处的问题在于,对价值的这样一种解释是否能为定言命令式奠基。假如一个规定仅仅根据我们想要的别的什么东西而是偶然的,它就无法为康德的定言命令式奠基：例如,"如果你想让你的旅程舒适,就去租一辆豪华轿车",或者"如果你想取悦你的教会,就奉献你收入的10%"。这些规则都仅仅根据一个条件而有效,从而不能提供一个无条件的和定言的命令式。然而,即使这种规定是**必然**的,而不是有条件的(因为,它仅仅命令我们必须看重什么),它也无法为康德的命令式奠基,或者为之提供证成。理由很简单:这样一种规定刚好就具有跟定言命令式相同的性状。对于康德来说,一种必然地发布诫命的规定(也就是说,一种并不以我们基于欲求为自己设定的目的为条件的规定)只能是对法则的形式的规定(也就是说,把我们的准则普遍化)(参见:*GMS*, 4: 420 f.; *KpV*, 5: 29 f.)。这种规定本身就是定言命令式,而不是一种分离的价值。因此,在理解一种对我们应该看重什么东西的规定的时候,我们不会由此引入一种先在于和独立于道德法则的价值。[①]

我的结论是:康德并没有把道德要求奠基在一种先行的或独立的价值之上。(我将在第三章中讨论康德如何为定言命令式奠基。)重要的是要注意到,这对于**任何一种**价值观念都有效。这无关乎我们如何准确地理解它。其理由在于,把道德性奠基在任何价值之上都会导致他律。如果我们把价值理解为某种外在的东西(例如,一个神圣的诫命或一种独特的形而上学的属性),那么,根据康德的认识论,它能够为我们觉察的方式就只能是一

[①] 研究性文献中的许多论证似乎都提出了一种作为康德的道德哲学的基础的价值,它依赖于定言命令式。举个例子,如果我们论证说,我们之所以要看重人性,是因为人性的价值不能被置于从属的地位而不产生矛盾(参见:科斯嘉德,1996年,第123页),那么,在这个推理中起作用的东西实际上就是矛盾禁止。这种"禁止"是由定言命令式确立起来的(参见:*GMS*, 4: 424)。安德鲁·里思(Andrews Reath)按照相同的思路论证说,对人类的平等价值的主张包含了定言命令式。参见:里思,2003年,第142页。

种愉快的情感。无论价值是某种外在的东西，还是我们现实地欲求的东西，对于康德来说，我们都只能拥有一种愉快的情感。愉快是相对的和偶然的，也无法产生一种必然的和普遍的道德法则。我们可以把价值理解为是对我们要做什么的规定（或者是对一个人充分符合理性时将会做什么的一种规定）。然而，诚若如此，我们就必须对我们为什么应该这样做给出一个解释。因为，我们不能把这种"应该"置于一种先行的价值的基础之上（它将被化约为一种愉快的情感），根据康德的框架，它只能是一种先天的道德法则。

因此，尽管康德承认，把一种价值看作基础是一种自然而言的思维方式，但是，他论证说，价值不能是道德性的基础。他认为，这也正是以往一切道德体系的错误，也是一切可能的把一种价值当作自己的基石的道德哲学的错误（依旧可参见：*KpV*, 5: 39）。我的目标并不是要为这种见解提供一个系统的辩护。然而，我们有清楚的证据表明，康德没有把他的道德性建立在一种价值的基础之上。我将在下一章中讲明这些证据，它们将表明，在康德看来，价值陈述无非就是理性的一种规定。

第四节　康德的绝对内在价值的观念

康德集中讨论价值的几个地方中，最为突出的莫过于《奠基》第一章的开头。他在那里论证说，唯有一个道德上善的意志才能被称为无限制善的（参见：*GMS*, 4: 393 f.），然后，他在第二章中对价格和内在价值做出了区分（参见：*GMS*, 4: 434 f.）。到目前为止，

第一章　康德的价值观念

我的论证仅仅消极地排除了康德在使用诸如"绝对的内在价值"这样的措辞时可能所指的一些观念，同时，我还论证说，康德并没有把道德要求建立在任何价值之上。但是，他所说的"价值"到底是什么意思，他又是如何证成这些道德要求呢？我将在第二章和第三章中处理后一个问题。在这一节中，我将讲明，在我看来，他如何使用"绝对的内在价值"这个概念。

对于康德来说，什么是"绝对的内在价值"？它不可能是一种独特的形而上学属性。正如我已然论证过的，康德并不持有这样一种价值观念（参见：前文第一节）。但是，它也不可能是对我们主观上看重什么东西的一种规定，或者是两个实体之间具有的一种关系（例如，一种有用性的关系）。康德说，我们基于偏好而在主观上看重的东西只具有"相对的"价值（GMS, 4: 428），而且，他还把它们和绝对的或内在的价值是加以对照。我将论证说，对于康德来说，"绝对的内在价值"所表达的无非是对我们应该独立于偏好而看重的东西的一种规定。它不是对一种"明摆着的"的属性或实体的规定。它只不过是一个规定的简短表述，或者说是对一个完善的理性存在者会看重的东西的描述。[①]说某物具有内在的价值就等于是说，它应该无条件地被看重。我们为什么要以这种方式来看重某物的理由在于，它是定言命令式的一个诫命。价值无非就是这种规定，而这种规定是诉诸这种命令式得到证成的（参见：施内温德，1998年，第512页）。

这也正是康德在他的文本中做出的解释。一般而言的价值

[①] 参见：罗斯，1954年，第50及下页；希尔，2003年，第48页；迪安，2000年，第34页；施内温德，1996年，第285—288页；恩斯特龙，2009年，第11—14页。

就是被理性判定（独立于偏好）为必然的东西："意志是一种能力，仅仅选择理性不依赖于偏好而认做实践上必然的亦即善的东西。"（*GMS*,4:412）这意味着，说某物"是善的"或"具有价值"，这无非是用一种不同的方式在表达理性把它视作必然的或规定了它（参见：希尔,1992年,第24页；伍德,2008年,第91页）。由此而被判定为善的或有价值的东西就被表达为一个命令式："一切命令式……说的是：做某事或放弃某件事就会是善的。"（*GMS*,4:413①）绝对意义上的"善"不同于关乎我们的福祉（Wohl）的东西的地方就在于，它仅仅是对行动的谓述，而意志要去执行它们：

> 真正来说，善或者恶与行动相关……而且如果某种东西应当是绝对（在一切意图中并且无须进一步的条件）善的或者恶的……它就会仅仅是行动方式，是意志的准则，从而是作为善人或者恶人的行动着的个人本身，而不是一件可以被如此称谓的事情。（*KpV*,5:60）

对于康德来说，"善"或"价值"依赖于理性的判断。如果理性判定一个行动对于我们想要的其他什么东西而言是一个必然的（也就是善的）手段，那么它就提出了一些假言的命令式："如果你想要Y，那么就做X。"（参见：*GMS*,413 f.）因此，X的价值对于我们想要Y而言就是有条件的和相对的（参见：*GMS*,4:428）。如果理性认定一个行动无关乎我们偏好什么东西而是必然的，例如，如果理性认定

---

① 参见（*GMS*,4:413）："因此，命令式说的是，哪一种通过我而可能的行为是善的。"

第一章 康德的价值观念

"不要说谎"是必然的,这个诫命就是定言的,而且这种价值既不是相对于偏好的,也不是基于偏好而是有条件的,而是就其自身而言善的(亦既,单纯被命令的):

> 现在,如果行为仅仅为了别的目的作为手段是善的,那么命令式就是假言的。如果行为被表现为就自身而言善的,从而被表现为在一个就自身而言合乎理性的意志之中是必然的,被表现为该意志的原则,那么命令式就是定言的。(*GMS*,4:414)

根据《奠基》开头的陈述,康德主张,唯有一个善的意志才能被判定为无限制地或绝对地善的。非理性的事物只能有一种相对的价值,而不是一种绝对的价值。

这就意味着,康德在谈论绝对的或内在的价值时,他也就是在谈论理性的一种判断,而不是一个现存事物的一种属性。因此,"X具有绝对的内在价值"的语法形式并不使康德投奉于一个"X具有一种独特的价值属性"的本体论主张。那么,康德是如何使用"绝对的"或"内在的价值"的呢?我将论证说,康德使用诸如"X具有绝对的内在价值"这样的说法,来表达理性把X认定为必然的,以及理性的这个判断不是有条件的(例如,由于X所造成的后果或我们对X的偏好)。如果某件事情依据定言命令式而发生(例如,不要说谎),它就以这种方式被认定为必然的。需要阐明的是:首先,"绝对的内在价值"是指我们必须如何去判断,或者是指理性认定为必然的东西。这一点在《奠基》第一章著名的开头段落中尤为清楚。康德说,"除了一个善的意志之外,不可能设想任何东西能够被无限制地视为善的"(*GMS*,4: 393 f.;着重号系我所添加)。他接着又说,一个"有理性且无偏见的旁观者"在看到没有一个善的意志的幸福的时候"决不会感到满意"。甚至一些次要的德性也"远远不能无限制地宣称它们是善的",而且,他还指出,恶棍的冷静使他"在我们眼中更为可憎"(*GMS*,4: 393 f.;着重号系我所添加)。对于康德来说,"绝对的内在价值"据此不能等同于"某物就其自身而言具有的一种价值",①而是和我们对它的判断密切相关。

其次,说"某物具有一种绝对的内在价值",表达的是理性把一个行动判定为关乎其自身而是必然的(也就是说,独立于偏好,其有用性、功能和环境,以及其他,等等)。"内在的"和"绝对的"就成了可互换的:"绝对这个词经常只是被用来表示某物就自身而言,从而内在的对一个事物有效。"(*KrV*, A324/B381;参见: *KpV*,5: 60)因此,"内在的"和"绝对的"指的是同一种判断,这种判断是通过抽离一切关系而做出的。如果我们通过孤立地考察对象而做出判断,那么,我们的判断就会是无条件的,它不会因为它可能具有的任何关系而是有条件的(例如,一种功用性的关系)。这也正是康德《奠基》的开头段落的要旨所在。他追问我们是否把心灵的天赋、气质的性质、幸运的恩赐、幸福和次要的德性判定为在任何方面都是善的,还是仅仅在一个善的意志的条件下才是善的(参见: *GMS*,4: 393 f.)。最后,唯有一个善的意志才是无条件善的:

---

① 同样,这似乎正是科斯嘉德(在其早期论文中)和兰顿对它的解读方式。

第一章 康德的价值观念

> 善的意志并不因它造成或达成的东西而善……而是仅仅因意欲而善,也就是说……就其自身来看,其评价必须无可比拟地远远高于通过它为了任何一种偏好所能实现的一切。（*GMS*, 4: 394）

因此,一个关于绝对的内在价值的判断就是一个关于一个不顾任何条件(偏好、后果,以及其他,等等)而被看重的东西的判断。这种判断是依据定言命令式而做出的,从而也出自定言命令式。价值并不是它的根据。

澄 清

希望大家不要误解,我的意思并不是说人类存在者的价值是相对的(蒙福尔曼见谅,2010年)。当然,人类存在者也可能具有一种相对的价值——举个例子,他们有可能对于各式各样的意图来说是有用的(参见:*TL*, 6: 434)。但是,这并非我在此处所要关注的东西。首先,我的解释没有触及康德的关键主张,即一切人类存在者都应该受到敬重。我只是论证说,康德不能指望一种价值来证成这个主张。其次,根据我的解读,价值(从字面上说来)不是任何人或任何事物所具有的什么东西。它不是一个人类存在者或事物所具有的一种独特的形而上学属性。相反,"价值"这个术语被用于一个命题之中的功能是要规定或劝诫什么东西。我们说某物是"善的"或"具有价值"时为它增添的东西,就是这个事物是由理性所规定的〔要么是作为其他什么事物的手段,要么就是"绝对地"(simpliciter)被规定的〕。理性有可能会因为一个对象所具有的一些独特的形而上学属性来规定或劝诫什么东西,但是,价值本身并不是这样一种属性。它不过就是表述这种规定或劝诫的另外一种方式。

再次,采纳这种见解并不使我们投奉于建构主义(蒙伍德见谅,2008年,第110页)。以为我们只有两种立场可供选择,即建构义和实在论,这是一种错误的二分法。至少还有第三种立场。我们可以是关于价值的实在论者(也就是说,承认有一些"明摆着的"的独特的形而上学的价值属性),我们可以是关于道德法则的实在论者(也就是说,道德法则无关乎我们想要什么而是有效的),我们也可以是一个建构主义者(也就是说,道德法则并不是理性中的一种内置原则,它不过是人类存在者在其意愿活动中建构出来的)。否定康德是一个价值实在论者,这并不意味着我们必须把康德解读为一个建构主义者。他也可以是一个关于道德法则的实在论者(参见:阿梅里克斯,2003年,第11章)。实际上,我将在下文第三章中论证,康德在如是一种意义上是一个关于道德法则的实在论者,即道德法则是理性中的一种内置原则。因此,即使一个遁世者也服从于道德法则。表述这种观点的一种方式就是说,道德法则是我们理性的一个构成部分(参见:里思,2006年,第4,176—180页)。然而,我必须避免使之标签化,因为它们常常都可以以不同的方式得到解读。

第四,到目前为止,我仅仅讨论了对敬重他人的要求的证成。我还没有论及它的应用,或者我们如何能够从敬重他人的要求中推导出具体的义务的问题。因此,我们还没有着手处理我们是否需要一种价值,以便能回答谁应该受到敬重的问题。举个例子,难道我们不是还必须援用一种价值,以便能解释为什么我们应该敬重其他人类存在者，而不是桌子或椅子的问题吗？①我将在下文第三章中着手处理这些问题。然而，注意到这一点十分重要，它的应用中也存在着相同的困难：这种价值在本体论上应该是什么？我们如何觉察到它，以及我们为什么应该被推动着去敬重它？我在前文第一节和第二节中提出的论证也同样适用于此处。因此，我将在第三章中概述康德对这些问题的一种无需诉诸人类存在者的一种价值的替代性的回答。

最后，还有一个漏洞是我尚未着手处理的。到目前为止，我仅仅论证说，康德不能把敬重他人的要求奠基在外在于我们自己的意志的一种价值之上，例如，一种"明摆着的"的价值或另一个人所具有的价值。然而，我们可以说，这种价值不是某种外在于我们的意志的东西，而是内在于我们的意志的东西（参见：伍德，2008年，第93页）。我们可以说，我们能够通过反观我们自身来发现一切人类存在者都拥有的一种价值。如此，价值就不是一种外在于我们自己的意志的属性，而且前面的论证就很可能无法适用于此了。我将在第二章中着手处理这个漏洞。现在，我只想论证说，道德要求不能奠基在我们在他人身上觉察到的一种价值之上。

善的意志的善性

我曾论证说，说某物具有价值就等于是说它应该被看重。那么，说一个善的意志具有价值又是什么意思呢？我们如何可以说一个

---

① 我感谢萨莉·塞奇威克、马西娅·巴伦、约书亚·格拉斯哥、詹斯·蒂默曼在这个问题上对我的敦促。

特定的人格具有一个善的意志？①

这个反驳似乎无法对我提出的价值诠释构成威胁。首先,康德关心的似乎并不是要规定一个人是否现实地具有一个道德上善的意志。他说甚至对于我们自己,我们也无从得知自己的意志是否具有充分的道德价值：

> 实际上即使通过最严格的省察,也决不能完全弄清隐秘的动机,因为如果说的是道德价值,那么,问题并不在于人们看到的行为,而是在于行为的那些不为人们看到的内在原则。（GMS, 4: 407）

在康德的道德哲学中,他所关心的并不是要规定一个人是否现实地具有一个道德上善的意志（参见：GMS, 4: 406-408）。相反,康德的观念是前瞻性的。他的道德哲学的问题是："我们应该做什么？"（KrV, A805/B833）

其次,即使我们能够规定一个特定的人格是否具有一个善的（或恶的）意志,这也根本不会对我提出的价值诠释构成任何特殊的威胁。因为,说"彼得具有一个善的意志"是有意义的,只要它仅仅就等于是说"彼得具有一个我们应该看重的意志"。这个语句的功能是要提供劝诫,或者规定我们应该看重一个什么样的意志。一个善的意志之所以是善的,是因为它出自自身的缘故而服从定言命令式："一个绝对善的意志的真正价值……正是在于,行为的原则摆

---

① 我感谢詹斯·蒂默曼在这个问题上对我的敦促。

脱了偶然根据的一切影响。"(*GMS*,4:426;参见:437)这个要求正是定言命令式的要求(参见:4:420 f.)。补充说一个意志出自自身的缘故而服从定言命令式,就是在补充说这样一个意志被规定为我们要看重的东西。

这个诠释还能解释如下这个含义隐晦的段落,它出自康德对定言命令式的不同公式的讨论,即规定了善的东西必须无条件地是善的:

> 因为除了法则为之规定的价值之外,没有任何东西具有一种价值。但正是因为这一点,规定一切价值的立法本身必须具有一种尊严,亦即无条件的、无与伦比的价值;对于这种价值来说,唯有"敬重"这个词才能够恰如其分地表达一个理性存在者对这种立法的评价。(*GMS*,4:435 f.)

这个段落并不是要论证如是一种见解,即那个使事物具有价值的条件必须具有一种无条件的价值。①我把对这样一种论证的讨论放在第二章。相反,这个段落首先肯定了我在这一章中所论证的一个见解,即价值不过是对道德法则的规定的另一种表述:"除了法则为之规定的价值外,没有任何东西具有一种价值。"除了法则的规定之外,没有任何(绝对的)价值。价值是一个依赖于道德法则的次要概念(参见:施内温德,1996年,第286页)。当康德说"规定一切价值的立法本身必须因此拥有……一种无条件的、无与伦比的价

---

① 诚若如此,就会把最高的价值赋予两种不同的事物。参见:马尔霍兰(Mulholland),1990年,第110及下页。我感谢罗科·波切都(Rocco Porcheddu)在这一点上对我的敦促。亦可参见:波切都,2012年。

值"的时候,他并没有引入一种截然不同的价值观念。相反,"价值"在此依然是对一个规定的另一种表述。法则规定了我们应该做什么(以及什么东西应该被看重)。法则提出的主要要求是:我们要愿意我们的准则能够成为一个普遍的法则(参见:GMS,4:421)。我们正在讨论的这个段落出现在自律公式的语境中,也就是"每一个人类意志都是一个通过自己的准则普遍地立法的意志这一原则"(GMS,4:432)。换句话说,我们要做的事情,就是选择一些能够作为普遍法则被给出的准则。对这些较低层次的(或者更为具体的)法则的这种立法,是由道德法则所要求的。道德法则要求我们参与到立法的过程之中,也就是说,出自其自身的缘故而采纳一些可普遍化的准则。如果我们这样做了,我们就有了一个道德上善的意志和一种无条件的价值(也就是说,我们在严格地如我们所应该的那般行事)。因此,康德才能够说,参与"规定所有价值的立法必须……具有……一种无条件的、无与伦比的价值"。道德法则规定了一切(无条件的)价值(亦即我们应该看重的东西)。我们应该看重的东西就是普遍的立法。因此,这种立法具有一种无条件的价值,因为它是由道德法则无条件地要求的。

第五节 康德著作中出现的"价值"

我已经在前面的章节中论证说,对于康德而言,价值是一个次要的概念。它不过就是表述那个被康德阐述为道德法则的理性诫命的另一种方式。如果我们考察一下康德在他的所有著作中是如何使用"价值"一词的,我的主张,即价值对于他来说是一个次要的概念,就没有什么可惊讶的。真正令人震惊的是,如果"善"或"价值"对于康德来说是一个基础性的概念,它们却并没有出现在我们最期待它们出现的地方。在康德说要证成道德性的地方,在《奠基》的第三章和《实践理性批判》的第一章,它们没有发挥任何作用。它们也没有出现在康德对他的道德哲学做出概述的地方,例如,在作为一个整体的《道德形而上学》的"导论"中(参见:6:221-228),在他的论文《论俗语:这在理论上可能是正确的,但不适用于实践》(On The Comman Saying: That May Be True in Theory, But It Is of No Use In Practice)中,或者在他的《伦理学讲义》(*Lectures on Ethics*)中。

接下来,我将对康德成熟时期的道德哲学著作中每个明显使用"价值"或"善"的地方做一个简要的考察。我们的目标并不是要对这些段落做一个全面的分析,而是要确认我没有忽视一些和我前面的分析相左的对价值的讨论。那些质疑前面的章节中的诠释的学者们需要的是这样一个明确的段落,在其中,康德不仅使用了诸如"具有绝对的内在价值"的说法,而且还把它确定为一种先在于和独立于道德法则的东西(并且理想地解释了这种价值的本体论本性)。此外,他们还需要一个段落来解释康德为什么在第二《批判》中改变了他对价值的见解,以及其第一《批判》中的更为一般的认识论。接下来,我将对其他一些康德使用了"善"或"价值"段落做出一个简要的考察。我的问题是:这些段落中是否包含着任何和我迄今给出的价值解释相冲突的内容。

《道德形而上学的奠基》

除了《奠基》之外,"价值"一词在康德的著作中并没有发挥任何显著的作用。由于《奠基》被频频解读,这很可能会扭曲"价值"一词在康德思想中的地位。康德的《奠基》始于对善的意志的一个讨论的事实,这并不意味着"价值"是他的道德哲学中的基础性概念。毕竟,《奠基》的讨论是从"普通的理性知识"入手的,它和康德时常强调的先天洞识相比是一种截然不同的进路。因此,《奠基》的开头并不是康德道德哲学中的核心概念的一个可靠指标。康德对普通知识的强调很可能只是试图让他的著作为大众所理解,而且他在《奠基》开头对价值的强调也只是试图在他自己的伦理学和古希腊伦理学,尤其是伽尔韦(Garve)版的西塞罗的《论义务》(*De Officiis*)之间做出对比,这一点已然得到了合理的论证。①在维吉兰提(Vigilantius)所记录的讲义笔记中的相似段落中(参见:27:482 ff.),康德把这一点阐述得更加清楚。最后,正如我在前文第四节中所论证的,《奠基》的开头并不是在介绍一种能够充当道德性的基础的价值。因此,《奠基》的开头也并不能构成对我迄今提出的诠释的反驳。

在《奠基》中,"价值"也和人性公式一起出现。由于这个段落可能会确证一切人类存在者都具有的一种价值,它应该更令人感兴趣——相比之《奠基》的开头,"价值"在那里仅仅与唯有某些人才具有的一个善的意志结合在一起(参见:*GMS*,4:406-408)。尽管"唯有一个善的意志是绝对善的"的主张充满争议,"一切人类存在者都具有同等的价值"的见解却通常被视作道德哲学的一个倍受欢迎的

---

① 关于《奠基》和《论义务》之间的关系,可参见:赖克(Reich),1939;阿利森,2011年,第二章;蒂默曼,xxviif.;舍内克尔,1999年,第61—67页;施内温德,1996年;邓肯(Duncan),1958年,第173—178页;伍德,2006年。

基础。我将在接下来的两章中仔细考察这个段落。现在,唯一重要的事情是要注意到,康德在那里没有以一种全新的方式来确定价值(例如,把它看作一种独特的形而上学属性),而且我们也并不必须把这个段落解读为如是一种主张,即一种价值构成了定言命令式的基础(参见:前文第二节)。我们可以把这个段落解读为是符合康德有关价值本性的明确陈述的,我将在下文第三章中提出这样一种诠释。

相比之下,"价值"在《奠基》第三章的论证中没有发挥任何作用,康德试图在那里证成他对道德性的观念。这一点无疑最为重要——因为,倘若价值是康德的道德哲学的基础,那么它肯定有必要在此出现。相反,他只是顺带提及了"价值"。[①]它没有与对道德性的证成一起出现,而仅仅在与如是一个主张有关时出现,即哪怕"最坏的恶棍"(参见:GMS,4:454)内心也希望成为道德上善的。对于这个愿望,康德说:"他不能期待欲望的任何满足……他只能期待他的人格的一种更大的内在价值。"(参见:GMS,4:454)这个段落并没有引入对道德性的证成。它不过是主张说,每个人(哪怕一个恶棍)都具有敬重法则的动因,从而具有形成一个善的意志的欲求。根据《奠基》的开头,康德在此讨论的是一个善的意志的价值(参见:前文第四节);他并没有引入一种能够充当道德性的基础的全新的价值。

《法伊尔阿本德版康德自然法权》

"价值"在其中发挥了显著作用的第二本著作,是《奠基》付印

---

① 参见:GMS,4:449.34&36;450.13&15;454.37。

时期的一套迄今尚未翻译的讲义笔记。这套出自法伊尔阿本德的笔记记录了康德在1784年秋季学期的自然法课程。这个讲义对于我们理解康德的"目的自身"是什么意思来说至关重要,因此,我将在下文第三章中回到这个话题。我们可能会认为,它包含了对价值的一种实质性解释的认可。举个例子,康德说:

> 人类存在者……是一个就其自身而言的目的,这也证实他为什么只能具有一种内在的价值(也就是尊严),没有任何与之相配的等价物……人类存在者的内在价值依赖于他的自由,也就是他具有自己的意志。(*NF*, 27: 1319.33-38)[①]

但是,康德再次使用"内在价值"这个表述的事实,对于他用它来意指什么来说,并没有解决任何问题。这个表述本身并没有引入一种和前文第四节中所明确的那种价值解释不同的全新解释。我们需要的是康德对一种截然不同的价值观念的明确阐释。然而,甚至这套讲义本身也反对对"价值"的一种更为实质性的用法。随着文本的深入,如是情况将会变得更为清楚,即康德在此依然仅仅把"内在的价值"用作一种特殊形式的判断,而不是一种形而上学属性的名称。

阐明:在这个语境中的问题乃是关于人性在自然中的位置。在自然的盲目作用下,一个事物总是伴随着另一件事物。人类存在者之所以如此超群,是因为他们不仅是不受摆布的,他们还有自己

[①] 这个讲义的所有引文均系我本人所译。

的自由意志，能够把事物用作自己的手段："整个自然都服从于人类存在者的意志。"(*NF*, 27: 1319.2)唯有当我们把事物看作其他什么事物的手段的时候，它们才具有价值："我无法认为其他事物具有任何价值，除非我把它们看作其他目的的手段，例如，月球就其照亮了地球而言对我们来说具有价值"(*NF*, 27: 1319.6-8)。注意到如是一点十分重要：在这个语境中，康德所讨论的仅仅是我们必须如何去做判断。他并没有为事物赋予任何价值属性。在这个语境中，说一个事物具有价值就仅仅是说，它对于其他什么事物来说是有用的(参见：*GMS*, 4: 428)。

同样，康德论证说，理性绝不能把人类存在者仅仅看作手段（看作为自然力量所摆布的事物）。他就"是一个纯然的手段"和"是一个目的"做出了比较。然而，这个词单凭自身只能指明一种消极的比较（人类存在者不仅仅是因果链条中的手段）。它单凭自身无法产生任何规范性要求。在自然状态之中，我们对"他人是自由的"的知识只能让我们更加害怕其他人，因为他们的行动难以预测（参见：*NF*, 27: 1320)。从人类存在者是自由的这个事实中要产生任何要求，还需要一个规范性的前提。跟"目的自身"一样，康德也仅仅消极地描述"善自身(Bonum a se)"，相对于"出自其他事物的善(Bonum ab alio)"(*NF*, 27: 1321)。如果一个事物不仅仅是其他事物的手段，从而并不恰好对于满足其他什么目的而言是有用的，这一点单凭自身还不能赋予"目的自身"一种规范性的地位。同样，"善自身"首先表达了一个事物并不仅仅由于其他事物而是善的。它单凭自身并不能表明"善自身"是指一种独特的形而上学属性。相反，康德讨论的依然仅仅是我们必须如何去做判断。在自然界中，一个事件在一个种种事件的链条中紧随另一个事件而发生。理性必须认为,不存在无限的回溯,这个链条将抵达一个目的。同样,理性必须认为,手段的链条不能无限倒退,而是要止步于一个"善自身":

> 目的的系统中必然会有一个必定是一个就其自身而言的目的的事物的实存,并非一切事物都只能是纯然的手段,因为动力因的链条中必然会有一个"目的自身"(Ens a se)(*NF*, 27: 1321.12-14)。

然而,这种思维方式仅仅是"理性的一种需要"(*NF*, 27: 1321.27)。在没有抵达一个无条件的条件之前,人类的探寻不会终止。就手段和目的的链条而言,这种探寻止步于一个并不是其他任何事物的手段的存在者。这一点本身并不是一种价值主张,尽管康德的终点是"善自身"。相反,它不过只是说:人类存在者之所以不是纯然的手段,是因为他们是自由的存在者,并且能够统治他们自身。想要证明我们不应该把其他人当作纯然的手段来对待,还需要更多的论证。为此,康德回归到定言命令式:"这种限制(绝不把其他人仅仅当作手段来对待)依赖于其他人的意志的最为可能的普遍赞同这一条件。"(*NF*, 27: 1319.30-32)绝不能把他人仅仅当作手段来对待的要求依赖于普遍性。对敬重他人的要求的证成就是我们的准则作为一个普遍法则的资格。这也是和定言命令式相同的要求(可参见:下文第三章)。因此,法伊尔阿本德版讲义笔记和我们在第四节中所指出的康德对价值本性的阐述并不冲突。

第一章　康德的价值观念

《实践理性批判》

关于康德的价值观念，《实践理性批判》是有待讨论的核心著作。由于他在这本著作的第一章中推导出并证成了实践理性的基本原则（参见：5：19-50），我们不免期待此处将会重点提及"价值"。然而，"价值"在那项计划中没有发挥任何作用。[①]当康德在那个章节中使用"价值"的时候，他是在讨论"遵循道德法则使个人亲眼看到的直接价值"（KpV, 5：38）。康德仅仅基于《奠基》的开头的意义讨论了一个善的意志的价值。根据那种意义，康德论证说，如果有人在游戏中使诈，"只要他用道德法则对照一下自己，他就必定蔑视自己"。他的反应将会是："我是一个卑鄙小人（Unwürdiger）。"（KpV, 5：37）我已经详细地讨论过出现在《实现理性批判》第一章中的"善"。康德非但没有引入一种作为道德性的基础的价值，他甚至也没有在"一切可能的"善观念之下，设想一种作为一种独特的形而上学属性的善观念（可参见：前文第一节）。然后，第二章排除了任何能够充当道德性的基础的价值观念，因此这将会导致他律（可参见：第二节）。

"价值"还显著地出现在第二《批判》的"辩证论"中（参见：KpV, 5：107-119）。康德在那里把至善说成是"有理性的有限存在者欲求能力之对象的完整的和完满的善。"（KpV, 5：110）至善结合了道德和幸福，带着"精确地与道德成正比来分配的幸福（作为人格的价值及其对幸福的配享）"（KpV, 5：110 f.）。清楚无疑的是，

[①] 对"价值"的零星使用，可参见：KpV, 5：23.36，35.38，38.26。

至善并不是一种被引入的全新的实质性价值,它仅仅表达了一个人类存在者为之努力奋斗的完备目标,而且,至善依然依赖于道德性。因此,第二《批判》难以让我们把一种实质性的价值概念归于康德。这个结论非常重要,因为它是三大《批判》中的一本,它们是康德的三本主要著作。

《道德形而上学》

人们通常都会认为,相比康德早期的著作,《道德形而上学》为他的伦理学呈现了一个更为充分的图景。[1]我将在后面的章节中对这本著作做出一个更为全面的讨论。现在,问题仅仅是:这个文本是否包含了一种超乎我在前文第四节中所概述的那种规定性解释的价值观念。第一件令人惊讶的事情是,康德在《道德形而上学》作为一个整体的"导论"中概述他的道德哲学的时候,"价值"一词并没有发挥任何作用。举个例子,"价值"没有包含在《道德形而上学》的"预备概念"(Vorbegriffe)之中(参见:*MS*,6:221-228)。相反,康德在概述他的道德哲学的时候,使用的是我们熟知的"自由""定言命令式"与"义务"(参见:鲍姆,2012年)。

但是,乍看起来,《德性论》的导言似乎有所改变。康德在那里说,伦理学提供了一个质料,"纯粹理性的一个目的,这个目的同时被表现为客观必然的目的,亦即对人来说被表现为义务"(*TL*,6:380)。然而,注意到如是一点十分重要:康德在引入这个目的的时候并没有背离他早期对定言命令式的强调。因为,我们有义务具有

---

[1] 参见:伍德,1999年,第321页;奥伯尔(Oberer),2006年,第259及下页。

第一章 康德的价值观念

的这个目的被明确地说成是出自道德法则的,它们并不是后者的根据。康德在"一种同时是义务的目的的概念阐释"的章节中对这一点阐述得非常清楚(参见:TL,6:382):

> 人们可以用两种方式来思考目的与义务的关系:或者从目的出发,发现合乎义务的行动的准则;或者相反,从合乎义务的行动的准则出发,发现同时是义务的目的——《法权论》走的是第一条道路……但是,伦理学选择的是一条相反的道路……因此,在伦理学中,将是义务概念导向目的,并且必须按照道德原理就我们应当给自己设定的目的而言建立准则。(TL,6:382)

康德说,我们有义务具有的这些目的乃是出自义务的概念,并且以"和道德法则一致"为根据。这使人联想到《奠基》的开头和第二《批判》。康德并没有引入一种全新的实质性价值;相反,引入这些道德目的是为了和偏好所提出的目的的影响相抗衡(参见:TL,6:380)。如果我们考察一下这些道德目的究竟是什么,我们就不会为它们和康德早期著作的一致而感到惊讶。康德把它们明确为"自己的完善"和"他人的幸福"(TL,6:385)。它们对应于《奠基》中举出的第三个和第四个例子(参见:GMS,4:442 f.)。这并不是一种全新的证成。道德约束性的条件依然是其作为普遍法则的资格:

> 这种善行是义务,这一点产生自:由于我们的自爱不可能

与被他人爱(在危难时刻得到帮助)的需要相分离,所以我们使自己成为他人的目的,而且这种准则永远只有通过取得一个普遍法则的资格才能让人有责任使他人对我们成为目的。(*TL*,6:393)

即使由于《德性论》引入了道德目的,定言命令式也依然是道德要求的核心:"因此,如果有一个同时是义务的目的,行动的准则作为达成目的的手段就必定只包含着获得一种可能的普遍法则的资格的条件。"(*TL*,6:389;参见:451)[①]

然而,康德至少还在两个讨论更为具体的义务的段落中谈到过"价值"。指出如是一点十分重要:它们并没有引入一种全新的和实质性的价值解释。第一个段落出现在康德对阿谀奉承和假谦卑的义务的讨论中。康德说:"但是,这样一种人……拥有尊严(一种绝对的内在价值),借此,他迫使所有其他有理性的世间存在者敬重他。"(*TL*,6:434 f.)我在下文中将两次谈及这个段落:一次是在我们为什么要敬重他人的语境中,一次是在康德对"尊严"一词的使用的语境中(参见:下文第三章和第五章)。接下来,我将简要地论证如是两个观点:首先,康德并没有通过引入一种全新的实质性解释来确定"价值"。例如,他并没有说"内在的价值"是指一种形而上学的价值属性。其次,如果我们考察一下这个段落的语境就会清楚地发现,康德讨论的是一个善的意志的道德价值,而不是一种充当道德要求的根据的价值。"绝对的内在价值"指的是一个"道德上实

[①] 我将在第三章中讨论人性公式是否还有一种截然不同的证成。

第一章 康德的价值观念

践的理性"(*TL*,6:434)。它并没有打破我们在《奠基》开头发现的那种"绝对的价值"的观念。

阐明：这个段落一开始就明确地否定了人类存在者能够赋予自身一种重要价值的可能性。作为这样一种人类存在者（具有设定目的的能力）仅仅具有一种普通的价值：

> 在自然系统中，人……是一种意义不大的存在者，与其余动物一样具有……普通的价值。即便他领先这些动物而具有理智，并且能够自己给自己设定目的，这给予他的毕竟只是其可用性的一种外在价值（*TL*,6:434；参见：*KpV*,5:61；*NF*,27:1321 f.；*Vigil*,27:545）。

康德在作为一种自然存在者的人类存在者和作为服从于道德性的人类存在者之间做了比较："但是，人唯有作为人格来看，亦即作为一种道德实践理性的主体，才超越于一切价格之上。"(*TL*,6:434)我们自身的道德方面才是应该受到敬重的和用以解释我们的价值的东西：

> 从我们能够做出这样一种内在的立法，（自然）人感到有崇拜其人格中的（道德）人的要求中，同时得出升华和最高的自我评价，作为一种对其内在价值（valor）的情感，依照这种情感，他不为任何价格所收买。(*TL*,6:436)

康德所讨论的价值和我们的道德能力紧密相关。康德并没有说每个人都是道德上善的,或者唯有道德上善的人们才应该受到敬重(参见:*TL*,6:462 f.)。相反,此处的语境是反对假谦卑的义务。一个人类存在者不应该对他人阿谀奉承,因为他有能力获得真正重要的价值,即道德价值。一个人类存在者对道德的人类存在者内在的东西感到敬重,也就是说,对道德法则的诫命感到敬重。因此,他感到在出自自身的缘故而遵从这种法则的时候,他能够获得一个道德上善的意志的内在价值。就他能够获得这种价值而言,"他能够与同类的任何其他人媲美,在平等的基础上评价自己"(*TL*,6:435)。因此,他不应该陷入阿谀奉承之中。

我将在下文中对这个段落给出一个更为充分的讨论(第三章和第五章)。现在,唯一重要的是要注意到,康德并没有确定一种全新形式的价值。相反,他所讨论的就是我们所熟知的《奠基》中的道德性的价值。我将会论证说,《德性论》中显著地出现了"价值"的第二个段落也是如此。当康德在讨论出自敬重而对他人的义务的时候,他说道:"我对别人怀有的,或者一个他人能够要求我的敬重,就是对其他人身上的一种没有价格的价值的承认。"(*TL*,6:462)我将在下文第三章中对这个段落做出一个全面的讨论。现在,唯一重要的是要注意到,康德没有以任何有悖于我们在第四节中所指出的他的那种早期解释的方式来确定这种价值。相反,这个段落可以被解读为是在明确什么东西应该受到敬重——其他人身上的道德能力——而不是要引入一种全新的价值。康德以如下方式对此做出解释:"就像他(行动者)不能以任何价格出卖自己一样(这会与自我珍重的义务相抵触),因此,他也不能与他人作为人同样必要的自我珍重相悖而行动。"(*TL*,6:462)作为对我们为什么要敬重他人的一个论证,这个主张并没有太大的意义。康德不过是明确了什么东西应该受到敬重。由于我们应该敬重我们自己身上的道德方面,因此,其他人也必须敬重他们自己的道德能力,后者赋予他们一种真正的自我珍重。如果我们应该敬重他人,我们要敬重的就是他们为了这种真正的自我珍重所付出的努力。我将在下文第三章中对此做出一个更为充分的讨论。现在,唯一重要的是要注意到,这个段落和我所提出的诠释并没有任何矛盾。

《伦理学讲义》

令人惊讶的是,在康德的非常全面的《伦理学讲义》中也没有包含一种对价值的实质性解释。它是许多套由不同的人记录的康德在数十年间的讲义。早期的几套在结构上和康德所使用的鲍姆加滕的教材极其相似,也就是后者的《实践的第一哲学导言》(*Introduction to Practical First Philosophy*),尤其是他的《哲学伦理学》(*Philosophical Ethics*)(参见:施内温德,1997年)。因此,我们可以把它们缺少对价值观念的处理的原因解释为,康德所使用的教材没有处理这个问题。然而,纵览整个笔记,康德在任何他认为教材有误的地方都会抛开它们。因此,我们应该期待,如果康德认为这些教材遗漏了价值的问题,他就会指出它的重要性。但是,情况并非如此。接下来,我将要集中讨论维吉兰提所记录的一套笔记,因为它们在极大程度上独立于教材。这套笔记记录的是1793年秋季学期的讲义,正好是在第二《批判》(1788年)出版之后,距离《道德形而上学》(1797年)的出版也并不遥远。

在维吉兰提的笔记中,价值概念没有发挥任何有意义的作用。

此处强调的依然是自由、先天的法则和义务。价值或善相对于这些概念而言是次要的,并且和它们联系在一起。康德只在一个段落中直接讨论了善:

> 那么,一个行动是:在积极意义上是善的,是就其符合某种"法律责任"(leges obligantes)而言的;同时,在消极意义上是善的,是就其不与义务的法则相冲突而言的,它也因此既不是恶的,也不是积极意义上善的。(*Vigil*,27: 512)

这个段落并没有提供一种能够为道德要求奠基的全新的实质性的价值解释。"善"在此依然是对行动的谓述,而不是对人类存在者本身的谓述。更为重要的是,这个段落重申了"善"是表达道德法则的规定的另一种方式。这个段落,再加上全部不同的讲义笔记中都没有对价值的任何直接讨论的事实(更别提对作为一种独特的形而上学属性的价值的积极解释),证实了我在前文第四节中提出的价值诠释。对于康德来说,价值是一个次要的概念。

这个结论还可以从如是一些段落中获得进一步的支持:"人的实存单凭自身并不是一个能够产生任何责任的事实(factum)。"(*Vigil*,27: 545)这个段落响应了康德在《奠基》中的一个陈述:"在这里,我们看到哲学事实上被置在一个尴尬的立场上;尽管这个立场无论在天上还是在地上都无所依傍或依托,它却应当是坚固的。"(*GMS*,4: 425)康德认为,并不存在任何我们能够把道德性建立于其上的"明摆着的"道德事实。相反,道德性的来源是"理性所颁布的原理,而这些原理必须完全先天地有其源泉。"(*GMS*,4: 425 f.)

《伦理学讲义》难以把一种作为道德性的基础的价值归之于康德。

《反思笔记》

如果我们翻阅康德的《反思笔记》(*Reflection Notes*)中关于"价值"的内容,也能证实相同的图景。它们在某种程度上甚至更为明确,因为它们清楚地表达了人类存在者的价值依赖于一个道德上善的意志。这并不意味着,我们只需要敬重具有一个道德上善的意志的人类存在者——即使我们知道谁具有或没有这样一个意志。相反,它表明,对于康德来说,价值并不是我们为什么要敬重他人的理由。康德在讨论人类存在者的价值的时候,其实就是在说我们应该为之努力奋斗的东西是什么,那就是道德性。举个例子,我们来看看如下段落:"出于那个理由,除了人格之外没有什么东西具有一种绝对的价值,而这种价值就包含在他们自由任性的善性之中。"(*Refl*, 6598, 19:103)这也就响应了我们在前文曾引用过的《奠基》和第二《批判》中的段落。对于康德来说,除了一个善的意志之外,没有什么东西具有绝对的价值。这一点也可以通过另一个反思笔记得到证实:"人格的价值依赖于自由,它依照原始的(ursprünglichen)规则与自身相符。"(*Refl*, 6861, 19:183)人类存在者的价值依赖于具有一个和道德法则相符的意志。

《判断力批判》

在《判断力批判》中,也同样明确地没有一种实质性的价值观念:

> "这是唯有他自己才能给予自己的价值,而且这种价值就在于他做什么,他如何以及按照什么原则不是作为自然的环节,而是以他的欲求能力的自由而行动;也就是说,一种善良意志是他的存在能够具有一种绝对价值所唯一凭借的东西。"(*KU*,5:443.07-13;参见:208 f.)

康德强调说,唯有通过恰当地使用我们的自由,我们才能获得一种绝对的价值:

> "唯有通过他不考虑享受而完全自由地、不取决于自然有可能创造出来使他承受的东西就做的事情,他才给予自己的存在作为一个人格的生存以一种绝对的价值。"(*KU*,5:208 ff.)

从《奠基》开始,康德对于唯有一个善的意志才会具有一种绝对的价值的立场从未曾改变。

《纯粹理性批判》

尽管《纯粹理性批判》(*Critique of Pure Reason*)并没有包含一个对价值本性的明确讨论,它的论证也让我们难以把"绝对的内在价值"意指一种独特的形而上学属性的立场归之于康德。这有多个理由:首先,康德的一个众所周知的说法是,我们只能知道事物的关系,绝不能知晓它们就其自身而言是什么:"凡在我们的知识中……所包含的无非是纯然的关系……而不能包含属于客体自身

第一章 康德的价值观念

内在的东西。"（*KrV*, B66；参见：A265/B321）如果我们无法认识到内在于一个客体的东西，这似乎就排除了认识一种内在于一个客体的价值属性的可能性。

康德主义者都熟知这个主张的内情。康德论证说，我们只能拥有与可能的感官经验相关的客体的知识。因此，我们无从得知超越感觉之外的客体的知识，例如，一种摩尔式的非自然的价值属性；而且，我们也不能引入一种用以觉察这些属性的非感性的直观："我们不能根据一种新的、不能经验性地说明的性状……想出一个对象……因此，我们不能臆造某些新的原始力量，例如一种能够无须感官而直观其对象的知性。"（*KrV*, A770/B798；同样可参见：A254/B309）由于康德明确地表示，我们不能假定客体的任何非感性的属性，我们也无法把人类存在者的价值解释为一种非感性的属性："感官世界中纯然理知的事物属性是不能够被假定的"（A772/B800），而且，"超自然的假说是永远不能被允许的"。（A773/B801）

我们可以反驳说，这些段落仅仅涉及外在的对象，但是，这就给如是一种可能性留有余地，即我们能够从我们自身出发来知晓人类存在者的价值。然而，对此，康德也明确地论证说，我们只能知晓我们显现出来的自己，至于说我们独立于我们的内感官而具有的一种属性，根本就没有任何余地去加以认识："我关于我**所认识的**，不是**如我所是的**我，而仅仅是**如我向我自己显现**的我。"（*KrV*, B158）如果我们不能超越内感官的内观而知晓我们自身，康德又如何能够主张说，我们具有一种独特的形而上学的价值属性呢？

在此，我的目标不是要评价康德对知识的见解，而是仅仅要指出如是一个事实，即根据《纯粹理性批判》的核心信条，我们难以把作为一种独特的形而上学属性的"绝对的内在价值"的见解——相对于我们确乎看重或应该看重的什么——归之于康德。

总之,康德在《奠基》和《纯粹理性批判》中所讲出的价值观念,可以通过他成熟时期的其他全部著作得到证实。那些把康德诠释为持有一种作为他的道德哲学的基础价值的学者们,如果想要从康德的文本中获得支持,就不能仅仅使用他用到了"具有绝对的内在价值"这个表述的段落,而是必须还要使用他把这种价值明确为先在于和独立于道德法则的段落。此外,关于康德为什么在撰写伦理学著作的时候忘记了他的认识论见解,我们也需要一个很好的解释。本节的目标是要指出:如果我们纵览康德成熟时期的道德哲学著作,就会发现对他的这样一种诠释绝非唾手可得。

结　论

研究性文献中的常见见解(亦即康德把敬重他人的要求建立在他们所具有的一种绝对的内在价值的基础之上)无疑是错误的。康德似乎并不持有一种先在于和独立于道德法则的绝对价值的观念,他的论证也排除了它能够充当他的道德哲学的基础的可能性。如果价值被认为是一个独立实存的事实,对于我们如何能够觉察到它,我们还需要一个解释。康德论证说,我们唯一能够拥有的东西就是一种愉快的情感。然而,愉快是相对的和偶然的,无法为一种必然的道德法则奠基(参见:第二节)。

相反,康德把绝对的价值奠基于道德法则之上。这种法则是由纯粹理性先天地给予的。善的东西就是理性认定为必然的东西。如果理性无条件地把某物认定为必然的,它就是绝对地善的,或者说——正如康德在没有一种形而上学的投奉的情况下也可以说的——它具有内在的价值。绝对的内在价值出自道德法则,它并不是后者的基础(参见:第四节)。这种见解不仅限于《奠基》的开头。康德在其他著作中也没有任何明显的段落有悖于这种见解。相反,康德在其他地方所说的话也都能证实《奠基》的图景(参见:第五节)。

总结:到目前为止,我已经论证说,价值不能是对道德要求的终极证成,包括敬重他人的要求。这当然不是说,我们不应该敬重他人。康德非常清楚,这是一个必然的和普遍的道德要求。我的论证的结论仅仅在于:根据康德的见解,价值并不是我们为什么要敬重他人的理由,如果一切人类存在者都应该受到敬重,但他们并非全都具有绝对的价值,那么绝对的价值就不是我们为什么要敬重他们的理由。举出一些康德使用了诸如"具有绝对的内在价值"的表述的段落,根本不足以反对我的诠释。我们还必须对他如何使用这些术语做出考察。由于相反的见解缺乏文本上的直接确定,我得出结论说,康德用"具有绝对的内在价值"来表达"一个行动(或它的意志)"被判定为依据一种无关乎偏好的道德法则而是必然的。这种解读从康德的认识论中获得了支持。想要反驳我的诠释,我们就必须要解释康德为什么和在什么地方改变了他在第一《批判》中提出的认识论,从而能容忍一种理智的直观或关于一种非感性的属性的知识。

在这一点上,我的结论是消极的。我尚还未说出,根据康德的见解我们为什么要敬重他人。在我在第三章中展示出我对人性公式的解读之前，我首先要考察一下康德的研究性文献中提出的一些论证（第二章）。我们可以论证说，前面的分析给我们留下了一个重大的漏洞。到目前为止，我都仅仅是在论证说，价值不能是某种外在于意志的东西（例如，他人身上的一种独特的形而上学属性），也不能为道德要求奠基。但是，它难道不能是一种内在于意志的东西，并且如此为我们所发现吗？举个例子，价值可以是某种我们不得不去看重的东西，或者是某种我们必然会想要的东西，或者是某种和一个道德上善的意志结合在一起的东西。这些见解和我在前文第四节中提出的诠释并不必然是不一致的。因为，根据这些解读，价值并不必然是一种独特的形而上学属性。唯有当我们把这种价值理解为是先在于和独立于道德法则的，或者我们把敬重他人的要求奠基在一个善的意志的价值之上，才会导致不一致。在我在第三章中展示出我对敬重他人的要求的诠释之前，我将在第二章中对研究性文献中已经出现的可能性做出一番讨论。

第二章 人性的价值

导　言

在第一章中,我提出了自己对康德的价值观念的诠释。在康德研究的领域中,人们通常认为,我们之所以要敬重他人,是因为人类存在者本身具有一种价值。我论证说,康德并没有这样一种价值观念,康德的论证也排除了任何价值能够证成他所提出的道德要求的可能性。对于康德来说,绝对的价值并不先于道德法则,反而依赖于后者。

然而,我前面的论述还为一种重要的可能性留有余地。到目前为止,我论证说,价值不能是一种外在于人的意志的属性(例如,我们只能从其他人类存在者身上发现的某种价值),也不能为道德要求奠基。但是,这就为如是一种可能性留下了余地,即价值是一种内在于人自己的意志的东西。康德的论证排除了如是一种可能性,即价值是我们必须要去发现,并且受其推动而要遵从的一种异己的属性。另一方面,如果价值是某种内在于人自己的意志的东西,似乎就并不必然会导致一种他律。我们可能会直接从自己的意志中认识到人类存在者的价值,并且设法推出所有其他人类存在者也具有这样一种价值。在这一章中,我将考察克里斯蒂娜·科斯嘉德、艾伦·伍德、保罗·盖耶、理查德·迪安和塞缪尔·克斯滕在这方面提出的著名论证。我们将会发现,这些论证中使用的对价值的看法,并不必然和我在第一章中提出的不一致。无论如何,我们有理由怀疑,这些研究性文献中的著名论证是否能够为敬重他人的要求奠基。在下一章中,我将简要地提及包括托马斯·希尔、斯蒂芬·恩斯特龙、安德鲁·里思和芭芭拉·赫尔曼在内的其他一些著名学者,他们的看法和我的诠释更为接近。

我们可以把本章所要讨论的出自上述这些文献的论证大致划分为两组,它们反映出了康德的文本自身中存在的一种张力(参见:克斯滕,2002年,第68页)。一方面,康德似乎认为,所有人类存在者自身都是目的自身,并且应该受到敬重(参见:*GMS*, 4: 428; *TL*, 6: 463)。另一方面,他又认为,道德性是某物是一个目的自身的条件(参见:*GMS*, 4: 435),并且唯一一个道德上善的意志才具有一种绝对的价值(参见:例如, *GMS*, 4: 393)。我所要讨论的这些著名的论证都强调上述两组段落中的一组。第一组段落是要为如是一种见解提供论证,即所有的人类存在者都应受敬重,这全然无关乎他们是否有一个道德上善的意志。第二组段落则主张说,人类存在者由于具有一个善的意志(的可能性)而应受敬重。

我们或许会认为,这些研究性文献中的著名论证和我在前一章提出的价值诠释极为不同。然而,情况并不必然如此,因为这些研究性文献中的论证并不必然按照一种和我在第一章中所提出的不一致的方式来设想价值的本性。它们通常都把价值设想为我们投奉于要看重的东西(可见于:下文第二节和第三节),或者设想为

第二章 人性的价值

每个人必然会看重的东西(参见：下文第四节)。这和我在前文第一章中提出的价值诠释是一致的。在第一种情形中，价值将会是一种规定；在第二种情形中，价值将会是对一个完善的理性存在者将会看重的东西的一种描述。价值并不(必然)是一种独特的形而上学属性。如果我们独立于定言命令式来解释这种价值，才会导致分歧。于我而言，在那种情形下，我们似乎就不能合理地推出敬重他人的要求。然而，如果这些论证明确地诉诸定言命令式，例如，在阐明我们"在痛苦的矛盾中"投奉于看重什么东西时(参见：GMS,4：437)，那么它们就并不必然和我的见解有任何的不一致。因为，矛盾禁止恰好是定言命令式的一个特征(参见：GMS,4：424)，正如我在前面所论证的，价值依赖于这种命令式。

同样，我们应该看重一个道德上善的意志这一见解，也并不必然与我在前一章中所提出的价值诠释相矛盾。因为，那些提出了这种诠释的学者们通常都并不把价值设想为一种独特的形而上学属性，而是把它设想为一种规定，或者设想为一个不偏不倚的理性旁观者将会看重的东西(参见：第五节)。它们和我的诠释唯一冲突的地方是：我们使他人的善的意志，成了我们应该敬重他们的理由。因此，虽然就价值(也可以说是它的本质)究竟是什么的问题而言并不必然有什么不一致的地方，但就人们为什么应该敬重他人的理由而言，以及就人们应该敬重什么人的问题而言，还存在一种潜在的不一致。根据我的解读，我们应该敬重所有的人类存在者，而不只是那些具有道德上善的意志的人们。

在下文中，我将从克里斯蒂娜·科斯嘉德(第一节和第二节)、艾伦·伍德(第三节)、保罗·盖耶(第四节)以及理查德·迪安与塞缪尔·克斯滕（第五节）的著名论证开始我的讨论。还有大量关于这些论证的二手文献。对这些论证的回应绝大多数都是消极的。我最终要赞同的，是那些对这些论证能否成功地为敬重他人的要求奠基表示怀疑的批判。然而，我并不认为所有这些批判都包含着不容忽视的宝贵洞识。因此，在下一章中，我将对康德的人性公式所提出的敬重他人的要求给出自己的解读。

第一节　科斯嘉德的回溯论证

对人性公式最具影响力的诠释或许是由克里斯蒂娜·科斯嘉德所提供的。她收录于《创造目的王国》（*Creating the Kingdom of Ends*）中的论文在研究性文献中引起了我极大的兴趣。这些论文承诺要对康德做出一种崭新的和令人激动的解读，把康德的伦理学带回到关于更为一般的伦理学的系统讨论之中。科斯嘉德既不是第一个也不是唯一的一个提出自己诠释的人，[①]但她的诠释激励了整整一代康德学者，并且为解读康德的人性公式铺设了道路。举个例子，即使那些不同意她的特定解读的学者们，也大都遵从她的方法，把康德的人性公式分为两个部分来解读：首先，为了有一种定言的命令式存在，就必须要有一个必然的和无条件的目的；其次，这个目的就是作为目的自身的人性。[②]后来，科斯嘉德否定了

[①] 参见：科斯嘉德，1996年a，第四章（初版于1986年）；还有，例如，罗伯特·保罗·沃尔夫，1973年，第71—77页；格沃思，1982年，第29及下页；勒雷尔，1995年，第269—298页；伍德，1999年，第130页。

[②] 科斯嘉德，1996年a，第109及下页；伍德，1999年，第112—114页；克斯滕，2002年，第47—54页；迪安，2006年，第六章。

第二章 人性的价值

她最初对康德的论证的重建,提出了一个修正版本(我将在第二节对它做出讨论),但是,这个最初的版本直到今天仍然受到广泛的讨论。[1]

根据科斯嘉德最初的重建,康德对所有人类存在者都具有一种绝对的价值(从而应该受到敬重)的见解的论证分为两个部分。第一个部分论证说:如果有一种定言的命令式存在,那么就必定有一种具有绝对价值的客观目的存在。第二个部分论证说:这个目的就是作为目的自身的人性。第一个部分的论证可以总结如下:康德说每个行动都需要一个目的(参见:TL,6:385)。因此它主张,道德上有价值的行动(行动者出自定言命令式自身的缘故而做出的行动)也需要一个目的:"如果有一种定言命令式存在,就会有一些必然的行动存在,而且每个行动都包含着一个目的。"(科斯嘉德,1996年a,第110页)这个目的不能是一个行动者基于自己的偏好为自己设定的目的,因为这样一些目的是相对的和偶然的;偶然的目的不能为定言命令式所规定的必然行动奠基。因此,道德行动的目的必须是一个必然的目的。[2]下一个步骤论证说,这个目的自身就是人性。

科斯嘉德把这个论证的第二个部分说成是对非理性事物的善性的条件的回溯(参见:科斯嘉德,1996年a,第119—124页)。这个论证始于如下见解:一、非理性的事物唯有被人类存在者看重才会具有价值。例如,一辆马车。它唯有被人类存在者看重才会具有

---

[1] 可见于(例如):蒂默曼,2006年;达沃尔,2006年,第229—234页;兰顿,2007年;伍德,2008年,第90—93页;克里斯蒂亚诺(Christiano),2008年。

[2] 参见:科斯嘉德,1996年a,第109及下页;帕通,1947年,第167及下页。

价值（进行适当距离的旅行、婚礼、观光，等等）。如果人类存在者不再看重它们（由于发明了更为快捷和舒适的手段，例如，汽车或飞机），这些对象就会丧失价值。二、理性（它致力于完备的洞识）必须追求一切事物的价值的无条件的条件。三、这个回溯达到了一个仅仅就人类存在者设定一个目的的能力的目的，对于这个目的而言，讨论中的事物全都只是一个手段。四、除非人类存在者自身具有一种无条件的价值，他们才可以授予事物一种作为手段的价值："我们发现，事物的善性的无条件的条件正是理性的本性……然而，要发挥这种作用，理性的本性自身必须是某种具有无条件的价值的东西。"（科斯嘉德，1996年a，第123页。）五、由于人性是一个无条件的目的（在中立于行动者的意义上），无论人们在何处发现了它，都必须对它表示敬重。第二个部分的步骤可以概括如下：

一、非理性的事物并不是无条件地具有价值的（可看重的），它们的价值依赖于别的事物。

二、理性追求无条件者。

三、非理性事物的价值的无条件的条件是人类（以及其他理性的）存在者给自身设定目的的能力。

四、除非人类存在者自身具有一种无条件的价值，他们才能授予事物一种作为手段的价值。

五、无论我们在何处发现了人性，都必须由于它无条件的价值而看重它。

这个论证令人心动的地方在于，它承诺从最少的前提中得出一种较强的道德结论。从一个无可争议的非道德起点出发——人类存在者为自身设定目的的能力——我们推导出一种实质性的道德主张,即所有的人类存在者都具有一种绝对的价值。然而,这真的是康德的论证吗?而且,它真的有效吗?

文本基础

科斯嘉德是从《奠基》中引向人性公式的段落(4:425-429)中整理出这个论证的。这是一个十分晦涩的段落,科斯嘉德也承认,她的论证并非逐字地出自文本。[①]但是,这个文本在多大程度上能够支持这个回溯论证?我将分别考察它的两个部分。

这个论证的第一个部分值得我们注意,因为它在研究性文献中都非常流行。[②]我们必须提醒自己:第一个部分包含着如是一种见解,即每个行动都需要一个目的,道德行动也需要一个特殊的目的来构成出于定言命令式的缘故而做出的行动的基础。如果这个部分的论证能够成功,那就表明,必定有一个我们所要敬重的目的存在——至少根据康德的前提理当如此。如果第一个部分的论证不能成功,那么按照另一种方式,第二个部分的论证单凭自身也有可能成立,正如我即将简要介绍的那般。然而,文本中能够找到这个论证的第一个部分吗?

我们或许会认为,这个论证的第一个部分以这样一种方式包含在《奠基》之中:在给出了自然法则公式的几个例子之后,康德追问,他的道德原则是否对所有理性存在者来说都是一个必然的法则

[①] 参见:例如,科斯嘉德,1996年a,第260页;第123页:"我解读出他做了如下论证。"

[②] 亦可参见:帕通,1947年,第167及下页;科斯嘉德,1996年a,第109及下页;伍德,1999年,第112—114页;克斯滕,2002年,第47—54页;迪安,2006年,第六章。

（参见：GMS, 4：426）。他假定说："如果它是这样一个法则,它就必须（完全先天地）已经与一个一般而言的理性存在者的概念结合在一起"（GMS, 4：426）。随后,康德讨论了人类存在者的意志,并且强调目的在规定意志的过程中的作用："用来作为意志自己规定自己的客观基础的东西,就是目的。"（GMS, 4：427）基于偏好采纳的主观目的不能为一个定言的命令式奠基："所有这些相对的目的都只是假言命令式的根据。"（GMS, 4：428）因为,一个规定我们如何达成自己的主观目的的法则,并非无条件地有效,而是唯有当我们分有这个目的的时候才有效。相反,康德说,一个"目的自身……会有一种可能的定言命令式的根据",而且他还断言说,"每一个理性存在者都作为目的自身而实存",至少每个"人必然按照这种方式表象自己的实存"。（GMS, 4：428 f.）因此,这个段落难道不是证实了依据定言命令式而做出的行动需要一个特殊的道德目的来构成它们的基础吗?

康德并没有在《奠基》的这个段落（4：425-429）中明确地说过,每个行动都需要一个目的,因而一个道德上善的行动也需要一个特殊的道德目的来构成定言命令式的基础。康德的确在《德性论》（6：385）中说过,每个行动都需要一个目的。然而,正如我在前文曾论证过的（参见：第一章,第五节）,康德在那里谈到的道德目的并不是人性,而是"自己的完善,他人的幸福"（TL, 6：385）。更为重要的是,这些目的被说成是从定言命令式得出的,而不是它的根据："义务概念导向目的,并且必须按照道德原理就我们应当给自己设定的目的而言建立准则。"（TL, 6：382）因此,《德性论》中的段落并不能支持如是一种见解,即依据定言命令式而做出的行动

第二章 人性的价值

需要一个道德目的来构成这种命令式的基础。

根据一种更为细致的考察，出自命令式的缘故而做出的行动需要一个基础性的道德目的，这种见解是非常令人惊讶的。它似乎和康德著作中的其他内容相冲突（参见：里思，2012年b）。他在《奠基》和第二《批判》中着手处理这种命令式的证成问题的时候，他把自由看作这种命令式的根据。再者，一个特殊的道德目的似乎并不必然推动行动者去行动。①康德在相同的著作中着手处理恰当的道德动机的时候，他认为法则有敬重的协助就足够了（参见：*GMS*, 4：400；*KpV*, 5：71 ff.）。在规定行动的正当性的过程中，也并不需要一个道德的目的。从康德在《奠基》中为阐明自然法则公式而给出的例子中就可以得出这一点。这些例子总是具有相同的结构：某人有一个基于偏好的目的，并且打算采纳一个据以行动的准则。然而，"他仍然良心未泯，扪心自问：这样是不允许的且违反义务的吗？"（*GMS*, 4：422）假设某人采纳了一个违反一种消极义务（例如，撒谎或暴饮暴食）的准则。如果他因为这个准则有悖于定言命令式而克制了相应的行动，那么他的这个道德上善的行动（不要撒谎，不要暴饮暴食）就从最初的偏好中获得了自己的目的和质料。如果最初的偏好是要讲真话，这个行动者因为它符合定言命令式而据以行动，那么道理是一样的。康德并没有引入任何进一步的道德目的来充当道德上善的行动的一个必要条件。

在行动者有意违反一种积极的义务（例如，帮助他人或发展自己的天赋）的情况中，处境也很相似，但却更为复杂。如果一个行

---

① 参见：里思，2012年b；怀着对盖耶的敬意，2000年，第145页；克斯滕，2002年，第48页。

动者缺乏帮助他人的目的,或者说,他基于偏好采纳了一个不要帮助他人的目的,然后,他发现相应的准则违反了定言命令式,这个行动的目的和质料同样也出自最初的偏好(同样,如果他的目的是帮助他人,就能顺利通过检测)。因此,为了让行动出自定言命令式的缘故而被做出,似乎并不需要一种道德的目的。然而,对于积极的义务来说,情况更为复杂。因为,康德并没有在《德性论》中引入道德目的。康德说,《法权论》仅仅关注准则的普遍性,而不是行动的动机。"伦理学还提供一种质料……即纯粹理性的一个目的……表现为义务。"(*TL*, 6: 380)康德为此给出的证成是:我们需要这样一种目的来反对偏好给予的目的。偏好可能会诱导人做出有悖于道德法则的行动。因此,为了能够道德地行动,理性必须为自己提供目的:

> 因为既然感性偏好把人诱导到可能与义务相悖的目的……所以,立法的理性要阻止它们的影响,只能再次通过一个相反的道德目的,因而这个道德目的必须不依赖爱好而先天地被给予。(*TL*, 6: 380 f.)

我们可以把它解读为是对我们如何能够道德地行动的机制的一种要求。为了能道德地行动,我们需要一个道德目的来制衡感性目的的影响。在此,我的目标并不是要评估这种主张的合理性。然而,注意到如下一点是十分重要的:这个主张对这个回溯论证的第一个部分没有任何帮助。首先,康德所谈的道德目的是指人的自我完善和他人的幸福(仍可参见:*TL*, 6: 385),而不是如这个回溯论

第二章 人性的价值

证所主张的人性。其次,康德给出的目的仅仅是积极的义务的目的,对应于《奠基》中的例3和例4(参见:GMS,4:442 f.;TL,6:419)。再次,这些目的是从这个命令式中得出的(仍可参见:TL,6:382),而不是它的根据,这一点对于《奠基》中的如下段落来说是十分重要的:"这种原则(定言命令式①)的根据是:有理性的本性作为目的自身而实存"(GMS,4:428 f.)。因此,《德性论》对这个回溯论证的第一个部分并没有什么帮助。康德的见解并不是说,由于每个行动都需要一个目的,道德行动也需要一个特殊的目的。然而,这个回溯论证的第一个部分的问题似乎不能影响到我即将要讨论的更为重要的第二个部分。

即使这个论证甚为流行的第一个部分并不真正是康德的见解,似乎也无法削弱它的第二个部分。如果一个探究的心灵反思事物的价值,并且得出结论说,唯有当人类存在者是一种无条件的价值的时候,事物才会具有价值,那么这个回溯论证的第二个部分单凭自身依然是成立的。康德的文本中能够支持这种看法的段落,被认为是在《奠基》的第428页。康德曾经说过,相对的目的不能为一种定言命令式奠基,但目的自身却可以。然后,他断言说:"人……作为目的自身而实存。"(GMS,4:428)他排除了偏好的对象、偏好本身以及非理性的事物作为目的自身的可能性,并且重申了他的论证:基于偏好的对象由于偏好而是有条件的,因此,它仅仅取决于一个主观的目的,而不是一个客观的目的(参见:GMS,4:428)。

---

① 人们常常假定"这种原则"是指人性公式。然而,这个公式尚未被引入。更何况,"这个"在语法上是指前文提及的定言命令式;参见:舍内克尔/伍德,2003年,第145页脚注;下文第三章。

这个段落同样极为晦涩,康德也并没有明确地说明,偏好本身和非理性的事物为什么只能具有一种相对的价值。因此,科斯嘉德依然得承认,她的诠释并非逐字地出自这个文本:

> 从某种意义上说,康德似乎只是在他对某种无条件善的东西的探索中考察了一些可能的选项:他讨论了偏好的对象、各种偏好、自然的存在者或"事物",并且最终讨论了人格(它将是适宜的)。但是,我们完全可以把这个段落解读为,它至少提供了一种朝向无条件者的回溯:从我们的偏好的对象到偏好自身,最后(随后)返回到我们自身,我们理性的本性。(科斯嘉德,1996年a,第120页)

但是,即使这个论证是这个段落没有公开提出的一个论证,又有多少证据可以表明,这就是康德心中所想的论证?第二个部分的步骤如下:

一、非理性的事物并不是无条件地具有价值的(可看重的),它们的价值依赖于别的什么东西。

二、理性追求无条件者。

三、非理性的事物的价值的无条件的条件是人类(以及其他理性的)存在者给自身设定目的的能力。

四、除非人类存在者自身具有一种无条件的价值,他们才能够授予事物一种作为手段的价值。

五、无论我在何处发现了人性,都必须由它无条件的价值而看重它。

第二章 人性的价值

我们有必要单独地考察每个步骤,看它们是否包含在《奠基》的段落中。

第一个步骤似乎无疑是康德的看法:"偏好的一切对象都只有一种有条件的价值;因为如果偏好以及基于偏好的需要不存在,那么,其对象就毫无价值。"(*GMS*,4∶428;参见:*NF*,27∶1319)第二个步骤是一个公认的康德式论题,它出自第一《批判》的"辩证论",但是,《奠基》这个段落的考察中并没有提及它。第三个步骤能够大致被第一个步骤的引文所涵盖。对象具有价值是因为它们是人类存在者的目的的手段:"非理性的事物的实存没有价值……如果没有任何理性存在者把它们当作手段来使用。"(*NF*,27∶1319.8-10)人类存在者为自己设定目的能力是事物何以具有一种作为手段的价值的理由:"在意愿中,目的是手段何以存在的根据。"(*NF*,27∶1321.22 f.)因此,这个回溯论证似乎的确有权利认为,对于康德来说,设定目的就是非理性的事物的价值的条件。

然而,设定目的的能力似乎并不像这个回溯论证所主张的那样是非理性事物的无条件的条件:"在对各种条件的回溯中,我们发现,任何事物的无条件的条件都是……理性的选择能力。"(科斯嘉德,1996年a,第123页)这似乎和康德的文本并不相符。康德认为,理性自身能够因果性地被规定:"现在,自然完全可以依据自然法则安排我们的理性,即每个人类存在者对自己的认识都是习得的……但是,在那种情况下,我们就并不比动物更好。"(*NF*,27∶1322.8-11;参见:*KpV*,5∶95)在这种情况下,设定目的的能力本身就由于自然法则而是有条件的。即便设定目的的能力是非理性的事物的价值的条件,它也不是一个无条件的条件。

第四个步骤似乎更不符合康德的文本："然而,要发挥这种(作为事物的价值的条件的)作用,理性的本性必定自身就具有某种无条件的价值。"(科斯嘉德,1996年a,第123页)这似乎并不意味着,如果设定目的的能力本身是一种无条件的价值,它才只能是事物的价值的条件。康德多次说过,具有设定目的的能力只能赋予人类存在者一种外在的价值,或者一种作为手段的价值:"即便人类存在者……能够自己给自己设定目的,这给予他的毕竟只是其可用性的一种外在价值。"(*TL*,6:434;参见:*KpV*,5:61 f.;*NF*,27:1321 f.;*GMS*,4:395 f.)在科斯嘉德所引用的《奠基》段落中(康德从那里引向人性公式),我们没有看出任何东西足以表明,康德心中所想的正是科斯嘉德所做出的推理。康德认为,每个人都必须把自己看作目的自身。至于这个主张的理由,他让读者参阅《奠基》的第三章(参见:4:42 note)。康德在那里论证说,每个人都必须把自己看作自由的,但是,我们由于是事物的价值的条件而具有一种无条件的价值的主张,似乎既没有出现在那里,也没有出现在《奠基》的其他地方。

但是,即使这个论证并没有出现在文本中,我们也可以追问,科斯嘉德的回溯论证是否是捍卫康德关于所有人类存在者都是目的自身的主张的最佳选择?

对回溯论证的评价

康德引向人性公式的文本十分隐晦。如果这个回溯论证单凭自身就是合理的,那么即使没有直接的文本支持,它对于一个康德主义者来说也是一个很有吸引力的选择。然而,这个论证在研究性

第二章 人性的价值

文献中遭到了严厉批评,我们也不难看出,为什么科斯嘉德后来放弃了这个特定版本的论证(参见:科斯嘉德,1998年,第63及下页)。有两个批判是专门针对这个论证的。它们中的一个针对第一个步骤,另一个针对第四个步骤。我将依次对它们做出考察。

针对科斯嘉德的回溯论证的第一个批判反对这样一种看法,即唯有当事物被人类存在者看重的时候才会具有价值。[1]难道就没有一些东西,无论它们是否被人类存在者所欣赏,对于他们来说都是善的(例如,健康、友谊,以及其他,等等)?我们甚至可以反对说,如果没有这样一种独立的价值,任何选择都会缺乏标准,都会是纯然任意的选择[参见:里甘(Regan),2002年,第274页;克里斯蒂亚诺,2009年,第113页]。然而,这些反驳对于康德来说并不必然是一个问题。如果"一个事物具有价值"并不是对一个事物所具有的一种独特的形而上学属性的描述,而是说这个事物对于别的什么东西是有用的(参见:第一章),那么这个反驳就成了:某些事物(例如,健康或友谊)无关乎人类存在者选择的任何特殊目的,对于他们来说都是善的或有用的。但是,这个反驳似乎可以被削弱。有一些偏好可以是所有人类存在者都共有的,例如,自爱就被说成是"以敦促人增益生命为使命的同一种情感"(*GMS*, 4: 422)。如果每个人都具有相同的情感,如果我们根据自己的偏好给自己设定一些机智的目的[仍可参见:《道德形而上学的奠基》(4: 422 f.)中的例子],那么每个人——在正常的环境中——都会根据这个普遍的偏好给自己设定一个目的,并且看重对生命的增益。因此,价值可

---

[1] 参见:例如,克斯滕,2002年,55—71页;里甘,2002年;高特(Gaut),1997年,第173及下页;萨斯曼(Sussman),2003年;伍德,2008年,第92页。

以既依赖于偏好,又不让这种批判作废。因为,即使某人设定了一个有违偏好的目的(例如,在搏斗中不顾一切),我们可以说,对于这个人格来说(假如他的偏好是求生),一种截然不同的选择(更为小心谨慎地搏斗)才是善的。即使一个化疗病人由于治疗的痛苦而不想吃东西,我们依然可以说,对于这个人格来说,食物是有用的/善的,假如他的偏好是求生。因此,主张一些事物普遍地是善的,这并不意味着它们不依赖于人格的偏好或目的。如果某种对于人类存在者来说能够充当食物的东西是这个世界上唯一实存的对象,我们就并不必须把它称作善的。

我们还可以根据如是一种见解来削弱这个反驳,即我们的选择缺乏一些理性的标准。主张我们在偏好的敦促下采纳自己的一些机智的目的,这一点也不牵强(仍可参见:*GMS*,4∶422)。然而,依然会有一个假言性质的机智标准("如果我们想达成这个目的,就要选择必需的手段")和一个定言性质的道德的标准(例如,"不要撒谎")存在。我们的选择将依然有一些需要遵守的理性标准。

第二种主要针对科斯嘉德回溯论证的批判是一种内在的批判,同时也是一个更为严重的批判。它涉及这个论证的第四个步骤。如果事物唯有被人类存在者看重才会具有价值,那么正如许多人都已经注意到的,[1]我们无法由此推出人类存在者必须具有一种绝对的价值。一般而言,如果一个事物授予另一个事物一种属性,这似乎并不意味着第一个事物就无条件地具有这种属性。举个例子,一位大学校长可以授予一名学生博士学位,但是这并不意味着这位

---

[1] 参见:高特,1997年,第174页;克斯滕,2002年,第59页;希尔斯(Hills),2005年;马丁(Martin),2006年;兰顿,2007年。

第二章 人性的价值

校长具有一个博士学位或者一个无条件的博士学位(参见:高特,1997年,第174页;克斯滕,2002年,第59页)。我们可以反对说,这个推论在某些情况下有效。我们可以通过把一个石头握在手心里让它变得暖和。这个石头的热量以我们的手的热量为条件。授予行动价值不就类似于让一个石头变得暖和吗?

这个对比的问题在于:一个旁观者经验到的暖和的属性(用科斯嘉德的话说)乃是一种内在的(原子运动的)属性,然而事物的价值则被看作是两个对象之间的一种外在的或相对的属性(参见:科斯嘉德,1996年a,第257页)。科斯嘉德用"内在的"或"固有的"来意指一个事物在孤立于其他任何事物所具有的属性。在这个意义上,一个事物的广延就是一种内在的特征,然而它高于其他事物则是一种外在的属性。外在的或相对的属性就是一个事物相对于另一个事物而言所具有的属性。[1]事物的相对的属性和被一个旁观者称为"暖和"的(原子运动的)那种属性并不相同,反而和"风趣"与"尴尬"的属性更为相似。在此,我假定,如果一行文字是这个世界上唯一实存的东西,它就没什么风趣可言。相反,它之所以风趣,是因为它对于一个旁观者而言是风趣的。但是,如果某种东西之所以风趣,仅仅是因为它对于人类存在者而言是风趣的,那么我们不能因此就得出人类存在者就其自身而言就是风趣的。

然而,价值是否在一个重要的方面不同于其他外在属性呢?道

---

[1] 这是科斯嘉德的专用术语,参见:1996年a,第250页。兰顿曾指出,这种意义上的内在属性按照另一种意义依然是相对的属性。例如,如果它指的是一个孤立实存的事物的各个部分之间的关系(参见:兰顿,2007年,第179页)。在这个意义上,广延可以是同一个对象中的两个点之间的关系,尽管它对于这个对象而言是一种内在的属性。

德价值是否也在这个方面不同于诸如风趣这样的非道德的东西呢？这似乎对于恶性而言是无效的。我们来看看塞缪尔·克斯滕的如下例子："假如我主张说，赋予某物恶性的东西是一个理性上不赞同的对象。我并不因此就必须主张说，理性上不赞同的就是恶的，更遑论无条件恶的。"（克斯滕，2002年，第59页）如果一个事物就其自身而言不是恶的，却被认为是外在的恶（例如，仅仅由于理性上的不赞同），这并不能让理性上不赞同的行动变成就其自身而言恶的。或者，换个略为不同的说法，如果一个事物因为阻碍了行动者的目的而是恶的，这也并不意味着行动者就其自身而言就是恶的。

我们必须得主张说，道德上的善性和恶性的情况有所不同。如果有一种法则规定了什么是道德上的恶，这并不能使这个法则就其自身而言就是恶的。我们可以根据如下段落反驳说，康德也承认这种差异："但是，规定一切价值的立法本身必须具有一种……无条件的价值。"（*GMS*, 4：436）[①]如果道德法则规定了一切的价值，它自身难道不是有一种无条件的价值吗？我曾对这个段落提供过一个更为温和的解读（参见：前文第一章）。康德的意思并不是说法则具有价值，而是说立法具有价值。这个段落出现在自律公式的语境中，"立法"是指把一个人的准则普遍化的要求。如果道德法则规定了一切事物的价值（也就是说，规定了我们应该看重的什么东西），如果法则要求我们应该把自己的准则普遍化（也就是说，参与到普遍的立法中），那么参与到立法中（出自自身的缘故）的行为就为我们的道德上善的意志赋予了无条件的价值（也就是说，

[①] 我感谢罗科·波切都在这个问题上对我的督促；参见：波切都，2012年。

赋予我们一个我们应该具有的意志）。没有任何迹象表明，康德心中所想的是一种形而上学的价值属性授予。

如果没有这种迹象，我们又如何能够断定，善性将是一个特例，在其中，有条件的价值只能由无条件的价值来授予？如果事物的价值被认为是一种外在的价值，似乎就不需要假定一种无条件的价值。在这种情况下，事物的价值也就不需要一种无条件的价值充当它的条件（见前文）。如果我们把事物的价值设想为一种内在的价值，它也依然可能由于别的什么东西而是有条件的价值（例如，石头的发热以太阳的照射为条件）。并非任何内在的属性都是无条件的。而且，并非任何有条件的内在属性都以同一种的属性为条件。如果我们把一张纸叠成三角形，这张纸就获得了"是三角形"这一（有条件的）内在的属性。但是，这并不意味着，这个三角形的条件（这个人用手指叠压纸张的行为）也具有同一种的内在属性。如果我们的手指是这张纸变成三角形的条件，这并不意味着，我们的手指也是三角形的或无条件地是三角形的。因此，对于人类存在者具有一种无条件的价值，我们需要一种独立的证实。我们不能仅仅由于事物具有一种有条件的价值，就得出结论说，人类存在者具有一种无条件的价值。相反，我们需要直接地证实人类存在者具有一种无条件的价值。然而，这就造成了一种困境。如果我们把事物的价值设想为外在的，这个论证就无法确立起这个结论。另一方面，如果我们把事物的价值设想为内在的，这个论证就变得多余了。鉴于康德对立法具有一种无条件的价值的主张还有一种替代性的诠释，我得出结论说，康德并不认可这种回溯论证的第四个步骤，它单凭自身也并非是合理的。

换个不同的说法：这个回溯论证的主要问题似乎在于，它暗中把事物外在的价值理解为行动者在设定目的的时候添加到事物之中的一种内在的属性。因此，这个论证违背了自己在第一个步骤中的假定，即事物的价值是外在的。就像用手来温暖一个石头，从而在对象中造成了一种新的内在属性（对象中的原子运动），我们在设定目的的时候也会赋予事物价值："在这种情况下，价值并不是从目的之中传递到了手段之中，而是从一个充分理性的选择之中传递到了它的对象之中①。"（科斯嘉德，1996年a，第261页）然而，做出一个选择并不能给对象增添任何内在的特征。相反，说一个事物具有外在的价值，不过就是在表述事物和行动者所做出的选择之间具有的一种关系。康德似乎就认为，选择和对象之间具有这样一种关系（参见：*GMS*，4：428）。而且，他在讨论手段和目的的关系的时候似乎肯定了这一点，他认为一个事物具有一种手段的价值，这无非就是说这个事物对于人类存在者所设定的一个目的来说是有用的（参见：*NF*，27：1319，1322）。举个例子，说我的一个"切面包"的目的使一把刀子获得了一种作为手段的价值，这无非就是说一把刀子对于切面包来说是有用的。设定一个目的只能造成一种有用性的关系，它不能给一把刀子授予一种内在的属性。因此，如果一把刀子仅仅就它对人类存在者有用而言是有用的，我们不能由此得出结论说，人类存在者具有一种绝对的价值。无论人类存在者是否"就自身而言"具有任何价值，一把刀子的价值都可以通过它对人类存在者的有用性得到解释。

---

① 我很快就会来讨论"充分理性"这个限定是否能改变这个论证。

科斯嘉德似乎赞同这种分析,而且这个问题似乎就是她为什么会否认这个特定版本的论证的理由:"我注意到,在早期的文章中,我让太多人误以为价值是某种可以通过我们对行动的选择从我们身上传递到我们的目的之上的形而上学实体。……我其实并不这样想。"(可见于:科斯嘉德,1998年,第64页)

然而,我们有必要介绍另一种试图挽救这种回溯论证的尝试。我们可以说,为了让这个回溯论证得以成立,事物的价值必须是客观的或充分理性的(参见:科斯嘉德,1996年a,第114—119页,第261页;伍德,1999年,第127,129页)。"客观的"一词在此的意思是说,被宣称为善的东西对于任何人来说都是善的(参见:科斯嘉德,1996年a,第115页;伍德,1999年,第127页)。考察一下康德的如下段落:"我们应当称为善的东西,必须在每一个有理性的人的判断中都是欲求能力的一个对象。"(KpV, 5: 60 f.)或许,理性设定一个目的并宣布它为善的活动能够赋予事物一种客观的善性。而且,倘若人类存在者在客观上是善的,他们或许只能赋予一种客观的善性。[1]

然而,已然得到令人信服的论证的是,康德并不认为,我们在设定一个目的的时候可以宣称它对于任何人都是善的。[2]我们来看看如下这段出自引出人性公式的段落中的文字:

---

[1] 这个重建是由艾伦·伍德在某处提出的,参见:伍德,1999年,第127,129页。我将在下文第三节讨论他的版本的论证。

[2] 参见:希尔,2002年,第262页及以下;克斯滕,2006年,第206—210页;蒂默曼,2006年,第73—80页;阿利森,2011年,第八章。

> 一个理性存在者随意预设为自己的行动的**结果**的那些目的（质料的目的）全都只是相对的；因为只有它们与主体的一种特殊的欲求能力的关系才能给予它们以价值（*GMS*, 428；参见：克斯滕, 2006年, 第209页）。

康德并不认为, 如果我们给自己设定了一个目的（例如, 支持一个特定的体育团队）, 我们就因此不得不认为它对于每个人来说都是善的。我们采纳此类目的乃是基于偏好（仍可参见：*GMS*, 422 f.）, 而偏好对于不同的人是各不相同的。因此, 没有任何理由可以认为, 我们相对的目的应该对每个人都有效。

即使不考虑康德的文本, 挽救科斯嘉德的回溯论证的运动似乎也并不合理。我们似乎不必认为, 我们的主观喜好是客观上的善。正如保罗·盖耶的一个有效的反驳："我爱我的妻子, 你爱你的丈夫——这当然不能得出, 我应该爱你的丈夫。"（盖耶, 2000年, 第162页）理性宣称某物对于我们自己来说（鉴于我们的偏好）在机智上是善的, 却并不认为它同时对于每个其他人都是善的, 这并没有什么问题。

但是, 康德为什么说, 宣称某物是善的就是宣称它"在每一个有理性的人的判断中"都是善的（*KpV*, 5：60）？对于康德来说, 善是一个理性的概念（参见：科斯嘉德, 1996年a, 第115页）。我在前文第一章曾论证过, 善是理性的一个规定。出自第二《批判》的这个段落说, 宣称善的东西就是普通的, 这仅仅是指理性宣称具有普遍性的东西。理性的判断可以有两种形式。首先, 如果理性宣称某物作为一个手段对于一个给定的目的来说是必然的, 就会产生一个假言的命令式。注意到这一点是极为重要的,当我们说"如果你想要去月球,就要搭乘宇宙飞船"的时候,我们并没有宣称这个目的是善的。我们也没有说,每个人都应该去月球。我们仅仅是说,如果某人欲求这个目的,这个特定的手段就是必需的(因此,对于每个共享这个目的的人来说都是善的)。①

理性发布诫命的第二种形式就是定言命令式。而且,根据康德的看法,理性据此宣称为善的东西将会在任何理性的存在者的判断中都是善的。这也正是第二《批判》中的陈述所要表达的意思,即理性认定为必然的东西"在每一个有理性的人的判断中"都是善的(*KpV*, 5: 60)。在这个文本中,康德区分了善和关乎福祉的机智的判断。道德性是必然的和普遍的(参见: *GMS*, 4: 389),如果实践理性把某物认定为无条件必然的,就会宣称它对于所有人都是客观上善的(例如,不要说谎)。必然性和严格的普遍性是相互包含的(参见: *KrV*, B4)。然而,所有这些东西本身都并没有触及我们为什么应该珍重他人的问题。故而,康德在这里要讨论的问题,无关乎我们在判定某物为善的时候,把一种内在的属性"善性"授予一些只能出自一个人类存在者的内在善性的行动。

简而言之,按照这两种意义上的"理性把某物认定为客观上善的东西"——作为一个特定的目的的手段,或者定言地依据定言命令式——都无助于使这种回溯论证确证人类存在者具有一种内在的价值属性,从而必须得到敬重的观点。如果我们发现某些手段对一个给定的目的来说是必需的,或者他的理性受到定言命令式的指

---

① 参见:希尔,2002年,第244—274页;克斯滕,2006年,第207—210页;阿利森,2011年,第八章。

引,这都不足以确认人类存在者具有一种内在的价值属性的观点。由于这个论证的第四个步骤——即这样一种价值属性对于解释事物何以能够有价值来说是必需的——失败了,也就无需讨论第五个步骤(即无论人们在何处发现这种价值,都必须对它表示敬重),或者总是去想着前三个步骤了。因此,我也就能够理解科斯嘉德为什么要否定回溯论证的这个特定版本了。接下来,我要考察一下其他一些著名的论证。我将从科斯嘉德的修订版的重建开始。

第二节 科斯嘉德的修订论证

科斯嘉德提供了相同论证的一个修订版本,以避免困扰着第一个版本的诸多难题。[1]这个论证更加符合康德的本文,而且它并不依赖于饱受争议的第四个步骤,这个步骤声称确认了人类存在者具有一种无条件的价值。这个论证和之前的论证有着相似的结构,但是它满足于一个较弱的结论,即人类存在者必须把自己看作具有价值的。和之前的论证一样,这个修订的版本在各种研究性文献中也颇受欢迎,并且得到了广泛的讨论。[2]由于和之前的论证相似,对它的讨论可以简短一些。

---

[1] 参见:科斯嘉德,1996年b,第122页,第124及下页,第132,250页;1998年,第62—64页。
[2] 参见:格沃思,1978年,第241及下页;1982年,第29页(辩证的属性);普劳斯(Prauss),1983年,第126—146页;莱斯特,1996年,第183页。批判性评述可见于戈伊斯(Geuss),1996年,第189—199页;史密斯(Smith),1999年,第384—394页;吉伯德(Gibbard),1999年,第140—164页;科普(Copp),1999年;科洪,2000年,第63—85页。

同样,这个论证是从非理性的事物的价值开始的,并且回溯了这种善性的条件。行动者把事物当作善的。他认识到它们并不是无条件善的,并且追究它们的条件。他认识到事物之所以具有价值是因为他看重它们,而且他在看重这些事物的同时,也把他自己看作是具有价值的:"康德看到,我们之所以把事物当作非常重要的,是因为它们对我们来说是非常重要的——而且,他得出结论说,因此我们也要把自己当作非常重要的。"(科斯嘉德,1996年b,第122页)我们在给自己的人性赋予一种价值的同时,也就赋予了一般而言的人性一种价值:"我们给自己的人性设定了一种价值,也就因此给一般而言的人性设定了一种价值。"(科斯嘉德,1996年b,第250页)

这个论证可以概括如下:

一、非理性的事物并不是无条件地具有价值的(可看重的),它们的价值依赖于某种其他的东西。

二、理性追究无条件者。

三、事物具有价值,是因为人类存在者看重它们。

四、我们在看重事物的同时,也就看重我们自己的人性。

五、我们在看重自己的人性的同时,也就是在看重一般而言的人性。

这个论证的文本基础

这个论证是对《奠基》中引向人性公式的段落的另一种重建(GMS,4:425—429)。但是,它和那个段落到底有什么关系呢?回想一下:在通过四个例子阐明了定言命令式的应用之后,康德追问,它是否对于所有理性存在者都是一个必然的法则？诚若如此，康德主张说，它就必须先天地和意志的概念结合在一起。意志可以通过目的得到规定。如果目的乃是基于偏好，它们就是相对的目的，并且不能为一个定言命令式奠基。唯有一个目的自身才能做到这一点。然后，康德讨论了几个备选项，看它们中哪个可以是一个目的自身，并且排除了偏好的对象、偏好本身，以及非理性的事物。最后，康德宣称，人类存在者就是目的自身。

这个修订的回溯论证何以被说成是符合文本的呢？同样，前提一和前提三可以被说成是包含在如下陈述之中："偏好的一切对象都只有一种有条件的价值；因为如果偏好以及基于偏好的需要不存在，那么其对象就毫无价值。"（GMS,4：428）由于康德研究的是能够为定言命令式奠基的目的自身，因此，对偏好的对象、偏好本身，以及事物的排除，就可以被解读为是对事物的善性的条件的回溯（前提二）。康德的如是一个主张，即每个人都必然地把自己看作一个目的自身，可以算作是认可了前提四；而且，他的另一个主张，即我们把自己看作一个目的自身的根据对每个其他人都有效，也可以算作是提出了前提五。

因此，科斯嘉德的修订版本似乎更符合文本。因为，它和康德对我们必须把自己看作目的自身的主张更为相符。他并没有声称自己要确证，每个人都是这样一种目的，或者每个人都具有一种无条件的价值。就实践的意图而言，只要能确证，我们应该敬重我们自己和其他人类存在者，或许就足够了。康德在《奠基》的第三章中也有相似的做法，他论证说，即使我们不能证明自由的实在性，而是只能证明把自己看作自由的存在者的必要性，也依然会受到任何和自由结合在一起的道德法则的束缚（参见：*GMS*, 4: 448 note）。

然而，科斯嘉德的实际主张——事物的价值使得我们认识到，我们应该把自己看作是具有价值的——并不符合文本，它既没有出现在引出人性公式的段落中，也没有出现在康德所指明的《奠基》第三章中。尽管我们能够在文本中找到一些前提，但是它们不能按照这个论证所表述的方式联系起来。我们能够从文本中找出"事物之所以具有价值是因为它们被人类存在者所看重"（前提一和三）这一主张，我们还能找出"人类存在者必须把自己看作目的自身"（类似于前提四）这一主张，但是它们两者之间没有直接的联系。因此，我们并不清楚如下说法是否真的就是康德的见解，即我们必须把自己看作目的自身，是因为没有我们对事物的看重，它们就不会有价值。①但是，即使康德并没有明确地提出这种联系，我们依然可以追问，它是否有一种系统性的吸引力，从而对一个康德主义者来说是一个不错的选择。

对这个论证的评价

相比最初的回溯论证，第二节介绍的这个修订版本的论证的一个优点在于，它并不依赖于后者饱受争议的第四个步骤。这个步骤声称自己确证了人类存在者具有一种无条件的价值。我们来回顾一下：

四、除非人类存在者自身具有一种无条件的价值，他们才能授予事物一种作为手段的价值。

---

① 因此，多纳根（Donagan）把这个论证追溯到罗尔斯（Rawls），而不是康德。参见：多纳根，1997年，第239页；罗尔斯，1971年，第440页。

72　　这个步骤的问题在于,它把事物的价值解释为一种内在属性,类似于用双手去温暖一个石头。事物的价值被设想为一种新的内在特征,只能从某个把这种特征授予这个事物的东西那里获得。相比之下,修订的论证并不诉诸一种形而上学的特征授予。而且,修订的论证甚至并不把人性看作一种内在的价值,也就是一种人类存在者即使孤立地实存也会具有的属性(参见:科斯嘉德,1998年,第63页)。它仅仅得出结论说,在看重非理性的事物的同时,人们暗中也把自己看作是具有价值的(可看重的):

> 我并不认为我们有必要把这个推理设想为一种深奥的形而上学。按照这种方式来设想它:"为什么我最终要实现这个目的是很要紧的? 因为,它对于我是很要紧的,而且我感到要紧……"(1998年,第62页)。

但是,我们果真必须把自己看作是具有价值的(可看重的)吗? 这个论证就我们为了自身的益处而看重某物的情况而言似乎是合理的:举个例子,如果某人已经决定要自杀,他为什么还要给自己做一个三明治? 相反,如果我们不再看重自己,所有其他的事物似乎都会丧失价值:"一个人格的无价值的感觉……能够成为虚无主义和拒斥一切价值传播的萌芽。"(科斯嘉德,1996年b,第251页)
　　然而,超出我们为了自身的益处而看重某物的情况,这个论证还能奏效吗? 考虑一下如下三种情况:首先,如果一个人为了其他人而看重某物,他似乎就不必看重自己。例如,一位匿名捐赠人向大学捐赠钱财,以资助他绝不认识的人们的教育。这并不意味着,这位捐赠人绝无（至少部分）不可告人的动机，而是意味着在为了他人而看重某物的时候，人们似乎不必投奉于看重自己。其次，如果一个人看重某物以至于排除了所有人，例如，不包括人类存在者在内的生态系统（不是为了享受它，而是单纯地看重），这个人似乎也不必看重自己（参见：吉伯德，1999年，第154及下页；史密斯，1999年）。在这种情况下，这个人甚至会认为人类存在者是有害的，是一个完善的体系遭到破坏的原因。科斯嘉德似乎还极为赞同说："如果人类存在者认定人类的生活毫无价值，那它就是毫无价值的。"（科斯嘉德，1996年b，第254页）再次，如果一个人根本不看重任何东西，也不能得出他必须要看重自己。如果一个人对正在发生的任何事物都漠不关心，也无法让自己做任何事情，他同样也不必看重自己。

因此，这个论证并没有确证我们必须看重自己，或者我们在看重任何东西的时候也必须看重自己，或者我们必须看重任何东西。这个论证至多能达到一个较为有限的结论，即如果一个人为了自己的益处而看重任何东西，他也因此看重他自己。然而，这个结论在多大程度上说得通呢？我们必须要排除一个人本能地为自己的益处而行动的那种情形。即使一个人已然认定自己没有任何价值，也可能会自动给自己进食，而无需过多的思考。但是，这反过来却无法让他投奉于看重自己。这种行动可能是本能的行动，就这样发生了而已。但是，如果行动者意识到，他一方面认定自己毫无价值，另一方面却看重所有对他自己有益的事物（食物、娱乐以及其他，等等），情况又如何呢？他必须要么放弃看重自己，要么放弃看重那些对他有益处的事物吗？这种情形，很难说得清楚。毕竟，即使一个行动者根本不看重自己,也并不意味着他要把自己饿死。饥饿是令人不快的,而且他所做的事情也不过是避免这种不快的感觉。他否认自己的实存有任何价值,却仍然看重对自己有益的事物,这种做法是否自相矛盾,依赖于他如何回应我们对他的行为提出的质疑。我们可以问他:"为什么你要吃东西是很重要的?"如果他回答说"因为我自己很重要",那么情况就很清楚了,并没有任何自相矛盾的地方。但是,如果他的回答是:"我不知道;饥饿是很不快的,吃东西可以充饥",那么他是否看重自己就依然是不清楚的。他看重的是免于痛苦,但是,我们并不清楚这是否必须涉及他自身的重要性。无论如何,我愿意抽象地同意,如果我们为了自己的益处而看重某物,我们因此也就要看重自己。但是,这个论证在多大程度上能证明这一点呢?

即使我们同意我们必须看重自己,似乎也无助于推进一个对敬重他人的要求的论证。(大多数)人们看重自身的这一观点并不需要一个漫长的论证。它完全符合心理学上的自我主义,即使是那些怀疑敬重他人的要求的人们也能赞同这种观点。每个人都致力于自己的利益和看重自己的一个世界,完全符合霍布斯的自然状态和所有人反对所有人的战争状态。因此,敬重他人的要求的最重要的前提依然下落不明。如果我们看重我们自己,那么我们为什么同时也要看重其他人呢?

对于我们如何证成这个修订版的回溯论证的第五个前提,科斯嘉德的文本给出了一些提示:五、我们在看重自己的人性的时候,也就是在看重一般而言的人性。我们如何才能跨越看重自己和看重他人之间的鸿沟呢?首先,科斯嘉德给出了这样一个论证,我们在看重自己的人性的时候,我们看重的并不是作为一个个体的我们自我,而是人性本身(参见:科斯嘉德,1996年b,第250页)。也就是说,彼得在为了自己的益处而看重某物的时候,不会认为作为一个个体的彼得是非常重要的,相反,而是认为彼得作为人类存在者的一个实例是非常重要的。因此,彼得将看重人性本身,而不是排除了他人的自己。然而,这似乎并不是必然的。一个自我主义者会看重自己,也知道其他人也会看重他们自己。然而,仅凭这一点并不足以让他也投奉于看重其他人。自我主义者并不必然要看重自身中的一种抽象的能力(亦即设定一个目的自身的能力),相反,他很可能只是看重自己罢了。其次,同样的思维还适用于一种矛盾论证,如果有人想要用它来跨越看重自己和看重他人之间的鸿沟的话。这种矛盾论证基本上就是前文讨论过的一个步骤:如果有人为了自己的益处而看重事物,却并不看重他自己,这似乎是矛盾的:"如果你推翻了你的目的的善性来源,你的目的和致力于这个目的的行动就不可能是善的。"(科斯嘉德,1996年a,第123页)然而,这种看法如何能够跨越鸿沟,抵达对他人的看重,其实是不清楚的。如果一个行动者为了自己的益处而喜爱某物胜过自己,也就是说,如果他不惜把自己置于险境来获得某种微薄的享受,这就有可能会导致自相矛盾和适得其反。但是,如果一个人为了自己的好处而并不看重他人,那么按照同样的方式就根本没有什么矛盾之处。在这个例子中,如果这个人为了自己微薄的享受而把他人置于险境,这种微薄的享受就从这个行动者对自己的看重中获得了价值。不看重他人根本就没有什么矛盾。因此,最关键的问题——我们为什么要敬重他人——依然没有得到解答。

再次,科斯嘉德还援用了一种维特根斯坦式的私人语言论证来表明,我们必须同时看重他人(参见:科斯嘉德,1996年b,第136—145页)。其理念是,持有一个看重某物的理由,这并不是一个私人的精神实体。相反,它必须是某种对于他人来说可共享的和可传达的东西。同样,对自己的看重也并不是一件私人事务,以至于会留下一道我们为什么要看重他人的鸿沟。如果我们看重什么东西的理由并不是私人的,而是可以共享的,那么,"就没有什么需要跨越的鸿沟了"(科斯嘉德,1996年b,第143页)。然而,即使我们不考虑这到底是不是康德的看法,这个论证也最多只能确证,我们不能持有一个不可和他人传达的理由(例如,看重自己),另一个人格也并不必须支持我的理由(参见:高斯,1996年,第198页)。但是,一个理由的可传达性本身不能赋予它一种规范性的力量:

> 一位失去亲人的夸扣特尔(Kwakiutl)酋长动身前往水域对面的村庄大肆屠杀;"是我该哀悼,还是他们该哀悼"?我们认为,他的损失不是屠杀无辜者的理由,但是,他所说的理由是人人皆知的。(参见:吉伯德,1999年,第163页)

简而言之,即使一个理由并不是一种私人的精神实体,这也并不意味着,它对于每个人来说都具有一种规范性的力量。

如果一个看重自己的人也必须看重他人的观点没有一个更强的论证,这个修订版的回溯论证就只不过确证了某种形式的自我主义。然而,即使我们能够找到一个可以跨越从自我到他人的鸿沟的论证,这个论证自身也会包含着一个令人不安的漏洞。这个论证会主张说,如果我们并不看重自己,我们就没有价值可言:"如果人类存在者认定人类生活毫无价值,那它就是毫无价值的。"(科斯嘉德,1996年b,第254页)然而,如果一个群体认定人类存在者没有任何价值,会怎么样?他们会把彼此仅仅当作手段来使用吗?这个群体会把其他群体仅仅当作事物来相处和使用吗?有什么东西可以让这个群体投奉于敬重他人?这都是这个论证实际上可能会引发的令人担忧的后果。①

最后,这个修订版的回溯论证把握住了康德的见解的一个重要的方面。对于康德来说,价值并不是一种"明摆着的"独特的形而上学属性。相反,它依赖于何种理由必须被认定为必然的。如果不考虑表面上的差异,这个修订论证并不必然和我在前文第一章中提出的价值解释不一致。另一方面,我赞同有关这个论证的批评,即它的结论缺乏说服力。在我看来,这个论证未能确证敬重他人的要求是理性的一个规定。我们为什么要敬重他人的理由依旧无从捉摸。

第三节　艾伦·伍德的修订版回溯论证

艾伦·伍德提出了一项有趣的尝试,以捍卫科斯嘉德的重建。价值或许和权威的情形类似:"把某人的建议或指令看作权威的,唯有就我们敬重和珍重作为它们的根据的权威本身而言,对我们才是讲得通的。"(1999年,第130页)同样,我们可以论证说,把某物看

---

① 参见:兰顿,2007年,第180—185页。对这个论证的进一步的反驳,可参见:菲茨帕特里克,2005年;达沃尔,2006年,第234页。

作是具有价值的(例如,非理性的事物),唯有就我们敬重和珍重规定这种善的理性能力而言,才会是讲得通的。

因此,我们必须把设定一个目的的行动看作是在让你投奉于把其他一些行动(应用手段的行动)表象为善的。然而,理性行动者这样做的时候,也必定会必然地把自己的理性能力看作是一般而言善的东西的权威。因为,它把这种能力当作规定何种目的为善的能力,同时还要充当达成那些目的的手段的善性的根据。但是,按照这种方式来看待自己的能力,也就是采纳了一种把我们自己看作是具有和运用那些能力的存在者的态度。那就是要珍重自己(伍德,2008年,第91页)。

我认为,珍重自己的意思就是被我们自己身上的某种东西所打动,即如果我们认识到自己能够设定目的,并且选择恰当的手段,就会感受到一种自我尊重。在第二个步骤中,我们可以论证说,我们还必须珍重其他人的设定目的的能力:"因为,那种能力的确属于每个理性存在者本身。"(同上,第92页)如果这个论证能够成功,就可以补救之前的论证的两个主要问题。它可以确证,我们必须看重我们自己的人性,同时,我们还必须看重他人的人性。

这个论证的文本基础

这个论证可以建立在和科斯嘉德的论证相同的文本依据之上。康德说,我们必须把自己看作一个目的自身,但是他没有明确地说明我们这样做的真正理由。伍德的重建可以说也使用了第一个前

第二章 人性的价值

提（尽管他会就这个前提给出一个变体，可见于下文）：事物的价值依赖于人类存在者，理性追究事物的价值的来源。但是，伍德的重建对我们为什么必须看重人性给出了一个截然不同的解释：因为，我们珍重设定目的的能力。

然而，我们必须珍重自己选择目的和手段的权威的这一主张是否有文本依据呢？①如果说真有点什么的话，康德的文本似乎反对这样一种诠释。康德似乎并不认为，我们必须珍重自己发现手段的能力。他有一句名言：理性非常不适合被用于发现达成幸福的目的和手段。康德描绘了这样一副图景（诉诸他那个时代的普通的道德认知），如果人类存在者的自然目标就是幸福的话，会是什么样子：

> 一言以蔽之，自然会不让理性进入实践的应用，不让它妄自凭借自己微弱的见识为自己想出幸福和达到幸福的手段的方案；自然不仅自己承担目的的选择，而且也自己承担手段的选择，并且凭借睿智的预先安排把二者仅仅托付给本能。（*GMS*, 4: 395；参见：*KpV*, 5: 61 f.）

信赖我们的理性发现目的和手段的能力，甚至常常都会导致对理性的憎恨（参见：*GMS*, 4: 395）。这意味着，康德并不认为，我们必须要珍重人们设定目的和手段的能力。但是，康德还明确地否认

---

① 伍德暗示说，就每个人都必须把自己看作自由的而言，《奠基》的第三章中可能有一个理由（参见：伍德，2008年，第92及下页）。然而，我们并不清楚，这和珍重设定目的的能力有何相干。

说,给自己设定目的的能力能够赋予我们一种特殊的价值:"即便人领先这些动物……能够自己给自己设定目的,这给予他的毕竟只是其可用性的一种外在价值"(TL,6:434;NF,27:1322;KpV,5:61 f.)。再者,康德似乎并不认为,我们必须对他人感觉到珍重。相反,他认为,珍重真正来说不过是对他人为我们提供范例的道德法则的敬重(参见:GMS,4:401 note;KpV,5:71 f.,81 note)。更有甚者,康德还明确地说过,我们没有责任要珍重或敬重他人:"我们没有责任崇敬他人……我们天生对之有责任的所有敬重,一般而言都是对法则的敬重。"(TL,6:467.33-468.1)

因此,无论如何,康德的文本反对这样一种见解,即我们必须珍重设定目的和手段的能力。然而,不考虑康德的文本,这种看法单凭自身是合理的吗?

对这个论证的评价

设定目的的能力和对这种能力的珍重之间是否有一种必然的联系?一个怀有较低的自我尊重的人在看重事物的同时,对自己这样做的能力也可以有一个较高的评价。但是,他对自己的不珍重却并不必然和他设定目的的能力相联系。他的判断或许事实上是错误的,他或许应该仅仅由于自己是一个人类而珍重自己。(康德特意把它和所有人都共享的道德性的能力联系在一起,参见:TL,6:435 f.)同样,他人可以设定目的和选择手段的事实,并不能确证我们必须高度评价他们设定目的的能力。以政治为例,如果你支持一个政党的话,你就未必会珍重其他政党的成员设定目的的能力。同时,我们虽然常常都很珍重自己的能力,但是我们并不必然如此,也

第二章 人性的价值

并不必然珍重他人的能力。

作为回应,伍德同意我们并不必须要珍重他人做出的任何决定。主张我们必须珍重他人的权威,这并不必然意味着他人的选择是无可指责的。我们可以主张说,选择唯有就它是理性的而言才会具有权威,选择的合理性必须适宜于世界的性状和我们身处其中的处境(参见:萨斯曼,2003年,第360页)。因此,一个旁观者并不真正会珍重设定目的的能力,例如,设定一个要数清草地上散落的树叶的目的:"相反,唯有就我们认为我们已经具有一些善的理由要设定这个目的而言,设定一个目的才是实践理性的一种运用。"(伍德,2008年,第92页)这也正是伍德的重建和科斯嘉德版的论证的第一个前提不同的地方。事物有可能并不因为它被选择而是善的,但是,选择一个目的的理由或许先于并独立于设定目的的能力。因此,行动者就会因为他觉察到了那些独立的理由而是理性的:

> 已产生的目的通常都会具有价值,举个例子,因为它们满足了一些需求,或者丰富了生活,或者对理性存在者的兴旺发展和幸福有所贡献,并且因此,设定和选择这些目的表现出对那些存在者的价值的敬重和关注。(伍德,2008年,第92页)

这个论证并不必然要求我们珍重设定任何目的的权威,而是仅仅要求我们珍重那些出自善的理由的目的(例如,由于它们促进或保护了人类存在者的福祉)。那么,实践理性的权威就是一种智慧或机智的能力,也就是发现实现人类存在者的福祉的手段的能力。

然而,这种修订的见解似乎并不属于康德。这不仅仅是因为他对机智的和道德上的实践理性做出了区分（参见：*GMS*, 4: 415 f.），更重要的是因为，康德明确地区分了应予他人的敬重和对他人的智慧感到珍重的感情：

> 对他人应予的敬重也必须被理解为不仅是出自我们自己的价值与他人的价值相比较的情感（这类情感是一个孩子对他的长辈，一个学生对他的老师，一个一般而言的下属对他的上司出自纯然的习惯所感到的）。它仅仅是通过一个他人的人格中的人性之尊严来限制我们的自我评价的一个准则……（不把自己抬高到他人之上）(*TL*, 6: 449)。

康德并不认为，应予他人的敬重是我们由于他们在关于人类福祉的事务上的权威而可能会对他们怀有的珍重的情感。相反，它是一个"不要认为我们自己比他人更善"诫命的准则。

而且，伍德的论证似乎也不见得有什么系统的根据。到目前为止，我们所讨论的这种权威都被解释为一种关于人类福祉问题的一种专业意见。然而，我们并不清楚它为什么能够为敬重这样一种权威创造出任何道德理由。举个例子，一个攻城者可以称赞一个完全知晓城堡中居民福祉（他们的安全和舒适）情况的建造者的专业技术。无论如何，这一点自身并不会让这个攻城者有理由放弃占领城堡。①

最后，这种权威的论证相比科斯嘉德的版本具有一些优势。举

---

① 这是西蒙·布莱克本的例子；参见：克里斯提安诺，2008年，第116及下页。

个例子，它并不必须主张，行动者设定的任何目的（例如，数草地）都能创造出客观上的善性。然而，伍德的论证并没有强到足以确证我们必须要看重自己（甚至珍重）自己或他人。我们可以论辩说，不同的语境需要不同的论证，正如我们能够从这个论证中所期待的一样多（参见：伍德，2008年，第93页）。然而，人性的价值被认为是道德性的"唯一基础和无条件的价值"（第92页）。就这个意图而言，这个论证似乎并不充分。①

第四节　盖耶论自由的价值

科斯嘉德和伍德想要论证敬重其他人类存在者的要求的尝试产生了极大的影响，并且激发了对这个问题的讨论。然而，他们的论证似乎并不怎么符合康德的文本，而且，他们似乎也不能确证我们应该敬重其他所有人。如果我们遵从文本的话，康德似乎是说，人类存在者由于具有自由意志而是目的自身。当康德说出了每个人类存在者都必须把自己看作一个目的自身之后，他诉诸《奠基》的第三章来解释这个主张："这里我把这一命题作为公设提出。在最后一章，人们将发现这样做的理由。"（GMS, 4: 429 note）康德在

---

① 我并不清楚伍德对价值本性的见解和我在第一章中提出的诠释是否不同，参见：卡因，2010年。伍德有时候似乎赞同这样一种看法，即价值是一种独特的形而上学的属性，参见：伍德，1999年，第126页，巴克斯利，2009年。但是，他有时候又认为，他的论证只能确证我们必须如何看待人类存在者，而且，他就这一点和对一种分离的价值属性的意识做出了比较，参见：伍德，2008年，第93页。对他的论证的进一步的反驳，可见于：马丁，2006年；达沃尔，2006年，第229—235页；克斯滕，2006年，第205—212页；克里斯提安诺，2008年，第115—120页。

第三章论证说,每个人都必须把自己看作自由的(参见:*GMS*,4：447 f.)。由此可见,似乎自由才是我们为什么必须把自己看作一个目的自身的理由。①这个主张似乎更符合康德的一个明确的陈述,即设定目的的能力只能给人类存在者赋予一种有用性的外在价值(依然可见于：*TL*,6：435;*KpV*,5：61 f.),也更符合他的一个直接的肯定,即"自由,并且唯独自由,可以让我们成为一个目的自身"。(*NF*,27：1322.11 f.)

然而,自由如何能够为敬重他人的要求奠基?如果两个敌人不能承认对方是自由的,就没有理由停止争斗吗?在一种霍布斯式的所有人反对所有人的战争中,意识到其他人的自由难道不是给了我们更多的理由去提防别人的攻击吗?我们能够预测一只野兽的行动,因为它是依据本能而行动的,但是,一个自由存在者将会更可怕,因为他的行动根本无法预测(参见：*NF*,27：1320)。因此,自由如何能够为敬重他人的要求奠基?为什么自由应该如此核心,康德的论证又到底是怎样的?

自由贯穿于康德著作中的重要性已经彻底得到了保罗·盖耶的考据证实。他从康德不同时期的著作中罗列了一系列段落,它们似乎全都能支持这样一种观点,即康德把自由看作人类存在者是目的自身(从而应该得到敬重)的理由。②他还揭示了康德在不同时期提出的不同的证成思路。因此,想要看出自由如何能够为敬重他

---

① 亦可参见：马尔霍兰,1990年,第109页;舍内克尔/伍德,2003年,第144及下页;盖耶,2000年,第四章;盖耶,2007年,第104—106页。

② 参见：盖耶,2000年,第三章和第四章(后者最初发表于1993年),1998年。盖耶的2006年a证明了自由贯穿于康德的著作(道德的和理论的著作)中的重要性。

第二章 人性的价值

人的要求奠基,遵从盖耶的分析将会是有益的。

盖耶发掘的第一种论证思路是一种斯多葛式的论证,大约1770年代中期,康德在一个反思笔记中提出了这个论证。根据这个论证,自由提供了一种特殊的满意,从而有助于幸福:

> 满足的某种基础是必需的,那是我们必不可缺的,没有它幸福就是不可能的……。这个基础……必定:一、依赖于自由意志(*Refl*,7202,19:278;盖耶译,2000年,第164页)。

然而,盖耶正确地反对说,这种论证并不是康德在《奠基》中所想的论证。因为,康德那时候明确地反对幸福能够充当道德性的基础,而且这个论证只能表明我们为什么应该看重我们自己的自由,而不是其他人的自由(可参见:盖耶,2000年,第164及下页)。根据相同的理由,康德不能主张说,自由是人们事实上看重的或欲求的东西。按照康德的看法,这样一种欲求不过是偶然的,但是,他主张每个人都必然地必须把自己看作一个目的自身(参见:*GMS*,4:428;盖耶,2000年,第132页;盖耶,2007年,第107及下页)。

另一个贯穿于康德著作之中的论证思路是一种目的论的论证,即自由对人类存在者来说是自然的终极目的(参见:盖耶,2000年,第166—171页)。盖耶表明,康德不仅仅在《奠基》中讨论我们的"普通的道德认识"时才使用这种说法——在那里,他可能只是在重复他那个时代常见的说法。他也在后两部《批判》中使用这种说法,而且,他在那里很少强调普通的认识。举个例子,康德在第二《批判》中反复说,自然赋予人类存在者理性的目的并不是要带来幸福:"理性在这种情况下就会只是自然利用来装备人以达到它给动物所规定的同一个目的的一种特殊手法"(KpV,5: 61 f.;参见:盖耶,2000年,第166页)。相反,人类存在者的自然目的被说成是自由和一种道德的生活(亦可参见:KU,5: 431;盖耶,2000年,第168页)。因此,根据这个论证,自由就是人类存在者的最高意图,因为它是自然赋予的。然而,正如盖耶指出的,这一点自身并不是对自由的价值的证成。它不过是一个我们能够用以带来自己思维的一贯性,并且作为一个推动装置发挥作用的范导性的理念,而不是一个能够给出某种知识或证成的建构性的理念:"我们不能真正证明这就是自然的终极意图。"(盖耶,2000年,第171页,参见第169页)而且,即使我们能够证明它,也没有什么东西可以强迫我们接受它。如果我们是自由的,我们为什么要遵从自然呢?它不能强加于人类存在者之上,否则的话,他们就不是自由的(同上,第171页)。

盖耶的解决方案是:自由的价值是"不可证明的"(盖耶,2000年,第170页),是一种"自明的规范性的命题"(盖耶,2000年,第112页)。如果要问的话,它是每个人都可以直接认识到的:

> 自由的尊严……可以被任何人直接地认识到,只要他被问及什么东西对于他来说是更为重要的,做出自己的选择或满足自己的偏好,即使他并没有选择那些偏好是什么,或者它们中的哪些应该得到满足。我相信,康德假定说,任何人都乐于看到,他的所有特定的道德判断事实上都反映了他对维护选择自由的基本投奉,以及一旦他无论是在自己身上还是在他人身上发现了自由,就要促使它得到成功的运用的基本投奉。(1998

年a,第30页,参见第32页和第34页)

因此,盖耶主张,即使自由的价值不能通过理性演证得到证明,按照康德的看法,每个人事实上都投奉于自由的价值,并且很容易就能认识到这个事实。

这个论证的文本基础

盖耶承认,这个重建并没有公开出现在《奠基》之中(参见:盖耶,1998年a,第32页)。在《奠基》中,康德用第三章来讨论为什么必须把自己看作一个目的自身的理由。康德在第三章中论证说,我们必须把自己看作自由的,但是,康德并没有在那里讨论价值,或者暗示说每个人都能直接地认识到自由的价值。[1]盖耶把这个任务更多地看作是对作为一个整体的康德著作做出一贯的解读,因为,"康德几乎从不以我们喜爱的那种明晰性来向我们解释他的论证的最为深奥的策略"(1998年a,第32页)。有什么文本证据可以支持这种解读呢?

盖耶为康德主张价值不可证明的见解所找到的最为清楚的段落,出自一篇早期获奖论文《关于自然神学与道德原则之明晰性的研究》(An Inquiry Concerning the Distinctness of the Principles of Natural Theology and Morality),这篇论文发表于1764年,其中一段写道:

---

[1] 康德最接近这一点的说法是:4: 454 f.。然而,他在那里说,即使"最坏的恶棍"也认为自己是一个较善的人,只要他追求一个善的意志。这关乎一个道德上善的意志的价值,而不是自由自身的价值。

"在我们这个时代,人们首先开始认识到,表象某物为真的能力就是认识,但感受善的能力却是情感,二者并不必然相互混淆。就像有……无法解析的概念一样,也有一种无法分解的关于善的情感……然而,如果这是轻而易举的,那么,这是善的这个判断就是完全无法证明的,是快乐的感觉的意识连同对象的表象的一个直接结果……据此,如果一个行动直接被表象为善的……那么,这个行动的必然性就是责任的一个无法证明的质料的原则。"(2:299 f.;引自:盖耶,2000年,第130及下页)

它之所以是最为清楚的段落,是因为康德在这里说,价值判断是不可证明的。盖耶马上指出,这个段落中的这个特定见解绝不是康德成熟的见解,因为他把价值判断和愉快的情感联系在一起,但这是他在《奠基》和其他成熟的著作中所反对的。然而,盖耶认为,价值判断不可证明这个核心主张并没有改变(参见:2000年,第131页)。他的理据是什么呢?

盖耶没有引用任何其他康德直接表示自由的价值不可证明的段落。更为重要的是,他把它看作是对康德道德哲学的成熟著作中的策略的最佳解释(参见:1998年a,第28,30页)。盖耶在如是一个前提之下分析康德的著作,即"每个寻常的人类存在者都可以轻而易举地达到对道德性的基本原则的约束性的认识和承认"(1998年a,第28页)。举个例子,众所周知康德的《奠基》是从对普通的道德认识的分析开始的。根据盖耶的见解,这种认识更具体地说就是"对自由的'内在价值,亦即尊严'的认识",它是"道德性的直接证据和不可化约的规范性起点"(1998年a,第34页)。作为这种诠释的文本证据,盖耶提及了这样一些段落,康德在其中似乎认为,自由把我们提升到自然的其他事物之上,它是我们最高的使命,并且灌注了一种敬重。举个例子,康德在第二《批判》中似乎认为,自由"把人提升到自己本身之上",以及"人必须……在与他的第二个和最高的使命的关系中以最高的敬重看待他自己的本质"(*KpV*,5:86 f.;参见:盖耶,2000年,第153—155页)。盖耶还认为,这种见解也在《奠基》中有所表现;举个例子,当康德谈及自律的尊严(4:434-436)时,以及在引向人性公式的段落中(4:427-429):"当康德追问一个可能的定言命令式的根据的时候,他要追问的其实就是能够推动一个理性存在者去采纳这样一种制约的一个目的。"(盖耶,2000年,第31页;参见第34页)那么,康德的伦理学是否正如盖耶所论证的,依赖于自由的一种直观性的显而易见的价值?

评价

这种诠释引发了一些挑战,它们似乎要反驳它。首先,如果这种诠释的长处被说成是它描述了所有人类存在者都易于承认的东西,那么康德为什么没有在《奠基》的开头——他在那里说他是从"普通的道德认识"开始的——就提出这种见解?其次,康德在引向人性公式的段落中说,每个人都必然地把自己看作一个目的自身(参见:*GMS*,4:428 f.)。这种说法不利于认为康德把自由的价值看作不可证明的见解,反而会认为说,对于我们为什么必须把自己看作一个目的自身而言,我们还能找到其他解释(参见:里思,2003

年，第154及下页）。再次，如果我们没有证明每个人都必然地必须看重自由，我们就并不清楚我们是否能够确证所有人类存在者都看重自由（参见：迪安，2006年，第127页，脚注），或者自由的价值是否"能够被任何人直接地意识到，只要他被问及什么东西对于他来说是更为重要的，做出自己的选择或满足自己的偏好，即使他并没有选择那些偏好是什么。"（盖耶，2000年，第30页）。问题在于，现在每个人是否都最为看重自由的问题已经转变为一个经验性的问题。难道所有忍饥挨饿的人们都喜爱自由胜过食物？人们在任何时候都会最为看重自由吗？其他文化也会像我们一样看重自由吗？"每个寻常的人类存在者……都会马上承认，只要用他能理解的话来告诉他"（盖耶，2000年，第30页），这种说法是真的吗？尽管盖耶承认说，自由是否具有价值的问题对于康德来说绝不是一个经验性的或偶然性的问题（参见：2007年，第107及下页），但是，如果我们想要证实自由的价值不可证明的观点，似乎只能借助一种经验性的进路。然而，经验性的证据无法产生包含在康德的主张中的那种必然性，甚至我们是否能给出这种经验性的证据都是令人怀疑的。

虽然这些挑战能够与盖耶对康德著作的诠释相抗衡，但是我认为他的见解在根本上是正确的。我相信，康德的确认为所有的人类存在者都看重自由。然而，我并不认为，康德认为这种价值是不可证明的，而且，我还认为盖耶的价值诠释和我在第一章中提出的诠释并不矛盾。盖耶并没有把自由的价值当作一种独特的形而上学属性提出来（参见：2000年，第27页）。[①]如果他把自由的价

---

① 盖耶在私人对话中承认了这一点。

第二章　人性的价值

值仅仅理解为是对所有人都（必然地）看重的东西的描述,那么他的看法就并不必然地和我在前一章中提出的诠释相冲突。我曾在那里论证说,康德把价值设想为是对我们应当看重的东西的一种规定,或者是对一个完善的理性存在者将会看重的东西的一种规定。这一点是能够证明的。一个完全理性的存在者看重的东西是通过定言命令式得到规定的,根据康德的说法：对人类存在者表达为"应当"的命令式,描述的是一个完全理性的存在者"愿意"的东西（参见：*GMS*, 4: 449, 445）。一个完全理性的存在者愿意的东西就是道德性,其中包含了我们的自由（参见：*GMS*, 4: 466 f.；*KpV*, 5: 29 f.）。然而,根据康德的说法,每个寻常的理性存在者也都看重自由。甚至最顽固的恶棍也希望自己是道德的（参见：*GMS*, 4: 454 f.）。这是因为,每个人类存在者都在心中对道德法则怀有一种敬重或敬畏的情感。而且,这种"要成为道德的"的动机包含了所有人都会看重的我们的自由。康德并没有讨论诸如精神病患者这种非正常的情况。根据他的说法,"没有人不具有任何道德情感；因为,如果对这种感受完全没有易感性,人在道德上就死了"（*TL*, 6: 399 f.；参见：402 f.）。因此,康德认为,每个人都确乎且应该看重道德法则,以及随之而来的自由。而且,由于康德把应该被看重的东西,或者应该被完全依据理性的存在者看重的东西叫作"绝对的价值"（参见：前文第一章）,我们就可以说,自由及其道德法则具有绝对的价值。然而,这个解释并非援用一种形而上学的价值属性。因此,我认为盖耶的见解,即所有人类存在者都看重自由,作为一种对康德的诠释是正确的,但是它并不与我目前提出的观点相悖。

如果盖耶把自由的价值设想为先在于且独立于定言命令式,那就是唯一和我的见解相冲突的地方。但是,我们并不确定这是否是他的见解。当盖耶说自由的价值是这种命令式的根据的时候,他讨论的是一个有关动机的主张,而不是一种证成。我们再来看看如下段落:"当康德追问一个可能的定言命令式的根据的时候,他所要追问的其实就是能够推动一个理性存在者去采纳这样一种制约的目的。"(盖耶,2000年,第31页;参见第34页)然而,根据我的解读,推动这个行动者遵从法则的东西就是这个法则自身,有得益于敬重的情感的协助(参见:KpV, 5: 71 ff.)。这也就意味着,根据康德的看法,所有人类存在者都必然看重的东西——依据定言命令式的自由——并不独立于这个命令式。

我对自由的价值的这种解读和盖耶用来支持他的解读的段落也可以兼容。盖耶所引用的段落,即康德仿佛是在讨论人类存在者崇敬自由的段落,在我看来,实际上要讨论的是人类存在者对道德法则的敬重。这个段落是从一个道德问题开始的:"义务!……只是树立一条法则……甚至违背意志为自己赢得崇敬。"(KpV, 5: 86)我们要看重的东西就是义务和道德法则。然后,康德追问我们值得对它怀有敬重的义务的起源:"你的可敬的起源是什么呢?人们在哪里找到你的……高贵出身的根呢?"(KpV, 5: 86)。这个起源被说成是"对整个自然的机械作用的自由和独立,但同时被视为一个存在者的能力,这个存在者服从自己特有的法则,亦即纯粹实践法则"(KpV, 5: 87)。对自然(包括我们的偏好)的独立性就是对义务的高贵出身的解释。我们看重的东西,或者对它怀有敬重的东西就是为了义务而行动的和从偏好中获得自由的这一

第二章 人性的价值

更高的使命,"因为不必奇怪,人必须……崇敬地在与他的第二个和最高的使命的关系中看待他自己的本质,并以最高的敬重看待这种使命的法则"。(*KpV*,5:87)这也从接下来的段落中得到了证实:"纯粹的道德法则……让我们觉察到自己的超感性实存的崇高,并主观上造成对其更高的使命的敬重。"(*KpV*,5:88)这些段落并不是孤立地出现在康德的著作中的——相似的说法还可以在其他地方找到(参见:例如*TL*,6:435 f.; *GMS*,4:435 f.)。因此,康德的确相信,就所有的人类存在者对道德法则/他们自己的道德使命感到敬重而言,他们都看重自由。我们为之感到敬重的东西就是道德法则击倒自大的能力,自大乃是基于我们的偏好(参见:*KpV*,5:73)。因此,我同意盖耶,根据康德的看法,一切人类存在者都看重自由。

我的诠释也符合盖耶所引用的获奖论文中的段落。被说成是不可证明的那个判断是"快乐的感觉和对象的表象的结合"(2:299 f.)。这个不可证明的判断并不是一个对自由的价值的必然判断,而是一种愉快的感情,因为康德在第二《批判》中把它和矛盾的方法放在一起来讨论(参见:*KpV*,5:57-65)。康德说,如果我们想让善先行于定言命令式,那么这就是我们能够觉察到善的唯一方法。但是,由于愉快的情感绝不能是道德法则的根据,康德否定了任何的善能够为道德要求的奠基的可能性(参见:前文第一章)。因此,1764年的获奖论文在这一点上似乎未能充分反映出康德的成熟立场。

但是,如果人类存在者看重的东西,或者对它感到敬重的东西就是道德性和自由,这是否意味着,我们之所以应该敬重其他人,是因为他们具有一个道德上善的意志？善的意志是道德要求的基础吗？这就把我们引向了本章的最后一个问题。

第五节　一个道德上善的意志的价值

正如我在开头曾指出过的,康德的研究性文献大致上可以根据"我们为什么应该敬重他人"这一问题被划分为两个阵营。迄今为止,我讨论的都是第一个阵营,它主张我们之所以要敬重他人,是因为他们所拥有的一些前道德能力（pre-moral capacities）的价值（例如,自由或设定目的的能力）。现在,我要转向第二个阵营。第二个阵营论证说,一个道德上善的意志才是我们为什么要敬重他人的理由。第二种解读之所以不甚流行,是因为它似乎意味着,我们只需要敬重那些道德上善的人们（参见：德尼,2010年a；格拉斯哥,2007年）。然而,这种解读似乎的确有一些文本上的依据,而且它或许能够以某种方式与康德关于所有人类存在者都应该受到敬重的主张相一致。这种解读能够从康德文本中的另一种论证思路中得到支持,举个例子,他说唯有一个道德上善的意志才能具有一种绝对的价值（参见：GMS,4：393）,他还说道德性是"是一个目的自身"的条件（参见：GMS,4：435）,以及"除了法则为之规定的价值之外,没有任何东西具有一种价值"（GMS,4：435）。因此,我们为什么必须要敬重他人,或许就是因为他们（有可能[①]）拥有一个道德上善的意志。

[①]　参见：GMS,4：437；里思,1989年,第246页；克斯滕,2006年,第219页。

第二章 人性的价值

在这一节中,我要考察的是研究性文献中的两种尝试。那么,问题就再次变成了:它们是否引入了一种新的价值观念,或者引入了一种和我在上一章中所论证的道德基础相矛盾的新的基础。我要讨论的是理查德·迪安和塞缪尔·克斯滕提出的论证,他们是以善的意志来解读康德的两位当代拥护者。①

这两个论证都依赖于《奠基》开篇的一个说法,即唯有一个善的意志才能被说成是无限制或绝对善的:"在世界之内,一般而言甚至在世界之外,除了一个善的意志之外,不可能设想任何东西能够被无限制视为善的。"(GMS, 4: 393)同时,它们也都依赖于康德对定言命令式的不同公式做出总结时的一个说法,它出现在《奠基》第二章接近结尾的地方。在 4: 437,康德似乎是在总结他前面的讨论:"从现在开始,我们可以在我们最初由以出发的地方,亦即在一个无条件的善的意志的概念这里结束了。"然后,康德在总结人性公式的时候,似乎指明了人类存在者为何是目的自身:

> 这个目的只能是一切可能的目的的主体自身,因为这个主体同时是一个可能的绝对善的意志的主体;因为这个意志不可能被置于任何别的对象之后而没有矛盾。(GMS, 4: 437)

迪安和克斯滕都把他们的诠释建立在这些段落的基础之上,但却提出了不同的论证。

---

① 更早的拥护者是:帕通,1947年,第168及下页;罗斯,1954年,第52及下页;里肯,1989年,第246及下页。对这种看法的批判,可参见:克里斯蒂亚诺,2008年,第108—110页。

理查德·迪安的诠释

迪安用前文引用的段落来诠释引出人性公式的文本。回忆一下,康德在那里说,理性的本性由于是一个目的自身而是定言命令式的根据。然后他说,我们必须把自己看作一个目的自身,"就此而言,它是人类行为的一个主观的原则"(*GMS*,4:428 f.)。但是,由于每个人都必须把自己看作这样一个目的,康德接着说,这个原则也就同时是一个客观的原则。据此,迪安提出了两个论证,一个是对主观原则的论证,一个是对客观原则的论证。

为了确证"我们必须把自己看作一个目的自身"的主观原则,迪安提供了一个和科斯嘉德相似的论证(参见:迪安,2006年,第120—126页)。他把这个论证说成是对事物善性的条件的回溯。不同于科斯嘉德,他并不认为设定任何目的都能够让事物具有价值,而是唯有依据一个善的意志或道德原则设定的目的才能如此。他引用《奠基》4:397作为依据,康德在那里说,善的意志的价值"构成其他一切"有价值的事物的"价值的条件"。如果确乎如此,那么,为了事物的纯然偶然的价值而牺牲掉我们的善的意志就是矛盾的:"唯有当她以其充分理性的本性来意愿这些主观目的的时候,她的这些目的才具有价值,因此,如果她摧毁了自己充分理性的本性,当她实现了自己的那些偶然的目的时,这些目的也会缺乏价值。"(迪安,2006年,第125页)通过使用一种回溯论证,以及康德的"我们不能在贬低一个善的意志之后而没有矛盾"的主张,迪安得出结论说,我们必须看重我们自己的人性,把它理解为善的意志(参见:迪安,2006年,第二到五章)。

第二章 人性的价值

这真的是康德的论证吗？我们应该看重自己的善的意志，这无疑是康德的见解。而且，他在下面这句话中重申了这一点，即一个人类存在者的绝对价值是他唯有在使自己成为道德上善的人的活动中才能赋予自己的东西。[①]康德在整个《奠基》第一章中多次说道，"一个善的意志……其评价必须无可比拟地高于通过它为了任何一种偏好所能实现的一切"（*GMS*,4：394），善的意志是"就自身而言应受尊崇的……无须其他意图"（*GMS*,4：396 f.），以及善的意志的价值"超乎一切东西"（*GMS*,4：403）。因此，我认为，就每个人都应该努力发展自己的善的意志而言，迪安和康德的看法是一致的。然而，我们并不清楚，为了弄清楚这一点是否需要引出人性公式的段落，或者说，这个段落是否能支持这个主张。如是一种说法似乎并不正确，即唯有一个理性的选择才能让事物具有一种作为手段的善："医生为使自己的病人痊愈所用的处方和一个投毒者为有把握地杀死此人所用的处方，就每一个都可用来完满地达成其意图而言，具有同等的价值。"（*GMS*,4：415）如果一个投毒者具有一个要杀死他的受害者的偏好，这个毒药就具有一种手段的价值。这似乎也正是康德在4：428中所说的话的意思："如果偏好……不存在，那么，其对象就毫无价值。"因此，康德在《奠基》开头说，一个善的意志仅仅是把某物视作绝对善的事物，而不是就一种派生意义而言的善的事物的条件。

迪安可以回应说，他并不是在讨论手段的价值或事物的价值，而是在讨论目的的价值。我们的目的除非出自一个理性的选择，否

---

① 可见于（例如）：*KU*,5：443。参见：208 f.。亦可见于（例如）：*GMS*,4：439,449 f.；*KpV*,5：110 f.,147 f.,86。

则就没有什么价值。如果我们讨论的是道德价值的话，这似乎的确就是康德的见解。我们的一切目的归根结底都是通过道德法则来评价的："除了法则为之规定的价值之外，没有任何东西具有一种价值。"(GMS, 4: 436)当然，一个特定的目的对我来说可能会具有一种机智的价值（例如，通过撒谎获得好处），但是，它依然要按照是否道德来加以评价。在这个意义上，道德价值是一切其他价值的条件(GMS, 4: 397)。机智的价值是相对的和偶然的，只有道德价值才是无条件的，从而是更为重要的。即使我们的偏好向我们推荐了一个目的（例如，说谎），对于康德来说，道德性也会因它无条件地发布诫命而压倒一切（例如，压倒不要说谎）。因此，根据康德的看法，如果我们把道德性置于一个机智的目的之下，就会导致一种矛盾。因为，在事情的进程中，机智的目的只能从道德性那里获得最终的赞同，一个道德上善的"意志不可能被置于任何别的对象之后而没有矛盾"(GMS, 4: 437)。如果机智的目的必须获得道德性的赞同，那么用机智的目的来评价道德性就是一个矛盾。

因此，我并不确定，迪安的论证是不是对《奠基》4: 427-429的最佳解释，但我同意，根据康德的看法，我们应该把一个善的意志评价为高于其他一切东西，如果我们把它置于偏好之后就会造成一个矛盾（亦可参见：GMS, 4: 437; TL, 6: 422 f.）。但是，我们为什么也应该看重其他人的善的意志呢？为什么看重一个善的意志在迪安的意义上被说成是一个客观的原则呢？

至于对"我们还必须看重他人的善的意志"的客观原则的证成，迪安诉诸康德的如下主张，即道德性必须是必然的和普遍的（参见：迪安，2006年，第124及下页；GMS, 4: 389）。然而，就此而言，似乎还不足以让每个人都普遍地根据相同的原则（例如，一个自我主义的原则）行动。在那种情形下，两个想要获得相同对象的人就会发生冲突。因此，迪安接着说，道德性需要一个所有人都共享的客体，这个客体就是一个善的意志。

> 如果道德性不是虚构的，它就要求一个能被所有行动者共享的目的，这个目的是我们能够用来证成如是一种过渡的东西，即从人性公式的论证中的"主观原则"到我们必须把充分理性的本性（无论我们在何处发现了它）当作一个目的自身来对待的"客观原则"的过渡。（迪安，2006年，第129页）

同样，我认为，迪安把握住了康德见解中的一个重要的方面，即道德性是必然的和普遍的，这是自我主义所不能提供的（可参见：前文第一章）。然而，我不太确定的是，它是否就是康德在引出人性公式的段落中所涉及的见解。为了支持自己的诠释，迪安提到了第二《批判》的定理三（KpV, 5: 27 f.）。然而，康德在那里说，任何质料的原则（例如，幸福或愉快）都不能充当道德性的规定根据。因为，道德性必须是普遍的和必然的，但任何质料都会把它们摧毁。相反，道德性的规定根据，或者和谐的目的，只能是形式的道德法则（参见：KpV, 5: 27）。因此，康德并没有真正说过，必须要有一个所有人都共享的客体。他只是指出，在对幸福的追求中，并非所有人都共享相同的目的，而且会导致冲突；但是，即使我们真的共享相同的目的，也还是会有冲突（例如，如果两个女人都欲求同一个男人）。相反，康德相信，唯有法则的形式（也就是说，如果每个人都遵从道德法则）才能产生和谐（参见：*KpV*, 5：27 f.）。但是，它本身并不足以解释我们为什么应该敬重他人。

因此，我并不认为，迪安已经令人信服地论证说，有一种能够充当敬重他人的要求的根据的目的或价值存在。尤其是，我并不认为，他人的善的意志就是我们为什么应该敬重他们的理由。正如迪安也同意的，善的意志的价值并不是一种独特的形而上学属性（亦可参见：迪安，2000年）。一个意志之所以是善的，是因为它出自定言命令式自身的缘故而遵从它（参见：*GMS*, 4：426，437）。善的意志如何才能产生敬重他人的要求呢？

我们可以论证说，我们通过一种敬重的情感觉察到他人的善的意志，并且被推动着去对它表示认可。①善的意志的价值可以仅仅按照如下意义来理解，即我们觉察到他人出自道德法则自身的缘故而遵从它（而不是觉察到他人身上的一种独特的形而上学属性）。毕竟，康德多次声称，对他人的敬重真正来说只是对他人为我们提供了一个范例的道德法则的敬重（参见：*GMS*, 4：401；*KpV*, 5：27 f., 81 note, 87；*TL*, 6：467 f.）。然而，如此一来，康德的伦理学就会依赖于一种道德感（它向我们揭示出什么是道德的），而不是依赖于纯粹理性，而且他反对这样一种方法："正如我们对真理很少有一种特殊的感觉一样，我们对（道德的）善与恶同样很少有一种特殊的感觉，而是有就自由选择而言对自己被纯粹实践理性（及其法则）所推动的易感性。"（*TL*, 6：400；参见：*KpV*, 5：84-86；*GMS*, 4：426）更为重要的是，康德明确否认道德上所要求的对他人的敬

---

① 参见：迪安，2006年，第七章；伍德，1999年，第141及下页，第147—149页。

重是一种情感：具有一种情感是不能被要求的（参见：GMS，4：399；TL，6：399，402 f.）。相反，康德把敬重他人的要求设想为是一个我们应该持有的准则（参见：TL，6：449）。然而，我们为什么应该持有这个准则的理由依然难以捉摸。

总之，我同意迪安的地方在于：一、对于康德来说，价值并不是一种独特的形而上学属性；二、康德并没有把道德性建立在一种先行的或独立的价值之上（参见：例如，2006年，第45—49页，第114—118页），对于康德来说，我们应该将其评价为高于其他任何东西之上的是我们自己的善的意志。然而，我感到怀疑的是，他是否把握到了康德对敬重他人的要求的证成，尤其是康德在引出人性公式的段落中提出的证成。即使所有人类存在者都把一个善的意志共同地当作他们的目的，我们为什么要关心他人的善的意志呢？我将在下一章里论证说，他人身上的实现了的善的意志也不是我们应该敬重的东西。因此，我同意这样一个批评，即对于康德来说，我们应该敬重的他人身上的人性，并不等于一个实现了的善的意志（参见：格拉斯哥，2007年；德尼，2010年a；阿利森，2011年，第八章）。对于康德来说，即使一个邪恶的人作为一个人类存在者也值得获得敬重（参见：TL，6：462 f.）。①

---

① 迪安试图通过如下论证来确证我们应该敬重所有人类存在者：一、一个善的意志并不罕见，反而极为常见；二、我们很难知道一个人是否具有一个道德上善的意志；三、就我们要给邪恶的人类存在者一个机会，并且让他们变得更善而言，我们需要敬重他们；四、如果不敬重他们，可能会使行动者的品质遭到败坏（参见：迪安，2006年，第7页）。我将在第三章论证说，我们应该平等地敬重所有人类存在者，不管他们是否有一个善的意志。我感谢安妮·玛格丽特·巴克斯利在这个问题上对我的敦促。

塞缪尔·克斯滕的论证

塞缪尔·克斯滕是另一位在诠释康德的时候持如是一种见解的学者,即我们应该敬重他人身上的东西就是一个善的意志。他同样依赖于《奠基》的开头(4：393 f.)和康德总结定言命令式的不同公式的段落(4：437)。然而,他的论证和迪安的论证极为不同。克斯滕强调的是《奠基》中的如是一个主张,即唯有一个善的意志是无条件善的,尤其是超群绝伦地善的(参见：GMS,4：394；克斯滕,2006年,第212页)。然后,他把康德在4：437中谈及的那个矛盾诠释为"善的意志是超群绝伦地善的"这一主张的矛盾(参见：克斯滕,2006年,第213页)："两个不同的事物不能同时是超群绝伦地有价值的。"(克斯滕,2006年,第217页)因此,如果善的意志是超群绝伦地有价值的,如果我们把别的什么东西置于它之上,我们就无法承认我们赋予善的意志的价值,从而陷入了自相矛盾。

康德在《奠基》的第一章中的见解是很清楚的,善的意志的价值超过一切其他的价值,应当出于自身的缘故受到尊崇(参见：GMS,4：394,396 f.,403)。而且,克斯滕就康德为什么主张把一个善的意志置于别的东西之后将导致矛盾,给出了一个合理的解释。然而,这同时也能解释敬重他人的要求吗?还是说,它仅仅意味着,我们应该看重自己的善的意志?在论证我们应该看重的东西是一个善的意志本身(无论我们在何处发现了它),而不仅仅是自己的善的意志方面,克斯滕似乎处在一个比科斯嘉德或迪安更好的立场上。这是因为,他并没有提出一个回溯论证。善的意志的价值并不是作为其他事物的价值的条件而被揭示出来的(在那种情况下,事

第二章 人性的价值

物的价值来源就只能是一个特定的人对它的看重)。

但是,在克斯滕看来,超群绝伦的价值的本性是什么?他并没有清楚地说明他的想法。那么,他的意思可能是什么呢?首先,他或许把它当作一种独特的形而上学属性,但是,这就会引发我在第一章中提出过的相同的问题。如果我们觉察到这种价值是存留于他人身上的,就会立刻导致一种他律。似乎同样可以肯定是,如果我们认为这种属性是某种超乎我们之上的东西,因为它是在内观中获得的。那么,我们如何能够知道我们具有这种属性呢?

其次,克斯滕可以论证说,"一个不偏不倚的理性旁观者决不会感到满意,如果他看到"一个善的意志遭到贬低,无论它是我们自己的善的意志,还是他人的善的意志(*GMS*,4∶393)。那么,这个判断是不偏不倚的和中立于行动者的。然而,这真的就是康德的论证吗?乐于考虑他人的善的意志和服从于敬重他人的要求似乎是截然不同的两码事。前者是有关何种世界状态将会更好的一个不偏不倚的判断,后者是对一个行动者要敬重什么的直接要求。它们中的一个并不必然地包含着另一个。我们能够(中立于行动者地)断定某种状态的世界比另一种世界更好,而无需赞同达到它所需要的东西。目的并不总是能证成手段。康德的意思并不仅限于说,我们乐于发现某人展示出了一个善的意志,以及我们认为他应当获得幸福:

> 一个有理性且无偏见的旁观者,甚至在看到一个丝毫没有纯粹的和善的意志来装点的存在者却总是称心如意时,决不会感到满意。这样,看来善的意志就构成了配当幸福的不可或

缺的条件本身。(GMS, 4: 393)

康德的意思并不是说,我们看到另一个人展示出了一个善的意志而感到满意,就是我们为什么应该敬重他人的理由。这种满意不过是对他人的配当幸福的一个判断。

再次,克斯滕可以论证说,善的意志的价值相当于我们对它怀有一种敬畏的情感的东西。这就会引发一个和我在讨论理查德·迪安的立场时曾提出过的相同问题:一种情感不能为道德要求奠基,而且康德认为敬重是不能被要求的,因为一种情感是不能被要求的(可见于前文)。再者,康德非常明确地表示,敬重的情感首先指向我们自己的意志(参见: GMS, 4: 440),并且仅仅就他人为我们提供了一个我们应该如何行事的范例而言才指向他人(参见: GMS, 4: 401 note; KpV, 5: 76 f., 81 note)。这种情感所要强调的是我们应该如何改善自身,而不是一个由于他人的善的意志而要敬重他们的义务。

> 由于我们也把扩展我们自己的才能视为义务,所以,我们在一个有才能的人格身上也表现出一个法则的范例(通过练习而在这方面变得与它类似),而这就构成我们的敬重。(GMS, 4: 401 note)

因此,虽然我同意克斯滕的如下主张,即我们应该看重自己的善的意志超过其他一切,但他依然没有提供给我们为什么应该敬重他人的证成。但是(同样),我也不认为他人身上的一个实现了的

第二章 人性的价值

善的意志就是我们应该敬重的东西。所有的人类存在者都值得敬重，无论他们是否具有一个道德上善的意志（参见：下文第三章）。

结　论

总而言之，虽然我认为康德的确主张一个善的意志具有最高价值，但是并没有明确的迹象表明，他认为这种价值就是我们为什么应该敬重他人的理由。因为，康德主张说，我们应该敬重所有其他的人类存在者，然而这种善的意志的论证却投奉于主张说，所有的人类存在者都具有一个善的意志。根据这种解读，并不足以让其他人在未来发展他们的善的意志（参见：克斯滕，2006年，第219页，脚注26）。相反，康德似乎认为，即使我们知道他人并没有一个善的意志，我们也应该敬重他们（参见：TL, 6: 462 f.）。这个主张对于康德来说并不是一个基础，相反，它是道德要求的一个后果："一个意志不是恶的，因而它的准则在被当作一个普遍法则时绝不可能自相矛盾，那么，这个意志就是绝对善的。"（GMS, 4: 437，参见：426）说我们应该看重一个善的意志，就等于是说，我们应该出自道德法则自身的缘故而遵从它。但是，这一点自身尚不足以解释我们为什么应该敬重他人。

本章的成果

康德的研究性文献中的一个常见的见解是，我们之所以应该敬重他人是因为他们具有一种价值——要么是他们的一种前道德的能力的价值（自由或设定目的的能力），要么是一个善的意志的价值。在这一章中,我讨论了研究康德的学者们提出的最为著名的论证。尽管我们一开始极有可能认为,这些论证和我在第一章中提出的结论相冲突,但是,我们后来发现,它们中的大多数所包含的价值观念都和我的结论是相容的。这样一种把价值理解为我们在理性上所投奉的东西,或者我们只要充分理性就会赞同的东西的观念,和我在前一章中提出的解释是一致的。在这个程度上,我同意这些论证,而且我认为,我们能够从它们那里学到非常有价值的一课。

我相信,科斯嘉德所强调的如是一点是正确的,即康德并没有提出一种关于人类存在者所具有的特殊价值的形而上学主张,而且我还认为,她对事物的价值的解读也是正确的。伍德所指出的如下这一点也是正确的,即事物的价值并不是完全任意的,也不完全取决于个人的突发奇想,许多事物对于人类所具有的一些根深蒂固的偏好来说是有用的。我还认为,盖耶对自由的重要性和我们对它的敬重的强调是正确的;同时,迪安和克斯滕对如下这一点的强调也是正确的,即康德把对一个善的意志的追求置于其他一切东西之上。

然而,我也赞同针对这些论证的如是批评,即它们并没有为敬重他人的要求奠基。在下一章里,我将提供一个我自己对康德的人性公式的诠释,以及我们为什么应该敬重他人的理由。

第三章　康德的人性公式

导　言

到目前为止,我已经论证过,根据康德的见解,我们要敬重他人的理由并不在于他们所具有的一种价值。康德曾论证说,没有任何先行的或独立的价值能够为道德要求奠基,任何此类奠基行动都会使道德性丧失其必然而普遍的本性(第一章)。此外,也没有任何非道德的行动(例如,设定目的)能够使我们投奉于看重他人。康德论证说,我们要看重一个善的意志,而且我们必须要敬重道德法则,即使它展现在他人的身上(参见:*GMS*,4:401 note)。然而,这种敬重的情感并不是道德上所要求的敬重他人的准则(参见:*TL*,6:449),而且即使我们知道他人并非道德上善的,我们也应该敬重他们(参见:*TL*,6:463)。因此,我们为什么要敬重他人的理由,就既不是他们所具有的一种道德上中性的能力(例如,设定目的的能力),也不是一个道德上善的意志(第二章)。

我将在这一章中论证说,我们为要敬重他人的理由在于:它是理性的一种直接的要求——也就是说,它是理性必然作用的一种方式。根据康德的见解,我们之所以要敬重他人,是因为这是人性公式发布的诫命。他说这个公式和定言命令式在根本上是一回事（参见：GMS, 4: 436, 437）。与命令式一样，敬重他人的诫命是一个头等的规范实在性，是理性中的一个内置原则。主张敬重他人的要求已经包含在把我们的准则普遍化的要求中，这一点也不新鲜。研究康德的主流学者们都提出了这种见解。[①]真正新鲜的内容在于，我对人性公式的论证（GMS, 4: 427-429）也支持这种主张。接下来，我将要讨论人性公式的推导、证成与应用。我首先要就引出人性公式的段落给出一个仔细的解读（第一节）。然后，我将论证说，人性公式本身并不是诉诸一种价值得到证成的，而是理性的一个直接诫命（第二节）。在给出了康德的证成之后，我将要考察人性公式的应用，或者说是要考察敬重人性是什么意思（第三节）。由于我的诠释使得人性公式更为接近定言命令式，因此我将设法解决一个反驳，即人性公式（和命令式一样）是空洞的和缺乏内容的（第四节）。

第一节　人性公式的段落（GMS, 4: 427-429）

到目前为止，我们的问题是要为敬重他人的要求找到一个证成，康德将其表达于人性公式之中："你要如此行动，即无论是你的人格中的人性，还是其他任何一个人的人格中的人性，你在任何时候都同

[①] 参见（例如）：埃宾豪斯（Ebbinghauss），1959年，第216页；奥尼尔，1989年，第七章；沙利文，1989年，第193—195页；希尔，2000年，第101—109页；恩斯特龙，2009年，第172—178页；里思，2012年b。保罗·盖耶指出，按照相同的思路，人性公式也包含了定言命令式，参见：保罗·盖耶，2006年a，第194及下页。

时当作目的,绝不仅仅当作手段来使用。"(*GMS*,4:429)人们通常认为,找到这个证成的关键就包含在引出人性公式的段落中:

> 这种原则的根据是:有理性的本性作为目的自身而实存。人类存在者必然按照这一方式表象自己的实存;所以就此而言,它是人类行为的一个主观的原则。但是,其他任何理性存在者也都根据也对我有效的同一个理性根据来如此设想自己的存在;因此,它同时也是一个客观的原则,意志的一切法则都必须能够把它作为一个最高的实践根据而从它导出。(*GMS*,4:428 f.)

许多学者都试图通过分析这个段落来找到一个论证,并且期望这个论证不同于且独立于定言命令式的论证(参见:前文第二章)。因此,这里的关键问题就变成了我们如何解读康德的如下说法:"这种原则的根据是,有理性的本性作为目的自身而实存。"(*GMS*,4:428)根据对这个段落的常见解读,"目的自身"意指一种特殊的道德地位,亦即我们在任何时候都应该对其表示敬重的一种价值。康德接着说,"就此而言,它是……一个主观的原则"(*GMS*,4:429),许多学者常常据此断言说,康德指的就是"要始终把其他人类存在者看作具有这样一种道德地位"的诫命,或者"敬重其他人类存在者"的诫命,简而言之就是人性公式。

接下来,我将提供一种不同的诠释。我所依仗的两个前提就是前面两章的讨论结果。康德不能诉诸一种价值来为敬重他人的要求的奠基(出自第一章),同时,他心中所想的也不能仅仅是说,每个人都必须把自己看作是具有价值的（可看重的）（出自第二章）。相反，我要论证的是：首先，康德所谓的那个首先是纯然主观的、然后才是客观的原则，指的是定言命令式，而不是人性公式。康德的问题在于，定言命令式是一个对所有人来说都必然的法则，还是一个纯然主观的原则（参见：GMS, 4: 426）。其次，我将要论证，"目的自身"对于康德来说首先是一个描述性的术语，而不是一个规范性的术语（同样可参见：马尔霍兰，1990年，第108—110页）。它把人类存在者描述为自由的存在者，也就是说，他不仅仅是自然的玩物，或者是他人的意志的手段。那么，我们就应该把这个关键句解读为："定言命令式的根据是：有理性的本性是自由的。"这就与康德在《奠基》的第三章中对定言命令式给出的证成是相同的，而且，他明确地把它看作一个较为充分的证成（参见：GMS, 4: 429 note）。康德的确认为，我们应该把自由的存在者当作自由的存在者来对待（亦即，当作目的自身来对待），但是，他并没有就这个主张引入一个独立于定言命令式之外的证成。

接下来，我首先要论证我的第一个主张，即人性公式的段落讨论的问题是，定言命令式是否对于所有人来说都是必然的。然后，我要论证的我的第二个主张，即"目的自身"首先是一个描述性的概念，它描述的是自由意志的一个方面。然后，我要把这两个主张结合起来，用于诠释最早提出人性公式的关键段落。

人性公式的段落的问题

我们只要考察一下康德给自己提出的问题，我的第一个主张——引出人性公式的段落考察的问题是：定言命令式是否对于所有人来说都是必然的——就会变得非常清楚。要理解康德最早提出人性公式的段落,我们必须从更早的4:425入手,在那里,康德刚刚讨论完自然法则公式的应用实例:"要这样行动,就好像你的行为的准则应当通过你的意志成为**普遍的自然法则**。"(*GMS*,4:421)康德强调他尚未证成定言命令式,并以此作为对这个公式的讨论的结论。到此为止,他不过是论证了一个有条件的结论:如果道德义务确乎存在,它就只能表达为一种定言的命令式。"但是,我们还未能先天地证明:诸如此类的命令式确实存在着……而遵循这种法则就是义务。"(*GMS*,4:425)康德再次提醒我们,我们不能诉诸人类本性中的一种特殊属性来回答这些问题,因为道德性应该对所有理性存在者来说都有效;而且他再次强调,如是一个问题尚未得到解答:"对于一切理性存在者来说,在任何时候都按照它们自己能够愿意其充当普遍法则的这样一些准则来判断行为,这是一个必然的法则吗?"(*GMS*,4:426)

这也正是康德在接下来的几页中想要回答的问题。他接着说,如果必然的定言命令式确乎存在,"它就必须(完全先天地)已经与一个一般而言理性存在者的概念结合在一起"(*GMS*,4:426)。他的理由大概是说,唯有一种先天的考察才会产生必然性:必然性和严格的普遍性是一种先天知识的可靠标志,不可分割地相互从属。(*KrV*, B4)如果我们想要表明定言命令式对于所有人来说都是必然的,就必须要表明它先天地和一个应该把它当作一个法则的存在者的概念结合在一起。康德接着说,为了揭示出一个理性存在者本身的概念和定言命令式之间的这种结合,"我们无论多么不情愿,也必须由此走出,也就是说,迈向形而上学。"(*GMS*,4:426)他的意思并不是指他在第一《批判》中与之论战的思辨的形而上学,例如,一种试图对超出可能经验的领域之外的东西做出解答的形而上学。他仅仅是要迈向一种"道德形而上学"(*GMS*,4:427)。他的意思是指一种"出自纯然概念的先天知识体系"(*TL*,6:216;参见:*GMS*,4:412)。为了表明定言命令式对于所有理性存在者来说都是必然的,康德试图表明,这种命令式和一个理性存在者本身的概念先天地结合在一起。

因此,在接下来的段落中,康德转向一个(理性的)意志的概念:"意志被设想为依据某些法则的表象来规定自己去行动的能力。"(*GMS*,4:427)通过说一个法则和一个意志的概念结合在一起,康德预示了他在《奠基》第三章中的结论。他在那里论证说——没有援引一种价值属性——自由和一个意志的概念结合在一起,而且自由就是这种命令式的根据,因为"一个自由意志和一个服从道德法则的意志是一回事"(*GMS*,4:447;参见:下文第三节)。①在4:427中,康德尚未讨论敬重他人的要求。但是,注意到如是一点极为重要:在他首次陈述人性公式的前一句话中,他也没有讨论这一要求。为了能够得出我的第一个主张——引出人性公式的段落所要考察的问题是"定言命令式是否对所有人来说都是必然的"——我现在要略过第427页的剩余部分和第428页的大部分内容。但是,我将在讨论我的第二个主张——对于康德来说,"目的自身"首先是一个描述性的概念——的时候回到这些段落。

---

① 这种观点在《实践理性批判》中并没有改变。在那里,康德肯定:"因此,自由和无条件的法则是彼此回溯的。"(*KpV*,5:29)而且,他把自由叫做道德法则的"存在根据"(ratio essendi)(*KpV*,5:4 note)。

第三章　康德的人性公式

在康德首次陈述人性公式的段落中,他依然在讨论定言命令式是否对于所有人来说都是必然的(或者客观的)这一问题。这个段落是这样开头的:

> 因此,如果应当有一种……定言的命令式,那么,它必然是这样一种原则,它用因为是目的自身而必然对每一个人来说都是目的的东西的表象,构成了意志的一种客观原则……这种原则的根据是:有理性的本性作为目的自身而实存。(*GMS*, 4: 428 f.)

康德在这个段落中讨论的是定言命令式,并且指出了它能够是必然的或客观的一个条件。因此,当他说到"这种原则(强调为我所添加)"的时候,他所讨论的是定言命令式(而不是人性公式),并且说出了它的根据(参见:舍内克尔/伍德,2003年,第145页,脚注70)。

这就得出了我的第一个主张。引出人性公式的段落讨论的问题是"定言命令式是否对所有人来说都是必然的"。然而,第一个主张本身并不能表明,康德没有把定言命令式奠基在任何先行的和独立的目的之上。相反,这个段落似乎断言说,必定有一个目的构成了定言命令式的基础。因此,我转而讨论我的第二个主张,即康德在一种描述性的意义上把"目的自身"当作这种命令式的根据。目的自身并不是一个规范性的实体。

康德"目的自身"的用法

为了得出我的第一个结论,我刚才没有讨论第427页的引出人性公式的段落,就在康德转而讨论一个意志的概念之后。现在,我们回到这个段落的开头部分:"意志被设想为依据某些法则的表象来规定自己去行动的能力。"(GMS,4:427)在明确了一个理性意志的概念之后,康德开始处理目的。他说,目的作用于规定意志。如果那些目的出自理性(就像那些同时也是义务的目的:我们自身的完善和他人的幸福),它们就对所有每个理性存在者来说都是客观的和相同的目的。我们由于偏好而采纳的一个目的不能为定言命令式奠基;因为,这种目的与我们的欲求能力有关,从而不能为一个普遍的道德法则奠基:"因此,所有这些相对的目的都只是假言命令式的根据。"(GMS,4:428)这些主张已经成为贯穿于《奠基》中的一些基本信条。它们并没有引入对道德性的一种全新的证成。

关键的段落出现在下一段。康德提出了一个对比:相对的目的是假言命令式的根据,目的自身才是定言命令式的根据。

> 但是,假定有某种东西,其存在自身就具有一种绝对的价值,它能够作为目的自身而是一定的法则的根据,那么,在它里面,并且唯有在它里面,就会有一种可能的定言命令式亦即实践法则的根据。(GMS,4:428)

然而,这个对比并不意味着,一个目的自身和一个相对的目的是相似的,或者以完全相同的方式运作。想要理解一个目的在何种意义上是定言命令式的根据,我们就必须澄清康德的"目的自身"的用法。康德所谓的"目的自身"(Zweck-an-sich)究竟是什么意思?

接下来的段落中（*GMS*,4:428）包含着一些线索,但是它也不能充分地明确这个表述的意思。康德从如是一个断言开始了这个段落的讨论,即人类存在者作为一个目的而实存（相对于仅仅是一个手段）,以及人类存在者应该被看作一个目的:

> 现在我说:人类存在者以及一般而言每一个理性存在者,都作为目的自身而实存,不仅仅作为这个或那个意志随意使用的手段而实存,而是……必须始终同时被视为目的。（*GMS*,4:428）

因此,"目的自身"这个表述常常都被当作一个规范性陈述来使用:一个人类存在者（作为一个目的自身）"必须……始终同时被视为目的",或者"不仅仅作为随意使用的手段"。（*GMS*,4:428）然而,这些说法只能表明,我们应该如何对待一个作为目的自身的事物;它们表达了与目的自身相关联的规范性要求。但是,它们并没有澄清一个目的自身的性状是什么,以及我们为什么要以这种方式来对待目的自身:"目的自身"的描述性内容是什么？以及如何证成这种规范性要求？

即使我们再补充说,一个目的自身具有"一种绝对的价值"（*GMS*,4:428）,这也并不能澄清任何东西。因为,正如我在第一章中曾论证过的,"绝对的价值"不过是对我们应该独立于自己的偏好而看重的东西的一个规定一个简略表达。康德在此处的说法和这个解释没有任何矛盾。因此,说一个目的自身具有绝对的价值,不过就是再次表述了与"目的自身"相关联的规范性要求——

也就是说，我们应该独立于自己是否乐意而看重人类存在者。（我将在下文中更为仔细地考察康德在这个段落中的"价值"一词的用法。）我们必须到别的地方去找寻理解"目的自身"的描述性方面的关键。

为了找到"目的自身"的概念的描述性内容，我们必须超出《奠基》的文本。康德在《法伊尔阿本德版康德自然法权》（*NF*, 27：1319-1322）中为此给出了一个清楚的描述，这本著作的写作时间和《奠基》的发表时间是相同的。相同的看法也可以在他的出版著作中找到，虽然并不是非常清楚。我首先要考察法伊尔阿本德版的讲义，然后再从他的出版著作中寻求证实。简单来说，这本《讲义》表明，康德用"目的自身"这个表述来描述自由意志的一个方面。人类存在者由于是自由的存在者，从而不是自然的一个玩物，或者其他目的的手段（例如，自然的目的）。相反，唯有凭借自由，我们才不仅仅是另一个目的的手段，而是一个就其自身而言的目的。注意到如是一点非常重要，即这个主张本身并不能证成任何道德主张，也不能证成"目的自身"具有任何规范性的内涵。它只是说，就我们是自由的存在者而言，我们并不是通过一个外在的根据而被因果性地规定的。这仅仅是一种描述性意义上的"自由"和一种描述性意义上的"目的自身"。

康德在这本《讲义》中说："自然中的一个事物是另一个事物的手段；永远都是如此。"（*NF*, 27：1321.18）"人类存在者就其自身而言是一个目的，而绝不仅仅是手段；那违背了他的本性。"（*NF*, 27：1321.36 f.）"如果唯有理性存在者才能是一个目的自身，他们之所以能够是这样的一个目的，并不是因为他们具有理性，而是因为他们具有自由。理性是一个纯然的手段。"(*NF*, 27：1321.41-43)"自由，唯有自由，使我们成为一个目的自身。"(*NF*, 27：1322.12)"在这里，我们有能力根据我们自己的意志而行动。"(*NF*, 27：1322.12 f.)"如果我们的理性是依据自然法则而被设置的，我们的意志就不会是我们的意志，而是自然的意志。"(*NF*, 27：1322.13-15)"如果人类存在者的行动属于自然的机械运动，它们的根据就不在自身之中，而是在自身之外。"(*NF*, 27：1322.15-17)

康德用"目的自身"这个表述来意指：人类存在者并不完全是由因果法则而所规定的。凭借自由，人类存在者不仅仅是自然的因果链条中的一个环节。他们不仅仅是一些外在原因的目的的手段，而是就其自身而言就是一个目的。"目的自身"是一个通过与"纯然的手段"相比较而获得自身意义的专业术语。这也正是康德在《奠基》中的如是说法的意思，即"一个理性存在者……不仅仅作为随意使用的手段而实存"(4：428)。然而，重要的是，这个概念本身不能为这种规范性内容提供一个证成。它从一开始就仅仅是描述性的。它旨在描述一个形而上学的事实，即人类存在者不是因果性地由外在力量所规定的。单凭这个概念本身，说人类存在者是目的自身，就等于是说人类存在者是自由的。（康德稍后将会——在《奠基》的第三章——论证说，自由伴随道德法则而来，而且我将指出，我们必须在那里寻找对"目的自身"的规范性内容的证成。）如果我们研究一下康德在他的出版著作中"目的自身"的用法，也可以得出——尽管是更为间接地得出——相同的结论。

在康德的全部出版著作中，他使用"目的自身"这个短语一共只有26次。①在明确这个短语的意义时,他确乎把它等同于"终极目的"(参见:TP,8:279;KU,5:429)。他所说的"终极目的"的意思则依赖于语境。他在一种亚里士多德的意义上,把幸福说成是我们的(前道德的)奋斗的终极目的(参见:RGV,6:6 note)。他把终极的道德目的说成是最高的善(TP,8:279 note);而且,他把自由说成是自然的终极目的(KU,5:448 f.)。康德在《奠基》中说,一个目的自身是道德性根据,所以康德的意思并不是指前两种"终极目的"。康德曾多次说过,幸福不能是道德性的根据,最高的善出自道德性(参见:TP,8:279)。那么,康德的出版著作中就只有一个地方对"目的自身"的阐述和他在《奠基》中讨论的"目的自身"的意义是相同的。但是,自然的一个终极目的是什么?

康德在《判断力批判》中讨论了"自然的终极目的"。在那里,康德详细地论证说,为了让我们对自然世界的认识得到统一,我们可以合理地把世界看作是仿佛有一个终极目的(参见:KU,5:425-434)。尽管我们并不确定这个命题是否为真,但是理性必然地按照这种方式来设想自然。它是一个范导性的原则,而不是一个建构性的原则(参见:KU,5:396,403 f.)。自然的终极目的就是理性存在者,亦即具有自由意志的存在者,他们凭借自由意志而是"服从道德法则的人"(KU,5:488 f.;参见:436)。服从道德法则并不意味着我们就会遵从道德法则,或者现实地就

---

① 严格说来,在他的出版著作中,他使用这个短语只有22次。参见:GMS,4:429-431,433-435,438;KpV,5:87,110,131;TL,6:345,423,435;RGV,6:13。他4次使用这个短语的复数形式:GMS,4:433,462;KpV,5:87;KU,5:429。然后,他3次谈到一些事物"就其自身而言一个目的"(an sich selbst Zweck):GMS,4:391,4:428;TP,8:289。

是道德上善的。它仅仅意味着我们知晓这个法则,从而能够遵从它。我们有能力成为道德的人。人类存在者据以成为自然的终极目的或目的自身的描述性要素,就是自由和道德能力(参见:*KU*, 5: 448 note)

相比《法耶尔阿本德版康德自然法权》中表述明确的段落,我们从康德的出版著作中查找出来的"目的自身"的意义更为间接。然而,他在出版著作中对这个术语的使用证实了相同的结论。康德通过"目的自身"所要表达的是:人类存在者并不完全是被外在的原因所规定的,而是自由的。这些依据虽然出自康德的其他著作,但是,这并不意味着《奠基》没有把"目的自身"理解为自由。如果我们遵从康德在4:429的脚注中的提示,就会发现这本著作中同样也有直接的解释,例如,如下段落:

> 他自己作为目的自身的本性……就一切自然法则而言是自由的,只服从它给自己所立的、使他的准则能够属于一种普遍立法的那些法则。(*GMS*, 4: 435)

《奠基》还主张说,某人由于具有自由和道德能力而是一个目的自身。[1]这一点确证了我的第二个主张,康德的"目的自身"首先并不是一个规范性表述。现在,怀着这一点,我们来诠释人性公式首次出现的段落。

---

[1] 同样可见于:舍内克尔/伍德,2003年,第144及下页;盖耶,2007年,第104—106页;恩斯特龙,2009年,第169页。

人性公式的段落

到目前为止,我已经论证说,康德在引出人性公式的段落中(*GMS*, 4: 427-429)讨论的问题是:定言命令式是否对所有人来说都是必然的。康德曾经说过,这样一种法则必须先天地源自一个意志的概念(参见:*GMS*, 4: 426),而且,他因此还对一个关乎目的的意志的概念做出了分析。然后,他做出了一个对比:主观的目的是假言命令式的根据,目的自身是定言命令式的根据。我还论证说,康德把"目的自身"当作自由的一个表述来使用。如果我们把这些观点结合起来,那么,首次提出人性公式的段落就会以新的视角呈现出来。这个段落是这样开头的:

> 因此,如果应当有一种……定言的命令式,那么,它必定是这样一种原则,它用因为目的自身而必然对于每一个人来说都是目的的东西的表象,构成意志的一种客观的原则,从而能够充当普遍的实践法则。这种原则的根据是:有理性的本性作为目的自身而实存。(*GMS*, 4: 428 f.)。

正如我已然指出过的,康德对这个段落的讨论始于定言命令式。他重申了他的如是主张,即这种命令式必须先天地或必然地和一个理性意志(它的必然目的)的概念结合在一起。充当这种命令式的根据的目的就被说成是对于每个人来说都是必然的,因为它是一个目的自身。康德的兴趣依旧是如是一个问题,即这种定言命令式是否对于所有人来说都是一个客观的原则,而且,他把这种命令

第三章 康德的人性公式

式奠基于一个目的自身之上。当康德说:"这种原则的根据是"的时候,他讨论的是定言命令式。当他说"有理性的本性作为目的自身而实存"的时候;我已经论证过,我们必须把这句话解读为"有理性的本性是自由的"①。因此,自由是定言命令式的根据。(我将在下一节中尝试指明,这如何能够无需诉诸一种先行的价值就是有效的。)

康德没有在这个段落中为人性公式提供一个新的证成,相反,他向我们预告说,他将会在《奠基》的第三章给出这个证成。当康德(在首次陈述人性公式的段落中)说目的自身就是定言命令式的根据的时候,当他(在《奠基》的第三章中)说自由就是这个根据的时候,他只是提出了同一个主张。人类存在者是自由的(目的自身),至少说,每个人都必须这样来表象他自己;而且,由于自由是定言命令式的根据,这个命令式对于所有人来说就都是一个必然的法则,亦即一个客观的原则。康德在提出这个主张的时候提及了第三章。如果我们把"目的自身"解读为自由,就可以弄清如下这个晦涩段落的意思:

> 人类存在者必然按照这种方式表象自己的实存;所以,就此而言,它是人类行为的一个主观原则。但是,其他任何理性存在者也都根据对我有效的同一个理性根据来如此设想自己的存在;因此,它同时也是一个客观的原则,意志的一切法则都能够把它作为一个最高的实践根据而从它导出。(*GMS*, 4: 428 f.)

---

① 康德对"有理性的本性"的使用,可参见:蒂默曼,2006年,第71及下页。

如果我们把它当作如是一个论证，即我们必须把人类存在者看作是具有价值的，那么，这个段落似乎就缺乏说服力（参见：第二章）。从我必须把自己看作是具有价值的这个事实出发，并不能得出我们必须把他人也看作是具有价值的。然而，如果我们根据我在前文概括出来的前提来解读这个段落，它就讲得通了，并且能和康德的其他著作保持一致：每个人都必须把他自己看作是自由的，或者看作一个就其自身而言的目的。由于自由是定言命令式的根据，因此，这种命令式是一种主观的原则，对我们自己有效。凭借是自由的，我服从于定言命令式。但是，每个其他人也必须把他自己看作是自由的。在这个脚注中，康德明确地指出，这个主张的证成在《奠基》的第三章。他在那里论证说，每个人都必须把他自己和他人看作由于具有理性而是自由的（参见：*GMS*, 4: 447 f.）。这就意味着，每个其他人也必须把他自己看作是自由的，并且看作是服从于定言命令式的。因此，这种命令式就不仅是一种主观的法则，仅仅对我们自己有效。"它"（也就是定言命令式）（仍可参见：舍内克尔/伍德，2003年，第145及下页，脚注70）同时也是一种客观的原则，对每个其他人也都有效。这也就回答了康德在4：426提出的最初的问题：定言命令式是否对所有人来说都是一种必然的法则。这种命令式的确对所有理性存在者来说都是一种必然的法则，因为它凭借所有人都共享的自由而源自一个理性的意志。

因此，康德在人性公式的语境中的主张（即一个目的自身就是定言命令式的根据）所预期的，不过就是他在别的地方对这种命令式的证成所达到的结论。然而，这也就意味着，我们不能从4：

427-429中获得对人性公式的推导的解释。康德说：

> 因此，实践的命令式将是这样的：你要如此行动，即无论是你的人格中的任性，还是其他任何一个人的人格中的人性，你在任何时候都同时当做目的，绝不仅仅当做手段来使用。（GMS, 4: 429）

在这个译文中，"因此"一词给人的印象是：前面的段落就像是作为其结论的人性公式的前提。然而，这是一个误导。康德使用的是德文的also。康德所处的时代和当代对also一词的使用略为不同。康德的also其实等同于当代的so，即"如此"。①人性公式的过渡部分应该解读为"如此，实践的命令式将是这样的"。做出这种澄清是非常重要的，因为人性公式严格说来并不是前文讨论的结果。康德根本就还没有对人性公式为什么是一种道德要求做出解释。

康德也还没有对我们为什么要敬重他人做出解释。换句话说，到目前为止，我已经论证了"目的自身"这个表述只具有一种描述性的、而非规范性的内容。描述性的内容就是自由；规范性的内容就是我们不能仅仅把自由的存在者当作手段来使用，而是要始终同时把他们当作目的自身来对待（也就是说，当作自由的存在者来对待）。康德的文本尚未对"目的自身"的规范性内容提出一个证成。自由是定言命令式的形而上学的根据，亦即"存在根据"（ratio essendi）（KpV, 5: 4 note）。没有自由就不会有定言命令式，但是这

---

① 我感谢詹斯·蒂默曼为我指出了这一点。

一点单凭自身并不能对我们为什么要敬重他人给出一个证成。康德根本就还没有说出这种要求的理由。到目前为止,我仅仅论证了一个消极的主张,即这种要求的理由既不是人类存在者具有的一种独特的形而上学的价值属性(可见于:第一章),也不是内在于我们的意志之中的一种价值(可见于:第二章)。既然如此,康德到底是如何推导出人性公式的呢?他为什么提出了这样一个问题,即定言命令式是否对所有人来说都是一种必然的法则?

人性公式的推导

在《奠基》的4:427-429中,康德并没有对敬重他人的要求给出一个证成。然而,他在总结人性公式的时候曾明确表示,他稍后将会在《奠基》中给出几页讨论(参见:4:437 f.)。康德说,不要把他人仅仅当作手段来使用的要求,已经包含在定言命令式的总公式中了(参见:GMS,4:421.7 f.)。人性公式和普遍法则公式"在根本上只不过是同一个法则"(4:437)。也就是说,敬重他人的要求和把我们的准则普遍化的要求是"等同的"。康德给出的理由是:

> 因为我在为任何目的而利用手段时,应当把我的准则限制在它作为每一主体的一个法则的普遍有效性的条件之上,这不多不少等于是说,目的的主体,亦即理性存在者本身,必须决不仅仅作为手段,而是作为使用一切手段时的最高限制条件,也就是说,在任何时候都同时作为目的,而被当作行为的一切准则的根据。(GMS,4:438)

换句话说,把我们的准则普遍化为每个主体的准则的要求,同时也包含了敬重我们为之普遍化的主体的要求。

康德在《实践理性批判》中明确地提出了这一点。在讨论纯粹实践理性的动机的章节中(*KpV*, 5: 71-89),康德就人性公式如何包含在定言命令式中做出了如下解释:定言命令式的总公式要求我们能够把自己的准则普遍化。这就意味着,我们不能根据一些其他人不会采纳的准则,或者说是不能从他人的意志中产生的准则而行动。然而,这同时也就意味着,就我们不能根据这种不恰当的准则行动而言,我们已经平等地把其他人当作我们的准则的限制条件来敬重:

> 每个意志……都被限制在与理性存在者的自律相一致这个条件上,也就是说,不使理性存在者服从任何不按照一个能够从承受主体本身的意志中产生出来的法则而可能的意图;因此,这个存在者绝不可以仅仅被用做手段,而是同时本身也用做目的。①

如果我们根据其他人不会采纳的准则而行动,我们就是在把他们仅仅当作手段来使用。敬重他人的要求已经包含在定言命令式的总公式里面,它就是"平等的原则"(*TL*, 6: 451.15)。

这并不是说,定言命令式的总公式和人性公式之间没有差异。康德众所周知的一个说法是,这些公式"在根本上只不过是同

---

① *KpV*, 5: 87.21-27。参见: *GMS*, 4: 437 f.; 希尔, 2000年, 第101—109页。

一个法则的如此之多的公式",但是,"它们中间毕竟是有差异的"(*GMS*,4:436)。到目前为止,我关注的都是这两个公式相同的方面;鉴于我刚才讨论的都是它们之间的等同性,那么我们也要按照如下方式来理解它们之间的差异:最为首要的道德要求在于,我们的准则(我们愿意它)能够成为一个普遍的法则:"要只按照你同时能够愿意它成为一个普遍法则的那个准则去行动。"(*GMS*,4:421.7 f.)然后,康德给出了这个基本法则的三个主要公式:

自然法则公式(FLN):"要这样行动,就好像你的行为的准则应当通过你的意志成为**普遍的自然法则**似的。"(*GMS*,4:421)

人性公式(FH):"你要如此行动,即无论是你的人格中的人性,还是其他任何一个人的人格中的人性,你在任何时候都同时当作目的,决不仅仅当作手段来使用。"(*GMS*,4:429)

自律公式(FA):"意志能够通过其准则同时把自己视为普遍立法者。"(*GMS*,4:434)①

根据我的诠释,这三个不同的公式(FLN, FH, FA)是我们能够用来检测一个准则能否被普遍化的三种不同的方法,或者说是我们能够用于发现普遍性何时会失败的三种不同的方法。自然法则公式使用的是一种自相矛盾的检测:如果普遍化会造成一种矛盾,

---

① 我没有列入目的王国公式。康德把他当作自律公式的一个部分来处理(参见:第五章)。因此,帕通把它算作自律公式的一个附属公式,参见:帕通,1947年,第129页。

那么备选的准则就不能对所有人来说都是一个普遍的法则。人性公式要求备选的准则能够同时被他人采纳：如果他人不能采纳这个准则，它就不能是一个普遍的法则。自律公式要求我们对准则的选择不能受到偏好的扭曲（参见：*GMS*, 4：431 f.）：如果一个法则由于偏好而是有条件的，它就不能是一个普遍的道德法则（参见：第一章）。因此，人性公式与众不同的方面不会摧毁它和定言命令式的总公式的等同性。这不过是出自不同视角的同一种要求：根据定言命令式，行动者必须检测他的准则是否能够被普遍化，这一点——如果从我们的行动的承受者的视角来看（参见：奥尼尔，1989年，第141—144页）[①]——意味着，我们应该拒斥一个不能从这个行动的承受者的意志中产生出来的准则。因此，我们为什么要敬重他人的理由就依然在于它是定言命令式的诫命。

澄清

为了能进一步澄清我的立场，我将拿它与人性公式段落的一种自我指涉式的（self-referential）解读做一番比较。[②]解释康德为什么要引入这个公式的一种方法是，意志或许有一种自我指涉的结构："意志意愿其自身。"这种解读有着不同的版本，但是它们的基本理念在于，一个理性意志的目的就是意志自身，或者是它的恰当运用。那么，人性（在此被理解为我们自己的理性意志）就是我们行动的目的。这并不是说每个行动都是自私的，因为一个理性意志的

[①] 仍可参见：恩斯特龙，2009年，第172—178页；里思，2012年b。
[②] 我感谢京特·策勒（Günter Zöller）、海纳·克莱米、休斯顿·斯密特以及京特·施托尔岑堡（Günter Stoltzenberg）在这一点上对我的敦促。

恰当运用或许就是要遵从它的法则,即作为普遍性的法则的定言命令式。意志意愿自身仅仅是就如下这一点而言的,即它"自觉地遵循……满足其自身的内在规范(普遍性的条件)这一形式的目的"(里思,2012年a,第41页)。无论如何,对于推动行动者的行动来说,或许是需要这个形式的目的的。在这个意义上,人性就可能被说成是定言命令式的根据(参见:GMS,4:428 f.):"目的的表象导致了对其现实性的行动兴趣。"(里思,2012年a,第41页,脚注;参见:第43页)这就是这种诠释思路的一个版本。[①]

我的诠释并不必然和这种解读相冲突。就意志被说成是以定言命令式作为它的指导规范而言,这和我的见解没有任何本质上的不一致。我仅仅是以不同的方式解读了"目的自身"和康德对意愿的不同解释。首先,我没有把"目的自身"解读为"出自其自身的缘故而被看重的东西"(参见:里思,2012年a,第41页,脚注;恩斯特龙,2009年,第74及下页)。我认为,这是一种康德偶尔会使用的"目的自身"的旧用法,但是它并不是康德深思熟虑之后的用法。[②]例如,康德在比较他和古希腊人的观点时,似乎就使用了这种旧用法(参见:GMS,4:393 f.;Vigil,27:482 ff.)。然而,在人性公式的语境中,我并没有按照这种方式来解读康德对"目的公式"的使用。相反,人性之所以被表象为一个目的,是因为它确乎不仅是自然的机械运作的一个手段,而是自由的。人性"因为是目的自身

[①] 亦可参见:普劳斯,1983年,第126—146页;勒雷尔,1995年,第269—298页;恩斯特龙,2009年,第167—183页;赫尔曼,2010年;福里克舒(Flikschuh),2010年;乌勒曼(Uleman),2010年,第111—143页;波切都,2012年。

[②] 我感谢托马斯·希尔,他建议我采用这种方式来处理。

而必然对于每一个人来说都是目的"(GMS,4:428)。人性"就是目的自身",在于它"就一切自然法则而言是自由"(GMS,4:435)。在这个意义上,目的自身就是一个"独立的目的"(selbständiger Zweck)(GMS,4:437)。它独立于任何人对它的意愿而是一个目的(也就是说,自由的)。根据康德的说法,人类存在者确乎是自由的,从而是目的自身。因此,真正的差异在于,我没有把"目的自身"解读为"为了自身的缘故而被看重的东西",而是把它解读为"不仅仅是他人的意志的一个手段"。

我的诠释和这种自我指涉式的解读之间的另一个细微的差异在于,我并不主张我们需要这种自我指涉的结构,以便能推动我们道德地行动。康德在讨论恰当动机时(可见于:GMS,第一章;KpV,5:71 ff.)指出,定言命令式单独地就能推动我们的行动(亦可参见:KpV,5:30),一种敬重的情感可以提供帮助。我并不否认,我们能够把这一点理解为意志意愿其自身的恰当运用,但是,从现象的角度看来,这似乎是一种外在层面的反思,康德也没有在他对道德动机的惯常解释中提到这一点。

无论如何,这两种差异都是细微的。这种自我指涉式的解读并没有把"目的自身"理解为一种独特的形而上学的价值属性,它依然要通过定言命令式来证成道德要求。因此,并没有任何根本上的不一致。但是,根据我的诠释,康德为什么要引入人性公式呢?如果他诉诸"目的自身"的做法并不是为了道德动机的需要,它不过是表述普遍性要求的另一种方式,那么康德为什么要引入这个公式?它到底是我们看待普遍性的一个可能的视角,还是一个必须要提出的必要视角?而且,为什么对这个公式的讨论和如是问题紧密相关,即定言命令式是否对所有人来说都是一个必然的法则?

康德为什么要使用人性公式的真正理由只能是一种猜测。对于康德为什么要引入人性公式这个问题,研究性文献中有多种可能的解释。例如,克劳斯·赖克论证说,康德引入定言命令式的不同公式是要表明,他的命令式能够解释康德在西塞罗的《论义务》中发现的斯多葛派伦理学的三个原则(它们由于伽尔韦的翻译和评注变得极为盛行),并且给出恰当的解读。[1]那么,人性公式就等同于斯多葛派的如是原则,即人类存在者仅仅由于他们是人类就值得敬重。然而,就像康德对《圣经》中"爱你的邻人"的原则所做的一样(参见:GMS,4:399),在这里,他过度依据他的道德解释来诠释这个原则了。因此,斯多葛派的原则虽然和康德的解释相契合,但是它同时也由于康德的道德解释而遭到了降级和重释。

相比之下,亨利·阿利森指出,之所以要提出人性公式还有一个系统的理由。根据阿利森的见解,康德使用定言命令式的不同公式是要根据这种命令式和"理性行动性"(rational agency)的关系对它加以阐述(参见:阿利森,2012年)。因此,人性公式关乎这样一个事实,即"理性行动性"包括根据目的的行动。

对于我来说,这两种诠释似乎都是正确的。康德先是说,他引入不同公式是要根据"某种类比"使定言命令式"更接近直观"(GMS,4:436,437)。然后,他说这个三个公式(FLN, FH, FA)标志着一种单一性、复多性、全体性的进程(GMS,4:436)。因此,有

---

[1] 参见:赖克,1939年,第435及下页;阿利森,2011年,第二章;邓肯,1958年,第173—178页;蒂默曼,2007年,第xxvii及下页。批判性注解可见于:伍德,2006年,第361—364页。

迹象表明，康德既想让一个理念更为接近直观，也认为它是一个综合性的进程中的一个部分。康德解释说，人性公式之所以能够让定言命令式更为接近直观，是因为每个准则和每个行动都有一个目的（参见：*GMS* 4：436；*TL* 6：385），而且，"这里的公式说的是：理性存在者就其本性而言作为目的，从而作为目的自身，对于每一个准则来说充当一切纯然相对的目的的限制条件"（*GMS*，4：436）。人性公式所表达的，正是定言命令式在与目的有关时，或者采用"目的"这个措辞时想要表达的东西。目的是行动的一个重要的和让我们感到熟悉的部分，康德通过人性公式让这种命令式更为接近直观。

同时，"目的"这个措辞并不仅仅是让定言命令式更为接近直观的一种方法，目的也是行动的一个方面，"质料（客体，亦即目的）的复多性"（*GMS*，4：436）。因此，正如阿利森所论证的，人性公式突出了一个较为充分的"行动性"（agency）观念的一个方面。[1] 除了赖克和阿利森的这两本研究性文献中的解释之外，当然还有康德本人的剖白，他说是卢梭教会他尊重人性：

> 我是一个有偏见的研究者……曾几何时，我相信这一点构成了人性的荣耀，而且，我鄙视人民，他们一无所知。卢梭让我正确地看待这一点。……我学会了荣耀人性……（20：44）[2]

---

[1] 参见：阿利森，2011年，第九章；阿利森，2012年。
[2] *SE*，20：44的评注；译文来自伍德，1996年，xvii。参见：施内温德，1998年，第487—492页。

因此，虽然康德并没有把人性公式设想为是全然独立于定言命令式之外的原则，但是就他为什么要引入这个公式而言，有着多种不同的解释。我们能够提及一些他为什么要引入这个公式的理由，但是这依然是一种猜测。

总结这一节：根据对引出人性公式的段落的一个仔细的解读（*GMS*, 4：427-429），我们证实了我在第一章中提出的论证，即康德并没有把敬重他人的要求奠基在一种先行的和独立的价值之上。相反，这种要求已经包含在定言命令式的诫命中，康德只是通过人性公式让这个诫命变得更为接近直观。

然而，如果人性公式没有一个独立的证成，它的证成就依赖于定言命令式的有效性。这种命令式本身又如何得到证成呢？我的论证的结论是：敬重他人的要求并不是基于一种价值，因此我将要讨论康德对定言命令式的证成。

第二节　敬重的证成

人性公式所要表达的是，目的自身应该被当作目的自身来对待，或者说——它们是一回事——自由的存在者应该被当作自由的存在者来对待。我们必须要对这个主张做出论证。正如我在第二章中所强调的，在一种霍布斯式的"所有人反对所有人"的战争状态中，我们也能承认其他人是自由的，但是，这只能是我们要小心提防他人的一个理由（参见：*NF*, 27：1320）。康德对这种要求给出的理由是，它是定言命令式的诫命。它是理性的一个直接的诫命。但是，这个诫命本身如何得到证成呢？

这个问题是有些歧义的。我们在一个证成中所寻求的是什么？对这种定言命令式的证成又意味着什么？对于康德来说，有两个问题。第一个问题是，是否存在着这样一种命令式（参见：*GMS*, 4：425，431，445）。第二个问题是，这样一种法则是否具有约束性。这个问题和当代伦理学的问题截然不同："为什么是道德的？"相反，它其实是这样一个问题：为什么道德法则对于人类存在者来说表现为强制性的。我将依次来处理这两个问题。

第一个问题　是否存在着这样一种命令式？

就第一个证成问题而言，康德关注的第一个证成问题是，是否存在着一个定言的命令式："我们还未能先天地证明，诸如此类的命令式确实存在着。"（*GMS*, 4：425；参见：431；445）康德在《奠基》的第三章中才首次尝试要确证这种命令式的实存。我再次强调，注意到如是一点是极为重要的：康德并没有诉诸一种先行的和独立的价值来确证这种命令式的实存（因为，那种论证绝不是康德本人的看法，仍可参见：前文第一章）。

相反，康德把这种命令式设想为自由的因果法则。对于康德来说，自由首先来说并不是一种规范性属性，而是因果性的一种形式（参见：*GMS*, 4：446 f.；*KpV*, 5：28-30；*Vigil*, 27：481）。每种形式的因果性都需要一个法则，而且道德法则所要描述的是一个纯粹自由的存在者的行动。对于那些并不完全自由的存在者来说，道德法则才会表现为一种命令式（参见：*GMS*, 4：414, 449）。但是，这种命令式并不是从一个规范性事实（例如，一种价值）中推导出来的，而是从一种描述性意义上的自由中得出的（参见：蒂默曼，

2007年,第122,130页;约翰逊,2010年)康德在引出人性公式的段落中,已经暗示了这样一种形式的证成。定言命令式的根据被说成是这样一个事实,即人类存在者都是目的自身(也就是说,他们都是自由的)。现在,康德准备《奠基》的第三章中明确地陈述这个根据。正如自然的因果性依据法则而作用,因此人类的自由也受制于一个法则:

> 既然一种因果性的概念带有法则的概念,按照法则,由于我们称为原因的某种东西,另一种东西亦即结果必然被设定,所以,自由尽管不是意志依照自然法则的一种属性,但却并不因此而是根本无法则的,反而必须是一种依照不变法则的因果性,但这是些不同种类的法则。(*GMS*, 4: 446)

自由的法则就是定言命令式:"因此,一个自由意志和一个服从道德法则的意志是一回事。"(*GMS*, 4: 447)。这种见解在第二《批判》中并没有改变:"因此,自由和无条件的法则是彼此相互回溯的。"(*KpV*, 5: 29)对于我们必须把我们自己看作是自由的这一见解,康德似乎在两本著作中给出了不同的论证,但是他在这两本著作中都坚持认为,自由产生了道德法则,或者说它是这种法则的"存在根据"(ratio essendi)(*KpV*, 5: 4 note)。

因此,一个定言命令式如何可能,这个问题虽然可以回答到如此程度,即人们能够指出它唯有在其下才能有可能的唯一前提条件,亦即自由的理念,此外人们也能看出这个前提条件的必然性；这对于理性的实践应用，亦即对于确信这个命令式的有效性，从而也确信道德法则的有效性来说，是足够的。而这个前提条件本身如何可能，却是人类理性无法看出的。（GMS, 4：461）

对于康德来说，道德法则的实在性在自由的条件下才得以表现出来。在这里，我的目标并不是要系统地评价这一主张。我们似乎可以公平地追问，为什么每种形式的因果性都需要一个法则，以及这一点是否仅仅对于自然的因果性来说才是有效的。同样，怀疑论者必须要牵扯康德第一《批判》中的论证，并且对康德有关因果性的见解提出一个十分彻底的代替品。我将在下文第五章的结尾提出一种额外的辩护思路，以便能证明确乎存在着一种定言的命令式。至于现在，真正重要的是要注意到，对于康德来说，这种命令式是一种因果法则。它把行动描述为受制于自由的因果性。康德并没有援引一种价值来解释定言命令式为什么是实在的，以及它为什么是一种有效的诫命。相反，道德法则是一个具有自由属性的理性的内置原则。可以说，道德法则是理性的一个运行原则。理性自动地依据这个法则而运作。正如我们对理论问题的思考受到无矛盾原则的指导一样，我们的理性在道德思虑中也受到道德法则的指导。我们可以说，道德法则对于理性的意愿来说是构成性的（参见：里思，2006年，第176—180页）。它描述的是纯粹理性如何运行。然而，即使定言命令式真的是一种指导我们的思维的原则，那么它为什么在如是一种意义上具有约束性，即它不是任何其他类型的原则，而是一种具有强制性的原则，并且是一种针对我们的偏好的限制。这也正是第二个证成问题。

第二个问题　这种命令式为什么具有约束性？

第一个问题尚未解释道德法则为什么具有强制性或限制性。有一种道德法则存在是一回事，它是一种强制意志要依据它而行动的命令式则是另外一回事。康德追问说："但是，我究竟为什么应当服从这个原则，而且是作为一般而言的理性存在者服从它，从而也由此使其他一切赋有理性的存在者服从它呢？"（GMS, 4: 449）我将会论证这个问题不同于另一个著名的问题："为什么是道德的？"康德所关注的问题并不在于，当道德的诫命和我们的偏好发生冲突的时候，我们为什么要遵从前者并克服后者。相反，问题在于，道德法则为什么对于人类存在者来说会表现为一种诫命。康德的回答非常简要：

> 这个"应当"严格说来就是一种"意愿"（dieses Sollen ist eigentlich ein Wollen），而这种意愿适用于任何理性存在者，条件是理性在它那里无障碍地是实践的；对于和我们一样还受到作为另类动机的感性刺激的存在者，唯有理性才会去做的事情并不总是发生，行为的那种必然性就只叫作"应当"，而主观的必然性则被与客观的必然性区别开来。（GMS, 449；参见：413; 454 f.）

道德法则要描述的是一个纯粹理性的存在者的行动。这样一种存在者——他没有感性（例如，上帝或天使）——将会自然而然地实施和意愿道德法则所要求的行动。法则之所以对于人类存在者来说表现为一种命令式,是因为这种存在者同时也具有偏好,后者常常让他们踏上与法则的诫命相反的方向。康德用这个解释来回答如是问题,即一种定言的命令式作为一种命令式何以可能(参见GMS,4:453),也就是说,一个法则何以表现为一种定言的"应当"。这种命令式之所以表现为约束性的或限制性的,是因为它反对我们自私的偏好。

但是,康德的问题依然并不在于,我们为什么应该成为道德的,而不是遵从自己的偏好。在康德看来,我们并没有一种中立的立场能够让我们的偏好和义务的诫命相匹敌。道德性并不是一种能够感觉的需求。相反,对于康德来说,我们的立场始终带有——可以说是——道德上的"应当"的色彩。[①]重点并不在于我们为什么应该成为道德的;即使"最坏的恶棍"也希望成为道德的(GMS,4:454)。此外,道德诫命是一种无条件的诫命,我们也应该认为它是这样一种诫命。在康德看来,最难以理解的地方在于,我们为什么有时候并不遵从道德诫命。这也正是康德为什么把不道德看作是缺乏遵从诫命的能力,而不是它本身就是一种能力的原因(参见:RL,6:227)。康德的确也提出了这样一个问题:"所以,为什么作为法则的准则的普遍性、从而道德使我们感兴趣。"(GMS,4:460)但是,康德论证说,想要对此做出解释是不可能的:

> 只有一点是肯定的:法则之所以对我们具有效力,并不是

[①] 参见:埃瑟(Esser),2004年,第183—192页;蒂默曼,2003年,第199页。

因为它引起兴趣（因为这是他律，是实践理性对感性的依赖，也就是说，是实践理性对一种作为根据的情感的依赖，此时实践理性不能在道德上是立法的），而它之所以引起兴趣，乃是因为它对我们人类存在者有效，因为它产生自作为理智的我们的意志，从而产生自我们真正的自我。（GMS, 4: 461）

这种法则之所以让我们感兴趣是因为它有效。它之所以有效是因为它有一个绝非外在的真纯来源；一种外在的来源无法为一种必然的和普遍的法则奠基（参见：第一章）。然而，我们对这种法则感兴趣的理由绝不能是因为它是一种价值（正如我在第一章中所论证的）。如果它不是一种价值，那么康德的主张就绝不是说，这样一种价值决定了自由地行动（独立于定言命令式的诫命）比出自欲求而行动更有价值；而且，他也就绝不能主张自由生而就是我们的目的，就像斯多葛派的见解一般（参见：盖耶，2000年，第四章）。相反，根据康德的见解，就我们认识到道德法则是真纯的（也就是说，不以一种主观的偏好为条件）而言，我们必定会对它感兴趣。在这一点上，康德是否过于乐观了？无论如何，我的目标并不是要为他做出系统的辩护。康德本人似乎也没有为如是主张提供论证，即最坏的恶棍也希望成为道德的（参见：GMS, 4: 454; TL, 6: 400, 382 note）。然而，没有康德自己给出的解释，我们必定也会找到如下见解的一些独立的依据，即每个人都确乎与定言命令式的想法一致。我将在第五章的结尾为此提出一个辩护。

总而言之，康德按照两个步骤来证成定言命令式。他首先论证说，道德法则确乎存在，然后，他反思它何以具有约束性。康德并不

第三章 康德的人性公式

认为,我们需要被劝服才能遵从法则——即使恶棍也希望成为道德的。但是,为何会如此,我们无法做出进一步的解释(因为,这超越了经验,参见:GMS,4：460 f.)。就我们的意图而言,最重要的是要注意到,康德并没有把道德法则奠基在一种先行的和独立的价值之上,而且他也没有援引任何一种价值来解释我们为什么要出自其自身的缘故遵从定言命令式。① 道德法则是自由的描述性法则,我们由于它的真纯性而对它有兴趣。

因此,对于康德来说,定言命令式是理性的一种直接诫命。它是一个拥有自由的理性的运作原则。如果理性试图克服种种矛盾或者追求无条件者,它就要服从道德法则或定言命令式。这种命令式并不必须奠基在一种规范实在性之上(例如,一种价值)。相反,它就是头等规范实在性。我们可以说,古希腊哲学坚持认为,对于人类存在者来说,相比正当或道德法则,善性才是更为根本的。然而,在犹太-基督教传统中,法则被认为是头等的规范实在性(参见:里肯,1998年a,第215及下页)。自然法传统也坚持法则的首要性,例如格罗休斯(Grotius)和普芬道夫(Pufendorf)。J. B. 施内温德确信不疑地论证说,康德对法则的强调可以看作是对他们的响应(参见:施内温德,1998年,第二十二章与二十三章)。对于康德来说,头等的规范实在性也是一种法则。在这一点上,他和(例如)神圣诫命理论是一致的。然而,康德很快就论证说,这种法则不能有一个外在的来源,例如上帝、国家或其他人类存在者。因为,在前文第一章所描述的意义上,这种法则是他律的法则。我们只能

---

① 望兰顿勿怪,他似乎认为,为了解释我们为什么要做一些我们想做或不想做的事情,我们需要一种摩尔式的价值品性。

通过一种愉快的情感来发现法则并为之所推动,这种情感将摧毁它的绝对约束性。相反,康德把道德法则设想为是理性的一种直接的诫命。

如果人性公式和定言命令式共享同一个证成,如果它们所要表达的是相同的要求,即我们要愿意自己的准则成为一个普遍法则,这也就意味着,我们能够用人性公式(而不是定言命令式的更为严格的方法)来推导出具体的义务。我在下一章要讨论的话题就是,人性公式在推导出具体义务上的应用。

第三节 人性公式的应用

到目前为止,我已经论证了定言命令式和人性公式共享同一个证成,而且康德认为这两个原则在根本上是同一回事和彼此等同的。但是,我们如何应用人性公式来规定道德上正当的和错误的行为呢?到目前为止,我已经讨论了人性公式的证成和推导。接下来,我将转而讨论这个公式的应用问题。我将要:首先,考察康德如何设想我们应予每个其他人类存在者的敬重;然后,我要考察这个公式如何能够规定具体的义务;最后,我要讨论的是,根据康德的见解,什么人应该受到敬重。

一、康德的"应予他人的敬重"的观念

如果人性公式和定言命令式彼此等同,那么我们就可以用这个公式(而不是用命令式)来推导出具体的义务。在这里,我感兴趣的并不是人性公式的一种充分的应用,也就是说,能够从中推导出

来的所有的义务。①相反,我唯一感兴趣的是我们为什么要敬重他人的问题。康德把它说成是一个消极的义务,也就是说,它是一种不要以某种方式对待他人的义务(参见:TL,6: 449 f.)。而且,他说这个要求已经包含在人性公式之中,它要求我们绝不能把他人仅仅当作工具来使用:"敬重我的邻人的义务包含在下述准则之中:不要把他人贬低为仅仅是达成我的目的的手段。"(TL,6: 450.5-7)那么,我们应予他人的敬重严格说来是什么,它又如何能够出自人性公式呢?

首先,认识到如是一点十分重要,即对于康德来说,我们应该享有的敬重首先是我们要采取的一种态度。首先,应予的敬重并不是我们给予他人的东西,而是行动者的某种性状。但是,它不是行动者具有的一种情感(例如,景仰或崇敬),而是行动者采纳的一个准则。这个特定的准则就是:我们不要把自己抬高到他人之上:

> 关于对他人应予表明的**敬重**……这里所理解的不仅是出自我们自己的价值与他人的价值相比较的情感(这类情感是一个孩子对他的长辈,一个学生对他的老师,一个一般而言的下属对他的上司出自纯然的习惯所感到的),而仅仅是通过一个他人的人格中的人性之尊严来限制我们的自我评价的一个准则,从而是在实践意义上的敬重。(TL,6: 449.23-30)

因此,康德把应予他人的敬重设想为是我们要采纳的准则,以便能

---

① 此类讨论可见于:蒂默曼/思密特,2012年。

通过他人的尊严来限制我们的自我珍重。我将在接下来的两章中考察康德对尊严的理解。无论如何，康德马上澄清了他的意思："对他人的自由敬重的义务，真正来说只是消极的（不要把自己抬高到他人之上）。"（*TL*, 6: 449.31 f.）敬重他人的要求包括采纳一个不要把自己抬高到他人之上、不要认为我们比别人更好的准则（参见：*Vigil*, 27: 610）。

因此，应予他人的敬重就不同于我们因他人的成就或职位而感受到的尊崇，但是它也不同于那种能推动我们遵从道德法则的敬重的道德情感。具有一种情感是不能被诫令的（参见：*TL*, 6: 399, 402 f.），但是，我们应予他人的敬重是能够被诫令的。因此，康德似乎在至少三种不同的意义上使用"敬重"：一、我们可能会对其他人的表现或非道德的成就感到崇敬（*TL*, 6: 449）；二、敬重定言命令式的道德情感（*KpV*, 5: 71-89）；三、一个不要把自己抬高到他人之上的诫命性的准则（*TL*, 6: 449）。这意味着，道德上要求我们应予他人的敬重和斯蒂芬·达沃尔所说"评估的"和"认知的敬重"都不一样（参见：达沃尔，2008年，第179页）。评估的敬重正是我所列举的第一种敬重，它是一种对功绩做出回应的崇敬感。认知的敬重承认一种现存的权威，例如，道德法则的权威（或者他人身上的一种价值或权威）。然而，我们应该对他人怀有的这种诫命性的敬重和上述两种形式的敬重都不一样。它不是对任何功绩的评估。所有的人类存在者都应该独立于他们的功绩、道德或其他任何东西而受到敬重（参见：*TL*, 4: 463）。但是，它也不是认知的敬重。道德上要求的敬重不是对他人身上的一种价值或权威的认知（参见：第一章）。相反，它是理性的一种直接的诫命，隐含在定言命令式的要求中(可见于:前文第一节)。

康德对应予他人的敬重的观念值得我们做出进一步的阐释。首先,在"怀着敬重对待他人"的日常概念中,似乎有一个方面和康德的概念有所不同。我们来考虑一下德里克·帕菲特(Derek Parfit)提出的高速公路劫匪的例子。① 高速公路劫匪从他的受害者那里劫夺钱财,但他很可能怀着敬重来对待他:他向受害者鞠躬,并且在打劫结束之后为他打开车门,祝愿他离开后一切顺利。我们可以根据日常概念中的一个方面说,这名高速公路劫匪的确怀着敬重对待他的受害者。然而,我们也可以说,这名劫匪所做的是错误的事情(从他的受害者那里劫夺钱财)。敬重的日常概念的这个方面,似乎并不主要涉及他人行动的道德正当性。但是,这从一开始就不是康德所要关注的东西。他会提出的问题是:打劫的行动是否把他人仅仅当作工具来使用。

其次,听上去极为矛盾的是,对于康德来说,敬重他人的义务从一开始就是一种对自己的义务。这也就是说,我们能够孤立地决定(无需知晓他人的现实愿望)我们是否要敬重他人。敬重他人是我们采纳的一个准则。然后,当我们要决定自己的准则是否真的正当,以及我们应该如何把它实施到行动之中的时候,我们才需要经验性的知识(包括他人的现实反应和愿望)。需要解释的是,康德对敬重所考虑的问题是,我们是否要采纳一个把自己抬高到他人之上的准则。我们自己的理性禁止我们采纳这样一个准则,而且它也无法孤立地通过检测。在这个意义上,康德的伦理学不是第二人格的

---

① 这是帕菲特在哈佛大学的一堂课上使用的例子。

（second-personal）伦理学——他并没有把这种要求奠基在对另一个需要敬重的人的权威的认知之上，尽管这样一种进路自有其好处（参见：达沃尔，2009年）。相反，对于康德来说，每个对他人的义务都从属于我们自己要遵从定言命令式的义务。如果其他人对自己提出了一个要求，而我们也必须受到这个要求的约束，那么在康德看来，这只能是凭借道德法则：

> 我不可能认识到自己对他人负有责任，除非我同时赋予自己责任，因为我认为自己被赋予责任所凭借的法则，在一切情况下都产生自我自己的实践理性，通过实践理性我被强制，因为我同时就是我自己这方面的强制者。（*TL*, 6: 417.25-418.1）①

对一个行动者提出一种要求，这一点本身并不能导致这个行动者的一项责任。对于康德来说，约束性是由这个要求作为一个普遍法则的资格（作为定言命令式的诫命）产生的："由于我们的自爱不可能与我们……在危难时得到帮助的需要相分离……所以，我们使自己成为他人的目的，而且这种准则永远只有通过取得一个普遍法则的资格才能具有的秉性"。（*TL*, 6: 393；参见：*Vigil*, 27: 580）因此，他人可以通过提醒行动者具有什么义务（表现为命令式），要求应予他自己的东西。对于康德来说，义务先行于权利：

> 但是，道德论为什么通常……冠以义务论，而不也冠以法

---

① 这一点可见于：舍内克尔，2010年；德尼，2010年b；蒂默曼，2012年。

权论的名称呢？……根据在于，我们唯有通过道德命令式才知道我们自己的自由（一切道德法则，进而甚至一切权利和义务都是由这种自由出发的），道德命令式是一个要求义务的命题，随后从这个命题中可以展开使他人承担义务的能力，亦即法权的概念。（*TL*, 6: 239）

一个人可以通过提醒他人负有遵从定言命令式的义务来要求一种权利。康德在他全部著作的其他许多地方都肯定了这种见解。举个例子，他在《德性论》中说："对法则的敬重……是对他人的普遍的、无条件的人类义务，这种义务作为他们原本应得的敬重，可以要求于每一个人。"（*TL*, 6: 467 f.）他人也可以要求我遵从道德法则。康德也在《伦理学讲义》中重申了这一点："他之所以能够让我服从责任，是凭借自由的法则"，这正是"他的权利的根据。"（*Vigil*, 27: 580）

根据康德的见解，责任源自第一人格的立场，而不是第二人格或第三人格（例如，对一些独特的价值属性的要求）。每个人服从于定言命令式都是凭借自己理性的自由。即使一位隐士，或者一个彻底孤立于所有其他人的人（例如，生活在一个小岛上的鲁滨逊·克鲁索）也要服从定言命令式和人性公式（我将在第五章的结尾部分讨论这个要求的合理性问题）。即使一位隐士也能检测自己是否具有一个把自己抬高到自己将会遇到的任何其他理性存在者之上的准则。在这一点上，他人现实的愿望的确尚未进入到道德问题的讨论之中。

这并不意味着，经验性的知识和有关他人愿望的知识与这个问题毫不相干。对他人的敬重根据他们的状况和愿望而有所不同:"根据人们性状的不同,或者根据其部分地基于任意的安排的偶然关系的不同……而向他人表示的不同敬重,不可以在德性论的形上学初始根据中详细陈述并加以分类。"(TL,6:468;参见:468 f.)基于不同的情境,为他人提供或拒绝提供一种特定的帮助,都可以是把自己抬高到他人之上。然而,这些考虑暂时还无关紧要,它们涉及的是敬重的一般原则在具体处境中的应用问题;它们并不是康德在《德性论》中所关注的东西。

总而言之,当康德说我们要敬重他人的时候,他的意思是说,我们不要采纳一个把自己抬高到他人之上的原则。我们不应认为自己比其他人更好(在一种道德意义上)。但是,这也就意味着,我们从一开始就能对自己是否在依据义务而行动做出规定,根本无需去考虑特殊的情形——我们根本就不必去研究他人喜欢什么东西,或者他想要和需要什么东西。我们只需要审查自身,看我们是否认为自己比他人更好。如是一个问题唯有在后来才会被提出,即在某些情境下或在不同的文化背景中,同一个行动是否有可能被诠释为是在抬高自己。但是,这种情况与真正持有那样一种准则是截然不同的——后者才是康德关注的问题。(在下文中,我将会在一个单独的小标题下讨论这个问题:我们到底要怎么做才算是敬重他人)但是,敬重他人的要求如何能够出自人性公式,这个公式又如何能够产生一些和定言命令式相同的义务?

敬重与定言命令式

到目前为止,我已经尝试对康德所说的"敬重"做出规定。在我在下一节中讨论何种具体的义务和敬重有关的这一问题之前,我想要暂停一下,以便澄清如是一个问题,即康德的敬重概念——不要把自己抬高到他人之上的要求——如何能够被说成是定言命令式的诫命。我曾论证说,康德把人性公式设想为已经暗含在这种命令式之中,从而在根本上和这种命令式是一回事(参见:前文第一节)。那么,敬重他人的要求在何种意义上和定言命令式是一回事呢?

我已经讨论过的内容,不应再让人们对如是主张有丝毫的惊讶,即这种命令式和敬重的要求是一回事,并且能够得出相同的东西。我论证了它们两者之间具有一种较强的等同性(亦可参见:恩斯特龙,2009年,第167—183页;里思,2012年b)。我曾论证说,它们共享同一个证成(参见:前文第一节),我现在要论证的是,它们不仅在外延上是等同的(也就是说,它们将把相同的行动规定为错误的),而且它们在内涵上也是等同的:它们表述的是同一种要求,不过是表述的方式不同罢了。首先,我们能够孤立地检测自己的准则是否能够普遍化——正如定言命令式所要求的——而且也能够孤立地检测我们是否持有一个把自己抬高到他人之上的准则——正如敬重他人的要求所要求的。在这两种情况下,初始的检测都无关乎任何现实的准则和他人的现实需求。但是,我还要论证说:其次,这两种要求都会得出相同的东西。就这种命令式要求我们的准则能够被普遍化而言,它所要求的无非就是一种每个人都会采纳的法则。我将要论证的是,这一点也正是不要抬高自己的要求的目标。

康德是这样解释定言命令式的:

现在,如果我们在每一次逾越一个义务时都注意我们自己,我们就将发现,我们实际上并不愿意我们的准则应当成为一个普遍的法则,因为这对我们来说是不可能的,而毋宁说这个准则的对立面倒应当普遍地保持为法则;只不过允许我们自己为了我们或者(哪怕仅仅一次)为了我们的偏好的利益而破例。(*GMS*,4: 424.15-20)

定言命令式的总公式背后的核心理念在于,我们不要让自己成为一个例外(或者,在自己要承担义务的时候说:这次就算了)。《德性论》中所讨论的敬重的义务背后的核心理念在于,我们不要把自己抬高到他人之上:"对他人的自由敬重的义务,严格来说只是消极的(不把自己抬高到他人之上)。"(*TL*,6: 449.31 f.)我们完全能够看出,康德为什么毫无必要认为,定言命令式和敬重他人的要求有什么本质的差异。如果我们让自己成为一个例外,我们就是在把自己抬高到必须遵从法则的其他人之上。同时,如果我们认为自己高于其他人,就会认为自己是一个例外,从而愿意据此而行动。因此,定言命令式和敬重他人的要求就可以被看作是同一个诫命的两种方法。①我们可以把它们设想为相同的诫命的两种表述方式。如果我们希望自己成为准则的一个例外,或者企图把自己抬高到准则之上,这个准则就不是普遍的。

因此,正如康德所主张的,他的敬重他人的要求——和人性公式

---

① 这也正是康德为什么要在第二《批判》中用定言命令式的总公式来消除自大(一种膨胀的自我欣赏或Eigendünkel)。参见:*KpV*,5: 73 f.;达沃尔,2008年,第184—187页。

一样——就可以被解读为等同于定言命令式。但是,从敬重他人的要求能够得出何种具体的义务呢?这是我们接下来要讨论的问题。

二、"不要把自己抬高到他人之上"的要求

康德花费了最多的精力来处理敬重的义务的著作是《德性论》(参见:*TL*,6:462-468),因此,我们在这里将集中讨论这本著作。敬重的义务强调的是我们的义务的一个消极的方面。它们是一些限制条件,责成我们在对待他人的时候要保持某些限制。每个人无需把他人置于一个进一步的责任之下(例如,感激等)就对每个人都负有这种义务。它们和康德在《法权论》中提出的一些法权义务是相似的,"不减少任何人的'他的'"(*TL*,6:449.33;参见:6:448-450)。

由于《德性论》中的段落是康德讨论对他人的消极义务的主要阵地,我们期望能在那里看到对这种义务的一种实质性的和全方位的解释。这就使得如是两个问题变得更为令人困惑:康德要讨论的是何种特殊的恶习;他留给出自敬重的义务的空间何其狭小。在种种对他人的消极义务中,我们将看到对许多严重罪行的禁止(例如,谋杀、强奸、欺骗)。我们还将看到一个较长的讨论,甚至可以被划分为两个部分,即对作为自然存在者的他人的义务(例如,禁止谋杀、伤残、毒害)和对作为道德存在者的他人的义务(例如,禁止欺骗,把他人仅仅当作工具来使用,以及蔑视他人)——与此相应,康德也就对自己的消极的义务做出了区分(参见:*TL*,6:421-437;*Vigil*,27:595)。然而,康德具体阐明的是那些有害于对他人的敬重的义务的恶习:一、傲慢(Hochmut);二、毁谤

（Afterreden）；三、嘲笑（Verhöhnung）（参见：*TL*, 6: 464 f.）。康德为什么仅仅把傲慢、毁谤和嘲笑作为不敬的恶习提出呢？为什么不是其他什么恶习呢？

傲慢、毁谤和嘲笑：为什么不是其他什么恶习？

想要回答康德为什么要专门讨论这三种恶习的问题，我们首先必须要知道，他为什么没有谈及其他一些更为明显的义务（例如，禁止谋杀等）。这个问题可以通过考察这种命令式在《道德形而上学》的这一部分中被应用于何种特定层面之上得到解释。我们至少可以从四个方面对任何给定的行动做出评价（参见：巴伦，2002年，第401—405页）。

一、我们可以仅仅检测这种类型的行动（对一个局外人来说是可观察的）是否能够被普遍化。在这个方面，康德说："伦理学不为行动立法（因为这是法学的事）而是只为行动的准则立法。"（*TL*, 6: 388.32 f.；参见：6: 410）

二、不同于对外在行为的评价，这种命令式可以评价我们做出行动的动机。这正是康德对行动的合法性和道德性所做出的著名区分的第二个方面（参见：*KpV*, 5: 71 f.；*RL*, 6: 214）："因为要使某种东西在道德上成为善的，它仅仅符合道德法则还不够，而且它还必须为了道德法则的缘故而发生。"（*GMS*, 4: 390.4-6）这是对道德行动的恰当动机的要求，"不能出自偏好，而是只能出自义务去做出这些行为"（*GMS*, 4: 398.19 f.；参见：432）。

三、然而，我们还能分辨出准则的另一个方面。这种命令式能够发布诫命说，我们要怀着一个目的采纳一个准则：我们自己的完善和他人的幸福。这似乎是与道德动机的要求截然不同的一种要求：如果我们采纳了一个帮助他人追求幸福的目的，我们可能是根据不同的动机这样做的：例如，出自我们的名誉，出自爱，或者仅仅出自义务。①

四、敬重的义务似乎并不适用于任何前面三种范畴。它们并不是一种同时也是义务的目的（参见：*TL*, 6: 385），它们也并不首先是一种对正当动机的要求。敬重的义务似乎和法权的义务更为相似，因为它们都是消极的、较严格的，以及关乎不要侵犯他人的义务。然而，它们又和法权的义务不同，因为后者唯有通过一种外在的立法才得以可能——我们能够强迫某人外在地履行义务，而不是内在地采纳一个敬重的准则。敬重的义务的立法是"一种内在的立法……因为它们是通过无矛盾的法则从自由的概念中推导出来的"（*Vigil*, 27: 587；参见：*TL*, 6: 380）。因此，敬重的义务关乎我们要采纳一个敬重的准则的内在规定（参见：*TL*, 6: 449）。

这就回答了这样一个问题，即康德为什么不讨论一些特定类型的行动的问题（例如，谋杀、伤残、欺骗）。他这样做的理由在于，这些问题已经在《法权论》中得到处理了（例如，在公民的独立和契约法中）。它们是对我们生而具有的自由权利的外在侵犯（参见：*RL*, 6: 230），这种侵犯可以利用暴力来阻止（同上，230-232）。然而，注意到这一点极为重要，对持有一些不敬的准则的禁止将会排除任何被用于表达一种内在的不敬的行动。一个轻蔑的准则"包含

---

① 我避开了这样一个问题，即出自我们的利己和仅仅出自义务帮助他人是出自不同动机的同一个目的，还是两个不同的目的；参见：巴伦，2002年，第402页。我仅仅是对澄清敬重所要求的义务到底是什么的不同方面做出了区分。

了一个对意志的一般的规定,在其下有多个实践的规则"(*KpV*,5:19.7 f.)。对不敬的准则的禁止排除了任何实施这些恶行的手段,同时也排除了以这些准则为根据的任何"外在表现"或行动(*TL*,6:463.6)。但是,即使我们能够对这个问题做出解释,即康德为什么把自己的讨论局限于不敬的准则,然而,他为什么又只讨论了傲慢、毁谤、嘲笑这三种特定的行为呢?

傲慢、毁谤和嘲笑:为什么是这三种?

据我所知,这三种有关敬重的恶习的特定分类是康德独有的。鲍姆加滕的《实践的第一哲学导论》或《哲学的伦理学》中没有这种分类,它们正是康德在道德哲学讲座中使用的文本。因此,柯林斯(Collins)在康德的"实践哲学和鲍姆加滕"讲座上所做的笔记(1784—1785)中也没有这个分类。对傲慢、毁谤、嘲笑的讨论零星地见于维吉兰提在康德的"道德形而上学"讲座上所做的笔记(1793—1794)中,但是康德并没有把敬重的义务当作一个独立的范畴来处理(参见:*Vigil*,27:600,611,666,687,705,708 f.)。那么,是否还有一个更好理由,能够解释康德为什么要列出这三种特定的恶习?

我认为,这个理由就是,傲慢、毁谤、嘲笑的准则发展了不敬重他人的恶习。根据我的论证,对他人的不敬是指采纳一个把自己抬高到他人之上的准则。这三种特定的准则是我们能够把自己抬高到他人之上的三种特定的方式:我们可以把傲慢看作是"一种总是向上浮的倾向……我们要求其他人在与我们相比时贬低自己"(*TL*,6:465.10-13)。"毁谤……我仅仅把它理解为直接的、不怀任何特殊意图的偏好,即散布某种不利于他人的敬重的流言飞语。"

(*TL*,6：466.10-14)"使真实的错误成为笑柄……旨在剥夺人格应得的敬重的错误……本身就具有某种残酷的喜悦,并因此而恰恰是对敬重他人的义务的一种更为严重的伤害。"(*TL*,6：467.10-15)

这三种恶习表现出了蔑视的一个发展进程。傲慢使我们把他人看作较低的。毁谤揭示出了一个在公共场合或公开地贬低他人的意图。嘲笑为贬低他人增添了一种乐趣。康德之所以引用三种恶习,并且刚好是这三种恶习的原因在于：它们是对他人不敬的恶习的可能的表现形式。①

康德之所以列举了一些恶习而不是一些相应的德性的原因在于,它仅仅是一种消极的义务："我没有责任崇敬他人……我天生对之有责任的所有敬重,一般而言都是对法则自身的敬重。"(*TL*,6：467.33-468.1)敬重的终极理由是道德法则或定言命令式："对法则的敬重……就是对他人的普遍的、无条件的人类义务的敬重。"(*TL*,6：468.1-4)这种命令式还解释了康德为什么把傲慢、毁谤以及嘲笑看作有关应予他人的敬重的一些恶习。

但是,他人都是谁？我们要敬重的人是谁？为什么康德只谈了人性,而没有(举个例子)谈动物性？他所谓的"人性"是什么意思？现在,我将转而讨论这些问题。

三、作为目的自身的人性

现在,我要简要考察一下康德对"人性"一词的用法,以便能够

---

① 在讨论毁谤的时候,康德也引用了毁谤所造成的间接恶果。然而,真正的理由在于,它会"使蔑视成为主流的思维方式"(《德性论》,6：466),而且蔑视是为命令式所排除的。

对"应该受到敬重者"或"绝不仅仅被用做手段者"做出规定。这个任务涉及这样一个问题：为什么唯有人性（或理性的本性）应该受到敬重，而不是非理性的本性（例如，非理性的动物）。

为了澄清康德对"人性"一词的使用，研究性文献通常都会诉诸康德在《德性论》和《宗教》中做出的一个区分。在这些晚期著作中，康德众所周知地区分了人类存在者的动物性、人性，以及人格性（参见：*TL*, 6: 434 f.; *RGV*, 6: 26-28）。根据这种区分，动物性是人类存在者和非理性的生物共有的东西。人性则包括理性和设定目的的能力，但是，在理性受制于偏好的意义上，它可能会沦为激情的奴隶。最后，人格性是人类存在者处于道德法则之下。人格性包含一个凭其自身就能够是实践的理性，也就是说，它并不由于偏好而是有条件的，它是自由的（参见：*RGV*, 6: 28）。

然而，这并不意味着，康德在《奠基》中所设想的"人性"与他的后期著作中的一样，他在后期著作中把"人性"说成是"为自己设定某个目的的能力——无论何种目的"（*TL*, 6: 392①）。因为，康德在《奠基》中还没有做出这种三重区分（参见：里肯，1989年，第236—241页），而且他在后期著作中明确地说过，设定目的的能力"给予他的毕竟只是其可用性的一种外在价值"（*TL*, 6: 434; 参见：*KpV* 5: 61 f.; *NF*, 27: 1321 f.）。但是，我们也不能由此推论说，他用"人性"一词来意指一个道德上善的意志，因为他曾经说过，所有的人类存在者都应该受到敬重，甚至"有恶习的人"也是如此（*TL*, 6: 463）。康德的意思并不是说，一个有恶习的人毕竟也可以是道德上善的

---

① 参见：科斯嘉德，1996年a，第110—114页；伍德，1999年，第118—120页；伍德，2008年，第88页。

(就我们所知道的而言),或者说他在内心深处是道德上善的,但是,即使他并不是道德上善的,他也应该作为一个人类存在者受到敬重(亦可参见:德尼,2010年a)。我将论证说,在人性公式中,康德把"人性"设想为自由。由于自由带来道德法则,那么,应该受到敬重的就是自由或成为道德上善的能力。①康德在他的后期著作中把它叫做"人格性",但是,他同时也会怀着一种贯穿于他的著作中的区分来对它做出描述,即作为现象的人(homo phenomenon)和作为本体的人(homo noumenon)的区分(参见:里肯,1989年,第236—241页;德尼,2010年a)。

康德在他的《伦理学讲义》中阐述了人性中的这种区分——我将论证——它还出现在《法权论》和《德性论》中,出现在《宗教》中,更为重要的是,它也出现在《奠基》中。康德在《讲义》中区分了两种形式的人性。康德把其中的一种叫作"作为现象的人",把另一种叫作"作为本体的人"(Vigil, 27:593)。然而,这并不是对两个分离实体的一种形而上学的区分。相反,作为现象的人是"感性状态中的人",也就是一个人类存在者在反思中经验到的自身。相对地,作为本体的人并不是一个分离的存在者,它不过是指"一个理想的人,他纯然依据理性应当成为和能够成为的人"(Vigil, 27:593)。第二种形式的人性就是我们所能拥有的一个把我们自己看作道德上善的人的理念。它如是描述我们自身:

---

① 参见:阿利森,2011年,第八章;盖耶,2007年,第104—106页;里肯,1989年,第236页;舍内克尔/伍德,2003年,第144及下页;马尔霍兰,1990年,第104—110页;恩斯特龙,2009年,第169页。

道德法则，就其定义而言等同于人性和它的理念；如果我们设想其中有一个人格或者一个理想典范符合这个理念，它就会变成实践的(*Vigil*, 27: 610)。

人性的第二个概念并不意味着我们现实地就是道德上善的。它不过是我们何以能够如此的理念。这个理念之所以可能，是因为我们由于自由而服从定言命令式。因此，人性的第二个概念是指我们的道德能力。《讲义》阐明了两种人性观念：在经验中给予的人类存在者和出自自身的缘故遵守道德法则的一个人类存在者的理念（作为道德的和自由的存在者）。因此，我们人格中的人性就是康德在别的地方叫作人格性的东西，或者为了自由而服从道德法则的能力。康德在《讲义》中也把它叫作"人格性"，并且把它等同于我们人格中的人性：

人格性，或者我的人格中的人性……它使自由中的人们区别于一切客体，在其可见本性中的人则处于其立法之下。因此，人们认为它是一个旨在为人类制定道德法则，并以此规定人的主体：作为肉身的持有者，在其立法之下对一切人类力量进行管辖。因此，人被置入了一种无限的能力，这种能力只能通过自己本身在其本性中作用，而不能由自然中的其他东西规定而作用。这就是自由(*Vigil*, 27: 627；参见: 579)。

"人格中的人性"康德在人性公式中使用的表述。《维吉兰提版道德形而上学》中的这个段落概括了康德对人性的解释中的关键要素。

第三章 康德的人性公式

康德区分了人类（或者作为现象的人）和我们人格中的人性（作为本体的人）。这也正是一个人类存在者的一个方面：自由。

对人性的这种理解，以及对作为现象的人和作为本体的人的区分，并不仅局限于《讲义》之中，相反，我们可以在康德的全部著作中找到其踪迹。我们可以在《法权论》的导言中找到一个明确的实例。

> 在义务论中，人按照其完全超感性的自由能力的属性，因而也仅仅按照其人性，可以并且应当被表象为独立于物理学规定的人格性（作为本体的人），与同一个被表象为受那些规定所累的主体的人（作为现象的人）不同。（RL, 6: 239）

这个段落证实了我在前文中提出的诠释。人性有两个方面：作为本体的人和作为现象的人。作为本体的人就是自由的能力或我们的人格性。

康德还在《德性论》中运用对人性的这种理解来解释对自己的义务。康德承认，对自己的义务的概念是一个悖论，因为它似乎预设了两个人格：一个责成者和一个被责成者。康德的解答是：当我们认为人类存在者服从于一个对自己的义务的时候，我们要在两种意义上去理解他：

> 在一种对自己的义务的意识中，作为这个义务的主体，人在双重的性质中看待自己：首先，作为感官存在者，也就是说，作为人（属于动物物种之一）；但然后，也作为理性

存在者……一个人类存在者的后一个方面……只能在道德实践关系中被认识到,在道德实践关系中不可理解的自由特性通过理性对内在立法意志的影响使自己显露出来。(*TL*, 6: 418)

康德把人类存在者的第二个方面叫作"他的人格性,亦即……赋有内在自由的存在者(作为本体的人)"(*TL*, 6: 418)。同一个人类存在者可以被看作是服从于两种属性的:作为一个偏好影响下的存在者,以及作为能够成为道德上善的一个自由的存在者。同样,康德在《宗教》中明确地把"人格性"描述为"在理知的意义上,它就是人性的理念"(*RGV*, 6: 28)。

总而言之,这些段落都清楚地表明,康德持有两种人性概念。其中的一种是经验中可观察的人类存在者(作为现象的人)。另一种是一个道德上善的人类存在者的理念。它是一个道德上的理想,无法在经验中观察到,但却是由理性(作为本体的人)所规定的。那么,根据人性公式,它们中的哪一种应该受到敬重呢?

敬重人性

接下来,我将论证说,我们应该敬重的是他人身上(以及我们自己身上)作为本体的人。康德在人性公式中采用的说法,即"无论是你的人格中的人性,还是其他任何一个人的人格中的人性"(*GMS*, 4: 429),也是康德在明确地规定作为本体的人的时候所采用的表述(参见:*TL*, 6: 423.5; *Vigil*, 27: 593)。说我们应该敬重作为本体的人,就等于是说我们应该敬重自由。凭借自由,我们服从于道德法则。但是,这并不等于是说,他人身上我们应该敬重的东西就是一个道德上善的意志。作为本体的人就是自由或道德能力。一个人类存在者由于是作为本体的人才服从于道德法则,他并不必然遵从它(可见于:KU,5:448;参见:里肯,1989,第246及下页)。因此,他人身上我们应该敬重的东西就在于他们的自由和他们的道德努力。

康德在《德性论》中处理应予他人的敬重的段落中表达了这种观点(参见:TL,6:462 f.)。由于这个段落频繁地使用了"尊严"这个术语,我将在下文第五章中更为详细地处理它。现在,我们仅仅关注这个问题:他人身上我们应该敬重的东西是什么。康德的解释如下:

> 所以,就像他不能以任何价格出卖自己(这会和自我珍重的义务相抵触)一样,他也不能与他人作为人同样必要的自我珍重相悖而行动(TL,6:462.26-29)。

这个段落并不是对我们为什么要敬重他人的论证。它单凭自身也无法跨越我们自己和他人之间的鸿沟。即使每个人都必须珍重他自己,也无法得出我们必须要珍重他人。正如我曾在前文论证过的,这种论证是由定言命令式在人性公式中提供的(参见:前文第一节)。相反,这个段落要解释的是我们应该敬重他人身上的什么东西。他人身上我们应当敬重的东西是他们的自我珍重。由于我们服从于一个珍重自己的义务,因此,每个其他人也都服从于这个义务。这种自我珍重被看作必然的。那么,自我珍重在何种意义上是必然的？康德在第11节中对此做出了解释,他在那里讨论了阿谀奉承和假谦卑的恶习(*TL*,6:434-436)。①

他说,这种恶习是"仅仅作为获取一个他人的恩惠的手段而想出的对其自身道德价值的降低"(*TL*,6:435.37-436.2)。相反,真正的谦卑和定言命令式有关:"从我们与道德法则的真诚而又精确的比较中,必然不可避免地得出真正的谦卑。"(*TL*,6:436.5-7)这个理念就是:每个人都服从定言命令式。在遵从它的时候,我们就能获得一个善的意志,它伴随着一种超越价格的价值(在前文第一章中所确定的那种意义上)。由于这是唯一头等重要的价值,我们根本就无需向任何人贬低自己,而是要"崇拜其人格中的(道德)人"(*TL*,6:436.8 f.)。因此,我们负有一个自我珍重的义务和一个不要陷于阿谀奉承和假谦卑的义务。因为,"作为一种道德实践理性的主体",人类存在者"与同类的任何其他人媲美,在平等的基础上评价自己"(*TL*,6:434.32 f.,435.3-5;参见:*Vigil*,27:609 f.)。

我将根据不同文本中的进一步的依据,把这一思想和前文对我们要敬重作为本体的人的主张结合起来:我们为什么不能采取一种阿谀的心态的理由在于,"每个人都有理由相信,在道德价值方面,他们能够和每个其他人相媲美"(*Vigil*,27:609 f.)。我们能够通过对道德法则的敬重获得这种价值:"仅仅是对法则的敬重,才是能够给予行为一种道德价值的那种动机。"(*GMS*,4:440)敬重法则和敬重我们自己作为道德上善的(亦即作为本体的人)的理念是一回事:"就我们自己的意志仅仅在一种因其准则而可能的普遍立

---

① 对这个章节的一个充分评述,参见:巴钦,2012年a。

法的条件下才去行动而言,这个在理念中对于我们来说可能的意志是敬重的真正对象"(*GMS*,4:440)。康德可以根据如是事实来对某些义务做出解释,即它们的对立面有悖于定言命令式,也就是本体的法则:"自杀违背了本体的法则,也就是对后者的敬重。"(*Vigil*,27:594)现在,我们要追求一个善的意志的要求,以及我们要出自定言命令式本身的缘故而追求它的要求,就可以(无需引入一个新的证成)被表述为:我们不要"对我的人格中的人支配任何东西。"(*GMS*,4:429)我们来看看如下段落:

> 人不能支配他的实体:因为,如此将支使他的人格性本身、内在的自由,或者他的人格中的人性本身。但它们都不属于他,而是他属于它们。他作为现象有责任服从于本体。(*Vigil*,27:601)

这并不是一种新的证成(在本体相比现象具有更高的价值的意义上)。相反,一个人类存在者作为本体就是应予敬重(并且感受到敬重)的。这一点——正如我曾论证过的——仅仅是指我们的自由及其道德法则。我们在道德法则面前有一种自我珍重的义务。因此,如果我们要敬重他人——正如人性公式所要求的——那么我们要敬重的就是他们的自由,凭借自由他们才具有一种自我珍重的义务(正如自由的道德法则所表达的):

> 所以,就像他不能以任何价格出卖自己(这会与自我珍重的义务相抵触)一样,他也不能与他人作为人同样必要的自我

珍重相悖而行动（*TL*, 6: 462.26-29）。

总而言之，他人身上我们应该敬重的东西就是他们的自由。由于自由势必产生道德法则，我们就应该敬重服从道德法则和具有道德能力的他人。至于我们为什么要敬重他人的自由——我曾论证过（参见：第一章）——并不是因为自由是一种规范性属性（例如，一种先行的价值），相反那是因为定言命令式要求我们的准则能够成为一个普遍的法则。如果他人没法采纳一个准则，它就不能被普遍化。他人为什么不会采纳一个行动者的谋杀、虐待、欺诈的准则呢？对于康德来说，这不仅是因为我们没有遭受谋杀或虐待的偏好，也是因为他人也有保全自己的生命、健康，以及自我珍重的义务。因此，正是定言命令式明确了我们要敬重他人自我珍重，从而要敬重他人的道德能力的义务。

然而，这种见解又会引发一些新的问题：为什么这种命令并不要求我们敬重非理性的存在者（例如，非理性的动物①）？正如我曾论证过的，如果这种命令式并非建立在理性本性的一种价值之上，那么敬重其他理性存在者的要求就不过是任意的吗？康德是一个物种歧视论者吗？

敬重动物

康德在《奠基》中对非理性存在者的地位的讨论非常简要，和

---

① 在此，康德并没有讨论困难人群的情形，例如，年幼的婴儿或年迈的疯子，因为我们不能把一个不能经验自由的人（即便是我们自己）排除在"他人"之外。参见：*RL*, §28。

他在其他地方的讨论一样。①康德说:"其存在固然不是依据我们的意志而是依据自然的意志的存在者,如果它们是无理性的存在者,就仍然只有一种相对的价值,乃是作为手段,因而叫作事物。"(GMS,4:428)他的意思似乎是说,非理性的存在者不具有自由,从而不过是自然的玩物(参见:KU,5:426)。但是,为什么缺乏自由会赋予事物这种作为手段的规范性地位?为什么人类存在者没有一种直接的义务要敬重它们?

对于我来说,回答这些问题的关键要点似乎是一个举证责任的问题(参见:奥尼尔,1998年,第222及下页)。康德反对这样一种见解,即"(天国或尘世中的)无论何处"有一种能够充当敬重他人或敬重非理性的存在者的根据的价值属性:"在这里,我们看到哲学事实上被置于一个尴尬的立场;尽管这个立场无论在天上还是在地上都无所依傍或依托,它却应当是坚固的。"(GMS,4:425;参见:Vigil,27:545)如果没有一种能够证成敬重非理性的事物的要求的价值属性,那么这个举证责任就要落在这种要求的辩护者们身上。康德并没有任意地把一种本应同样给予非理性存在者的地位仅仅给予了人类存在者;相反,他能够找到的唯一的要求是:我们要把自己的准则普遍化,从而要敬重他人;这个要求只能扩展到同样也能依据准则而行动的存在者身上。然后,康德也尽可能地把这个要求扩展到了非理性的存在者身上。我们负有一种敬重动物的间接的义务,因为残害它们将会危及成为道德上善的所必需的准则(参见:TL,6:442-444)。因此,这个问题在于,残害行动会对

---

① 参见(例如):TL 6:442-444;Collins,27:458-460;Reflection,7305,19:307。

行动者自身造成什么样的后果，而不是要我们敬重一种现存的价值属性。

从结果上看，康德对动物的保护是强有力的。我们绝不应该残害它们。①然而，我们或许会认为动物依然没有得到恰当的保护，因为我们没有应予动物的义务。相反，我们给予我们自己（可以说）一个不要折磨动物的义务。即使动物没有遭到折磨，根据康德的意思，我们或许依然会认为康德的见解没有恰当地保护它们：出自它们自身的缘故。但是，这绝不是一个专门针对康德对动物的看法的指控。即使是我们对其他人类存在者的义务也依赖于我们对自己的义务，而不是依赖于他人身上的某个事实（factum）："人类的实存本身并不是一个能够产生任何责任的事实。"（Vigil, 27: 545）相反，敬重他人的义务依赖于定言命令式。因此，正是这种命令式诫令我们要敬重他人，我们首先必须被限制在对出自我们自己理性的法则的遵守中：

> 因为我不可能认识到自己对他人负有责任，除非我同时赋予自己责任，因为我认为自己被赋予责任所凭借的法则在一切情况下都产生自我自己的实践理性，通过实践理性我被强制，因为我同时就是我自己这方面的强制者。（TL, 6: 417.25-418.1）

---

① 在这个方面，康德的看法似乎比一个功利主义者所能提供的保障更强有力。对于一个功利主义者来说，动物的痛苦原则上是可以被别的东西超过的，例如，一个通过残害动物能够获得大量愉快的族群。

在此,定言命令式依然是康德能够找到的唯一的要求。因此,举证责任应当属于那些主张我们对他人的义务乃是从他人具有的一种性状(例如,一种价值属性)中产生的人们。然而,即使我们能够证实这样一种价值,这对于康德来说也不过是一种他律(参见:第一章),不能为一种必然的道德法则的奠基。

康德的见解的另一个应有之义在于,对于他来说,一些较为高等的哺乳动物(例如,黑猩猩、大象、海豚)是否具有自由和理性的问题,并不能改变我们应该如何对待它们的问题。在任何情况下,我们都不应该残害它们,或者让它们受苦。但是,这都无关乎我们所要敬重的"他人"。康德是要抽象地追问,我们的准则是否能够被所有自由的存在者采纳,或者我们是否把自己抬高到他们之上。这完全能够在一个思想实验中得到规定,无需考虑"他人"究竟是谁。①

第四节 空洞性反驳

我提供的这个对敬重他人的要求的诠释曾被说成是一种寡义的(thin)解读(参见:希尔,2000年,第146—151页)。与之相对的是一种厚义的(thicker)解读,它假定这个公式依赖于一种实质性的价值主张,正如前文第一章曾提及过的,这种主张有悖于康德本人对价值的看法。

---

① 我们可以反驳说,如果较为高等的动物具有自由,我们就对它们有义务,反之则没有(例如,不要对它们说谎)。然而,为了这一点及相关的义务(例如,维护契约),我们还需要能够与它们沟通。只要我们做不到这一点,我们对较为高等的动物的具体义务似乎就没有办法改变。

我提供的这种寡义的解读具有许多优势。举个例子,它能对如是事实做出解释,即康德从未诉诸任何价值来证成道德要求。它还能避免人们把一种极不合理的不一致归之于康德,即他把一种价值当作一种道德要求的基础,同时却明确地论证说,这种要求不能有这样一种基础。我的解读还能对如是一个悖论做出解释,即唯有一个善的意志才能被说成是具有一种绝对的价值,但所有的人类存在者都应该得到敬重,无论他们是否有一个善的意志。最后(但同样重要的),我的解读还能对如是一个悖论做出解释,即康德在《奠基》中说所有人类存在者都是目的自身(*GMS*, 4: 428),但同时又说,道德性是成为一个目的自身的条件(*GMS*, 4: 435)。只要我们心中牢记康德在何种意义上使用"目的自身",这个悖论性的主张——如果道德性是成为这样一个目的的条件,那么,不道德的人类存在者如何能够是目的自身?——就能够得到解释。我曾论证说,"目的自身"就其描述性内容而言意指自由。但是,自由具有两个阶段。所有的人类存在者都具有自由的能力。作为这样一种存在者,他们绝不仅仅是任何一个目的的手段,或者是种种事件的链条中的一个环节。他们在这个意义上就是目的自身,并且应该被当作目的自身来对待(正如定言命令式所要求的)。然而,还有第二个阶段。我们可以不行使自己的自由,使自己任凭自然力量的摆布。唯有当我们道德地行动的时候,我们才能实现自己的自由(在那种情况下,我们将依据自己独立于自然力量的法则来规定自身)。因此,在康德的第二种意义上,我们唯有成为道德上善的才能充分地成为自由的和一个目的自身。那么,道德性就是我们在充分的意义上现实地成为一个目的自身的条件(但是,这种得到实现的意义上的目的自身,并不是我们被当作一个目的自身来对待的条件)。因此,这种寡义的解读能够让康德的文本保持一致。单单这一点,就是这种解读最大的优势。

反对这种寡义解读的主要异议是一种古老的担忧:定言命令式本身是空洞的,无法产生任何具体的义务。[①]如果——正如我曾论证过的——人性公式不过是重申了定言命令式的相同要求(只是按照不同的方式),那么这个公式岂不同样也是一个空洞的形式主义的公式?这个薄弱的公式能否为一种我们所期望道德理论提供任何内容?接下来,我们将不再讨论如是一个古老的争论,即我们能否可靠地和正确地从定言命令式中推导出一些具体的义务。[②]相反,我想简要地讨论一下,我们能否从对人性公式的这种寡义解读出发对任何义务做出规定。而且,我要把自己的讨论局限在敬重他人的要求之中,亦即局限在对他人的消极义务之中。

我想指出三个要点来反驳这种空洞性指诉:首先,我们要注意,就对任何具体义务的规定而言,对人性公式的一种厚义解读都并不具有任何优势。如果我们主张说,敬重人类存在者的要求乃是基于他们所具有的一种实质性价值,这种主张自身根本无法更为容易地对我们什么时候应该敬重这种价值做出规定。[③]从人类存在者具有一种价值出发,能够推导出许多同样合理但却相反的义务。举个例子,当"我们不应伤害他的感情"和"我们应告诉他们赤

[①] 这是对黑格尔的指控的响应,他认为这种命令式是空洞的,不能派生出任何特殊的义务;参见:黑格尔,1820,§135。这个反驳出自:斯特恩(Stern),2012年。

[②] 相关的辩护可见于:奥尼尔,1989年,第五章;赫费,1992年,第三章。

[③] 可见于:克里斯蒂亚诺,2008年;蒂默曼,2012年;帕菲特,2011年,第233—235页;莫尔(Mohr),2007年,第22—25页。

裸裸的真相"发生冲突时,我们到底应该怎么做?再举个例子,我们的价值究竟意味着我们可以决定何时结束自己的生命,还是意味着我们要不顾一切地保全自己的生命?因此,一种厚义的解读并不必然能对我们更为具体地应该怎么做提供更为明确的指导。再者,我并不清楚这种价值为什么不会导致某种形式的后果论。如下说法似乎有悖于康德的见解,即我们可以为了拯救更多的人类存在者而牺牲掉其中的一个(尤其是当我们要把他纯然地当作手段来使用的时候)。然而,我不清楚我们如何能够从如是一种见解中得出上述结论,即所有的人类存在者都具有一种实质性的价值。在那种情形下,我们可能就会名正言顺地牺牲掉一个人,并且要求把这样一种价值最大化。[1]因此,当我们试图从对人性公式的一种厚义解读中推导出一些具体的义务的时候,它并不会比一种寡义的解读更为明确。这两种解读之间的差异主要是在如何证成人性公式的问题之上。

其次,这种空洞性指控似乎误解了康德在应用道德法则上的目标和意图。人们普遍认为,定言命令式应该:一、单凭自身产生一些义务;二、给出一个充分的道德理论。举个例子,我们来看一下如下说法:

> 理性……制定了普遍的、定言的和内在一贯的原则。因此,一种理性的道德性要独立于种种环境和条件,制定所有人都能够且应当坚持的原则,它能够被每个理性行动者在任何场合中

---

[1] 参见:希尔,1992年,48—50页;库米斯基(Cummiskey),1996年。

一贯地服从。①

根据这个见解,理性自身就能够产生一些极为明确的法则。康德对义务的推导通常都被看作是功利主义的一个对手,而且人们暗中假定:康德的命令式应该能确切地制定我们在每个处境中需要做什么。我相信,我们有很好的理由反对这种假定。

康德乐于承认,道德法则本身是空洞的和毫无内容的。作为这样一种法则,道德法则仅仅给出了责任的形式,而不是任何特定的义务。它讨论责任和道德的规范性(可以说,它的本质)是什么,而不是一个人有责任去坚持的特定准则是什么(参见:*RL*, 6: 225; *Vigil*, 27: 578)。这种纯粹形式的原则"为了应用于人类存在者而需要人类学"(*GMS*, 4: 412)。这也就意味着,道德法则自身不能从自身中派生出任何明确的义务;相反,道德法则要应用于一个现存的事情,并且仅仅是要检测这个事情是否是可允许的[参见:奥伯乐(Oberer),2006年;西尔(Seel),2009,第75页]。

从康德在《奠基》中为如何应用定言命令式给出的例子中,我们就能得出这一点(*GMS*, 4: 421-423)。这些例子都具有相同的结构:某人有一个要做什么的偏好,并且关乎对一个赖以行动的准则的采纳。然而,"他还可以问自己……是否也绝不违背自己的义务?"(*GMS*, 4: 422)。无论这个准则能否通过检测,最终的行动或者不行动都要从最初的准则中获取自己的质料。这个质料来自最初的计划,并且在根本上来自曾经被采纳为目的的偏好和准则。康

---

① 麦金泰尔,1981年,第43页。对这个段落的讨论,可参见:蒂默曼,2000年,第45页。

德在《德性论》中的立场似乎有所改变,他在那里说,我们自己的完善和他人的幸福都是一些遵从这种命令式的目的(*TL*,6:382)。这似乎意味着,这种命令式单凭自身就能产生一些义务。然而,我们要是再看一眼就会发现,这两个目的都包含人类学的知识。如果人类存在者是自足的和生而完善的,就根本不会有这种诫命。因此,这两个目的都没有包含在这种命令式本身之中,而是以"依据道德的原则"的人类学知识为根据(*TL*,6:382)。因此,这个文本依据反对这样一种主张,即定言命令式能单凭自身产生一些明确的义务。

而且,甚至康德在他的道德哲学中使用人类学知识推导出来的那些义务也都是些极为一般的义务,数量上也不多。康德的目标并不是要给出一种充分的道德理论,一次性地为每一代人规定好应该做什么、不应该做什么(类似地:埃瑟,2004年,第389及下页)。即使是在《德性论》中(这是他的出版著作中对伦理义务解释得最为充分的一本著作),他给出的义务的清单也相当少(例如,不要摧毁我们的自由,而是要完善我们自身;不要认为他人毫无价值,而是要帮助他们追求幸福)。康德的目标是要提供一个极为一般的框架,一个更为特定的道德体系必须在这个框架中依据特殊的处境制定出来:

> 根据人们性状的不同,或者根据其部分地是基于任意的安排的偶然关系的不同,亦即年龄、性别、出身、强弱的不同,或者干脆是地位和身份的不同,而向他人表示的不同敬重,不可以在德性论的形而上学初始根据中详细陈述并加以分

类,因为这里要讨论的只是德性论的纯粹理性原则。(*TL*,6：468.6-13)

即使是在《德性论》中,康德也刻意保持在一个极为一般的层面。道德的形而上学是一个先天洞识的体系(参见：*RL*,6：216)。只有少数一般的指导原则能够从一个有限的受制于偏好的理性行动者的概念中先天地产生。这并不是说,我们不能规定什么是正当的、什么是错误的。但是,我们需要一个特定的准则来接受检测。一般的敬重他人的要求仅仅让我们不要把自己抬高到他人之上,"不要求他人为了醉心于我的目的而放弃自己"(*TL*,6：450)。这个要求必须在一个特定的准则中得到应用,以便产生一个限制。因此,定言命令式和人性公式单凭自身都不能产生一些义务,而是要通过检测一个我们在偏好的鼓励下采纳的现存的准则。①

再次,如果我们接受对人性公式的这种寡义解读,这也并不就是说,我们必须使用自然法则公式中的定言命令式的"无矛盾检测"来推导出各种义务(参见：*GMS*,4：421-424)。如果我们发现人性公式更容易接受的话,我们就可以使用这个公式(参见：*GMS*,4：436 f.)。而且,人性公式的寡义解读和厚义解读之间的差异,并不必然会影响它如何得到应用的问题。如果我们发现这个公式比定言命令式更吸引人,那么,根据康德的意思,我们依然可以用它规定自己的义务。②

---

① 类似地：阿利森,2012年；奥伯尔,2006年；西尔(Seel),2009年,第75页。
② 研究性文献中的例子,可参见：希尔,2000年,第87—118页；希尔,2003年；蒂默曼/斯密特,2012年。

总而言之,定言命令式的一种寡义解读并不意味着我们必须使用"无矛盾检测"来检测我们的准则。此外,一种厚义解读似乎也并不比这种寡义解读更加富有成效。对于康德来说,道德法则本身并不包含任何特定的义务。它在任何时候要应用于一种给定的质料(人类学和具体的准则)。因此,针对定言命令式提出的空洞性反驳,似乎也不见得就必须要摧毁对人性公式的这种寡义解读。

结　论

在这一章里,我论证了一种对人性公式的寡义解读。我们为何要敬重他人的理由在于:这是定言命令式的诫令,是理性的一个直接的诫命。我们在追求自己的准则能否成为一个普遍法则的同时,也就是在追问这个准则能否被所有他人所接受(从而是普遍的)。康德说,这也正是"绝不要把他人仅仅当作手段来对待"的意思。这种寡义解读的一个好处在于,它可以让康德的文本更加具有一贯性。康德说人性公式相当于定言命令式,并且在根本上是一回事;而且,在他告诉我们他要证成道德要求的地方,他并没有谈及一种人性的价值,当他在不同著作中概括自己的立场的时候,他也没有谈及这个问题。再者,这种寡义解读也和康德的整个哲学更为匹配。康德为先天的原则赋予了一种和《第一批判》相似的关键作用,这种寡义解读也合乎康德的认识论。最后,我已经在前文论证过,通常被说成是有利于一种厚义解读的主要段落(《奠基》中引向人性公式的段落),也可以更加适宜地被解读为是支持这种寡义解读的。

许多人都想从一种道德理论中获得比这种寡义解读所能提供的更多的东西。然而,在我看来,这样做有悖于康德的道德哲学的精神。康德的道德性归根到底关乎自由。它奠基于自由之上,并且要求捍卫自由。我们应当把自由的存在者当作自由的存在者来对待。这种最低的要求并不是一个缺点。我们为什么要期待一个18世纪的普鲁士人要为自令往后的所有社会负责?相反,他的解释为个别的人和个别的社会对自己的一种善的生活的观念的追求而言,留有极大的自由。善的生活的不同解释是可允许的,只要一个人的自由"能够与任何人根据普遍法则的自由共存"(RL, 6: 231.11 f.),并且不会侵犯对自己的义务。在一个不同传统共存的世界之中,康德的道德框架并没有指定一种统一的生活方式,而是仅仅要求敬重人性的所有表现形式。我认为这是一个长处,而不是一个缺陷。

第二部分

康德的尊严观念

第二部分　康德的尊严观念

本书的讨论始于如是一种流行的见解，即尊严是所有人类存在者都具有的一种绝对的内在价值，这种价值是我们要敬重他人的根据。在本书的第一部中，我考察了康德是否也持有这样一种价值观念。我的结论是：康德使用的是一种截然不同的价值观念，并且对我们为何要敬重他人给出了一个截然不同的理由。康德直接地反对这样一种见解，即价值能够为道德要求奠基（第一章），他把敬重他人的要求奠基在理性的一个直接的诫命之上（第三章）。我的诠释能够确保康德本文的一贯性，但它也导致了另一个问题，即康德如何设想尊严？如果他并不持有一种能够为敬重他人奠基的价值观念，我们就难以看出，他如何能够以这种方式使用"尊严"这个术语。本文的第二部打算对康德的尊严观念做出一个积极的解释。

康德会如何设想尊严？根据第一章所描述的价值观念，"尊严"依旧可以是一种遵从道德法则的规定的价值的名称。这种说法符合康德的一些看似把"尊严"定义为一种价值的段落，例如，当他在《奠基》中使用诸如"内在的价值，亦即尊严"（*GMS*, 4: 435）和"尊严，亦即无条件的、无与伦比的价值"（4: 436）这样的表述的时候。"尊严"也可以是我们要无条件地看重的东西的另一种说法。但是，这同样符合康德在一些段落中的说法，即人类存在者具有尊严是因为他们应该受到敬重，而不是相反（参见：*TL*, 6: 435; 462）[1]。

然而，我要论证的是：康德对"尊严"一词的用法比上述这些都更复杂。把"尊严"等同于一种道德上的"绝对的内在价值"的做法，并不适用于康德曾谈及过的"数学的尊严"（参见：*KrV*, 3:

---

[1] 能够用来反驳康德赞同对尊严的这种流行见解的更多疑点，可参见：克莱米，2010年；冯·普福尔滕（von der Pfordten），2009年。

323.09）、"大臣的尊严"（*ZeF*, 8：344.06-08），以及"一位导师的尊严"（参见：*RGV*, 6：162.19）。①在这些例子中，康德谈论的都并不是某种应当无条件地追求的东西。相反，我将会提供一些证据来表明，康德使用的是一种从根本上说来属于斯多葛派的尊严观念[我之所以把它叫作"斯多葛派的"，是因为西塞罗最早基于斯多葛派的教导在这种意义上使用"尊严"（dignitas）一词，康德在阐述他对尊严的理解的时候也直接地提到了斯多葛派。参见：*RGV*, 6：57 note]。因此，康德的"尊严"就不是一种价值的名称——无论我们是把价值设想为一种独特的形而上学属性，还是和康德一样把它看作是对要看重某物的一种规定。相反，我将论证说，康德使用"尊严"来表达某物超乎其他事物之上。这也就解释了他为何能把尊严同时归之于诸如数学、人性，以及道德性等截然不同的对象。在每种情形中，他所表达的都是一种相同的关系，也就是一个对象是较高的，或者说它高于一个确定的范围：数学和其他学科相比是更为先天的学科，人性由于具有自由和理性而就其本性而言是特殊的，道德性就其是更为重要的（唯有道德性应该被无条件地看重）而言超乎一切价值之上。所有这些用法的共同意义都在于，它们表达了"较高的"或"更高的"的关系。因此，"尊严，亦即一种绝对的内在价值"的说法，就并不必然是作为一种特殊种类的价值的"尊严"的定义。在这种语境中，它表达的是某物——道德性——具有一种较高的地位，不是一种纯然相对的价值，而是一种更高的绝对的内在价值（也就是说，唯有它应该被无

---

① "尊严"是一种"价值"的更多疑点，可参见：迈耶，1989年。

条件地看重）。

这个从根本上看来属于斯多葛派的观念，让我们能够理解康德出版著作中"尊严"一词的所有用法。康德使用这个措辞一共有111次。其中，"尊严"和"价值"共同出现只有8次。我们无法在所有这111次的段落中用"价值"来代替"尊严"，①但是，我们能够根据一种"高度"（elevation）来解释这8个使用"价值"的段落。这个从根本上看来属于斯多葛派的观念还可以解释康德为什么根本就不在他的著作的关键段落中讨论尊严。引人注目的是，康德在证成道德性的时候，例如，在《奠基》的第三章中，他在推导人性公式的时候（ GMS , 4: 427-429），在第二《批判》中，在《道德形而上学》的前言中概括他的立场的时候，在他的论文《论俗语》中，以及他的《伦理学讲义》中，"尊严"都没有发挥任何作用。尊严之所以没有在这些段落中发挥任何作用，是因为它本身并不是一个能够带来任何证成分量的概念。它确乎表达了某物的特殊之处，但是，这依赖于如是一种语境，即解释什么东西是较高的，以及它在哪个方面是较高的。这与数学的或人性的情形略有不同。

然而，这并不是说尊严概念是无用的，或者根本没有任何作用。接下来，我首先要对基本的斯多葛派尊严观念做出解释，并且给出康德使用这种观念的一般证据（第四章）。然后，我将更为仔细地考察康德在《奠基》和《德性论》中看似把尊严定义为一种价值的段落，并且反思尊严在康德伦理学中的作用（第五章）。

---

① 参见（例如）：TL, 6: 468, "地位和身份（尊严）的不同……"；TL, 6: 467, "作出有尊严的和严肃的……"。

第四章　尊严的三种范式

导　言

我曾论证说，康德并不持有如是一种价值观念，即它是一种为敬重他人的要求奠基的独立属性（参见：第一章）。因此，在我看来，这绝不是他的尊严观念。但是，他到底如何理解它呢？除了人类存在者的一种诫令我们表示敬重的内在价值之外，尊严还能是别的什么东西呢？然而，我们还可以按照另一种方式来设想尊严，它比人权争论中的尊严观念更为深入地根植于我们的日常语言之中。当我们在讨论一位"权贵"、"有关尊严的行为"、某物"贬低了一个人的尊严"，抑或"怀着尊严赴死或行事"的时候，我们并没有把它当作一种独特的价值属性的同义词来使用。相反，我们更像是在把"尊严"当作一种位阶和与之相配的行为来使用。首先，"尊严"指的是具有它的人所具有的更高的地位。其次，它指的是与这个地位相配的行为和尊崇。

这样一种设想尊严的方式还有许多面相，稍后我还会对它们做出介绍。然而，它最为重要的一个特征在于：尊严指的是一种位阶或较高的位置。它所要表达的是某物超乎其他事物之上。至于什么事物超乎其他事物之上，以及它为何如此，则依赖于语境。它

第四章 尊严的三种范式

可以是指一个人格占据了高于其他人格的位阶,但是它在这个意义上并不一定就是排他性的。正如我即将论证的,过去的人们常常用它来描述所有人类存在者在宇宙中的位置。诸如西塞罗、大良一世(Leo the Great)或皮科·德拉·米兰多拉(Pico della Mirandola)等思想家都曾论证说,人类存在者在自然中拥有一种特殊的地位,因为他们具有一些优越的能力:理性和理智,或者一个自由的意志。尊严是一种状态,但并不必然是一种道德状态,或者我们用"价值"一词所恰当表达出来的那种状态。某物据以是更高等的事物的尺度,可以是道德的尺度,但却并不必须是道德的尺度。一位权贵无需在道德上具有更多的权威,或者让自己成为道德上善的,就能在社会中占据一个更高的地位。

在这一章中,我的目标是要对不同的尊严观念做出明确的区分,并借助历史案例来阐明它们。在下文中,我将首先以联合国文件为例,介绍一种关于人类尊严的颇具影响力的**当代见解**(第一节)。然后,我将介绍另外一种尊严的范式,它在历史上曾极为显耀;我将以西塞罗、大良一世以及皮科·德拉·米兰多拉的见解作为这种范式的一些示例(第二节)。然后,我将在我所谓的当代的和**传统的**思维模式之间做出一番比较①(第三节)。最后,我将就康德知晓并赞同尊严的传统范式这个观点给出一般证据(第四章)。

这一章的目标并不是要就康德对"尊严"的使用给出一个充分的解释,而是要介绍另外一种思考尊严的方式,并且指明它对于我们理解康德观点的重要性。在下一章中,我将对人们通常所认为的

---

① 在整个这一章中,我将交替使用"思维模式"(pattern of thought)、"范式"(paradigm)和"观念"(conception)这三个术语。

康德用来提出尊严的当代范式的段落做出考察。

第一节 尊严的当代范式

我的讨论将从较为充分地介绍一种通常所认为的康德的尊严观念入手,但是我将会论证说,他并不持有这种观念。在这种当代用法中,尊严——当我们不再认为它仅仅是一种归于或习俗的时候——通常都被设想为是对人类存在者的一种固有价值的描述。因此,《杜登:词源·德语词源词典》把尊严(Würde)说成是"固存于人类存在者身上的要求敬重的价值"。①人类尊严被理解成一个具有强烈的道德内涵的概念;尤其是,人们通常都会说,我们之所以要敬重其他人,是因为他们具有尊严。②在证成我们为什么要敬重他人的时候,善(在此被理解为个体的固有价值)被看作是先行于正当(要求我们敬重他人的原则)的,而且被敬重者的权利也被看作是优先于行动者的义务的。因此,约瑟夫·塞弗特(Joseft Seifert)把这种当代见解表述如下:

> 当我们谈及人类生活的尊严的时候,我们指的是一种客观的和内在的价值。我们说的是一种比一件首饰中性的审美价值或一位棋手的理智价值更大的、同时也与之不同的价值

---

① 原文为:Achtung gebietender Wert, der dem Menshen innewohnt(《杜登:词源·德语词源词典》,1997年,第821页;英语为我本人所译)。

② 参见:伍德,1998年b,第189页;琼斯,1971年,第130页;帕通,1947年,第171页;罗斯,1954年,第52—54页;哈钦斯,1972年,第287,290页;罗,1987年,第165页,以及勒雷尔,1995年,第124页,第34—36页。

第四章 尊严的三种范式

和内在的善性……它们无法直接地向我们施加道德的命令式。相反,当我们谈及人类的尊严的时候,我们说得是一种关乎道德的价值,它明显地向我们施加了一个道德上的呼召,以及一份敬重它的责任。(塞弗特,1997年,第97页)

也就是说,人类存在者具有一种叫作"尊严"的客观的和固有的价值属性,他们因此能够要求受到其他人的敬重。人类尊严的支持者中很少有人会反思这种价值的本体论地位。然而,对此做出过反思的学者们(例如,塞弗特)则会认为,这种价值是一种独特的形而上学属性,①也就是说,它是一种不会依据一个人类存在者身处其中的特殊环境和关系而改变的属性。这种属性的这种与众不同的特征具有一种道德上的重要意义:每个人类存在者都具有一种"内在的和客观的珍贵性"。尊严被说成是一种"不可比拟地高于"(塞弗特,1997年,第98页)其他任何价值(例如,事物由于我们的愉悦感和它的用处而被看重的价值)的价值。这种把"尊严"看作一种本体论上的独特的价值属性的见解是一种典型的价值实在论,正如我们能够从G. E. 摩尔和马克斯·舍勒(Max Scheler)那里看到的一样。②

---

① 参见(例如):塞弗特,1997年,第98页;兰顿,2007年;舍内克尔,1999年,第387—389页。

② 参见:摩尔,1903年;马克斯·舍勒,1913年/1916年。并非一切形式的价值实在论都设定了一种本体论的独特属性。更为温和的实在论或许认为(举个例子)价值陈述具有一种真值,或者它们指的是某种独立于人类存在者的事物。参见:吉伯德,1999年,第142页,脚注3。至于说摩尔式的实在论有什么缺点,可参见:约翰·麦凯,1977年,第一章。这种价值的本体论的和认识论的本性与自然对象相比似乎是"可疑的"。再者,持这种看法的人无力反对价值相对论,同时——从一种休谟式的立场来看——也不能解释这种价值如何能激发行动。更多近期的辩护,可参见:谢弗-兰多(Shafer-Larclau),2003年。

我们洞识这种价值的方法，通常都被说成是作为一种直接认识的直观。例如，塞弗特写道：

> 如同生命（以及人类生命）一般，这种叫作"尊严"的价值是一种终极的和不可减损的现象，它无法通过正确言说而被定义，而是只能被展开和被证实。（塞弗特，1997年，第98页）

塞弗特的这种见解，即认为固有的价值属性无法定义，乃是基于他对G. E. 摩尔的直观主义的诠释（参见：塞弗特，1997年，第95页）。然而，并非每个尊严的当代范式的支持者都持有一种直观主义的认识论。举个例子，许多当代康德主义者都曾为人类存在者的一种绝对价值提供过论证（参见：前文第二章）。目前而言，我们唯一需要注意的是尊严的这种当代观念的主要结构或思维模式。今天，人们普遍把尊严设想为是一种固有的价值属性，并且把它用作我们要求受到他人的敬重的基础：我们之所以能够合理地提出这种要求，是因为我们具有一种内在的和客观的珍贵性。在证成道德要求的时候，这种善（尊严）先行于一个用于陈述何为正当的原则；而且，我们的权利要求——它通过这种善得到证成——也先行于行动者的义务。

我们可以把联合国文件中对"尊严"的使用看作它的这种当代观念的特性和重要性的一个例证。在联合国文件中，人类尊严频频被说成是对人权的证成。然而，如果我们要把联合国文件当作例子来使用的话，就必须从一开始就要注意到一个重要的限制。在这些文件中，这些关键的术语都刻意地有些含糊其辞，因为，某种模棱两可的表述能够确保立场不同的缔约国达成一致。①如果我们明确了人类尊严的意义和根据,就很可能会跟某些缔约国所秉持的一些根深蒂固的观点和信念不一致。在这种情况下,整个计划都可能惨遭失败。因此,这些文件并不打算对人类尊严做出澄清或证成。然而,这些文件中的说法和尊严的当代范式完全一致,并且就此而言能够用作一个例证:有两份《联合国公约》都是从人的固有尊严中推导出人权,《联合国宪章》也把尊严和价值联系在一起。

1947年,在第二次世界大战结束和《联合国宪章》生效仅仅两年之后,联合国就决定起草一份"国际权利法案"。这个法案旨在充当自由、正义,以及世界和平的基础,它由三个部分构成:一份一般性质的非约束性声明、一份范围较为有限的公约以及一份执行方案的文件〔可见于:克雷文(Craven),1995年,第1页,第16及下页〕。人类尊严在所有这些联合国文件中都发挥了重要的作用:1945年的初版《宪章》、1948年的《世界人权宣言》,以及1966年起草的两份《人权公约》。②在所有这些文件中,人类尊严对于证成人权来说都是极为重要的,或者更明确地说,它是人权的基础。

有学者指出,③在1945年的《宪章》和1948年的《宣言》中,尊严作为人权基础的作用并不十分明确,因为"尊严"和"权利"在这些文件中是并列出现的。但是,1966年的《公约》却明确地表达了尊

---

① 参见:格伦敦(Glendon),1990年,第10页;易卜生(Ibsen),1990年,第642页;韦茨,1998年,第75及下页。

② 更多的例子可见于:格里芬(Griffin),2001年,第6页,脚注。对更为一般的国际法中的人类尊严的一个简短概述,可见于:弗洛韦恩(Frohwein),2002年,第121—135页。

③ 参见:韦茨,1998年,第51页;格伦敦,1999年,第2页。

严是权利的基础的这一见解。

初版《联合国宪章》(1945年)的序言写道:

> 我联合国人民同兹决心……重申基本人权,人格尊严与价值,以及男女与大小各国平等权利之信念……并为达此目的……用是发愤立志,务当同心协力,以竟厥功。①

在这份文件中,人权和尊严是并列的,而且它们没有被说成是其中的一个依赖于另一个;尊严和"人格的价值"更为紧密地联系在一起。

同样,在联合国《世界人权宣言》(1948)序言的第一句话中,人权和尊严也是并列出现的:

> 鉴于对人类家庭所有成员的固有尊严及其平等的和不移的权利的承认,乃是世界自由、正义与和平的基础……因此现在,大会,发布这一世界人权宣言……②

因此,在1945年和1948年的文件中,人类尊严都是和人权并列出现的,这意味着它们之间具有一种重要的联系,但是,尊严并没有被明确地说成是人权的基础。然而,尊严的重要性在1948年的《宣言》

---

① 《联合国宪章》(1946年),纽约:联合国出版社,第2页。(译文参见联合国官网,据考译文系杨兆龙先生于1945年所译,网址为:http://www.un.org/zh/sections/un-charter/preamble/index.html。——译者)

② 《世界人权宣言》(1949年),纽约:联合国出版社,"序言"。(译文参见联合国官网,网址为:http://www.un.org/zh/universal-declaration-human-rights/。——译者)

第四章 尊严的三种范式

中已经得到了增强,它被排在了人权的前面。

同样值得我们注意的是,1948年的《宣言》的制定者们对人类尊严的实存怀有更大的信心。[①]尽管,1945年《宪章》的缔约国表达了他们对尊严的信仰,但《宣言》的成员们却把尊严当作一个能获得"认可"的"固有的"事实或属性来提出。正如我在前文曾指出过的,这种设想尊严的方式认为,人类存在者具有尊严这种独特的(价值[②])属性,从而能够合理地向其他人要求权利。但是,这份《宣言》并没有对这种"固有的"(价值)属性是什么给出一个解释,也没有告诉我们如何能够知晓它或"认识"它。

1966年的两份《权利公约》,即《公民权利及政治权利国际公约》(the International Covenant on Civil and Political Rights)和《经济、社会及文化权利国际公约》(the International Covenant on Economic, Social and Cultural Rights),都赋予人类尊严一种更为重要的地位:它们的前文都明确地表示,尊严是人权的基础。这两份《公约》都始于序言中的如下文字(粗体系我所添加):

本公约缔约各国,

考虑到,按照联合国宪章所宣布的原则,对人类家庭所有成员的固有尊严及其平等的和不移的权利的承认,乃是世界自由、正义与和平的基础,

---

[①] 对它的起草过程的一个说明,可见于:格伦敦,2001年;迪克(Dicke),2002年,第111—120页。

[②] 《联合国宪章》把"尊严"和"价值"并列(可见于前文),从而把尊严和价值联系起来。

确认**这些权利是源于人身的固有尊严**……

兹**同意**下述各条：……①

因此，在这两份《公约》中，人类尊严都是作为权利的主要基础出现的：权利是"源于"固有的尊严。这两份《公约》相比1948年的《宣言》更为重要，因为《宣言》只是一份非约束性的意向声明（参见：克雷文，1995年，第7页），但这两份《公约》却对缔约国提出了一些要求——即使它们并没有包含任何制裁手段。②

总之，联合国文件是人类尊严的当代范式及其声望的一个例证。尽管"尊严"在这些文件中既没有得到定义，也没有得到证成，但是，联合国文件把人类尊严和价值联系起来，并且明确了尊严的固有性。在下一节中，我将对尊严的传统范式做出一番描述。然后，

---

① 《国际人权公约》，纽约：联合国新闻办公室，"序言"。（译文参见联合国公约与宣言检索系统：http://www.un.org/zh/documents/treaty/files/A-RES-2200-XXI-2-new.shtml；http://www.un.org/zh/documents/treaty/files/A-RES-2200-XXI-new.shtml。——译者）

② 这两份《公约》的缔约国都要定期向联合国报告它们的执行措施和措施的进展情况，然后，相关委员会将据此提出一些建议。随后，建议将被传达到各个国家，无论它们是否听从。《公民权利及政治权利国际公约》还有两个进一步的调节机制（参见：易卜生，1990年，第647—649页）。《公约》缔约国成员可以向人权委员会控诉其他成员的执行进程，该委员会可以要求澄清，并且最终致力于两个国家之间的和解。然而，缔约国成员一般来说首先必须要承认该委员会的职权（参见：第41条及其后，第28页）。1989年，《公约》87个缔约国中的24个成员也承认人权委员会（参见：易卜生，1990年，第641, 648页）。再者，《公民权利及政治权利国际公约》缔约国成员通过签署《任择议定书》，可以进一步授权人权委员会接受来自它们国家的个别公民的控诉。然后，该委员会将就此问题提出自己的看法（可见于：《任择议定书》，第5条）。1995年6月30日，《公约》113个缔约国中的83个国家签署了《任择议定书》（可见于：《人权百科全书》，1996年，第1672及下页）。《经济、社会及文化权利国际公约》没有这些补充性的调节机制。关于《经济、社会及文化权利国际公约》的详情可见于：克雷文，1995年。对《公民权利及政治权利国际公约》不同方面的一个全面分析可见于：亨金（Henkin）编著的《论文集》，1981年。

我将在第三节中阐明人类尊严的传统范式和当代范式之间的一些重要差异。

第二节　尊严的传统范式

历史上还有一种著名的思维人类尊严的方式，它不同于尊严的当代范式。由于它如此著名，我称其为人类尊严的传统范式。我们可以论证说，这种传统的范式在哲学史上占据了主导地位，而且，当代范式实际上在20世纪之前并不存在。① 虽然我相信这个主张是正确的（而且，还进一步地印证了康德并不持有这种当代见解），但是，我在此处的目标并不是要提供一套理念史。② 相反，我的目标是要更为清晰地揭示出一种著名的替代性的尊严观念。然后，我将以西塞罗、大良一世，以及皮科·德拉·米兰多拉——横跨古代、基督教中世纪，以及文艺复兴时期的三位著名思想家——有关人类尊严的见解，作为传统范式的三个实例。这样做的主要目的并不是要就我们所讨论的这些思想家们提供一个详细的或新颖的解读，而是要阐明他们在人类尊严的见解上的广泛相似性，从

---

① 可见于：波舍（Pöschl），1969年，第5及下页；韦茨，1998年，第三章；迪克，2002年，第111页。一个例外是G. W. F. 席勒（G. W. F. Schiller）的《唐·卡洛斯》，第三幕，第3场（1787），虽然它并没有把尊严说成是一种价值。惠特曼（Whitman）、阿皮亚（Appiah）和沃尔德伦（Waldron）甚至论证说，尊严在当代政治文件中之所以如此重要，正是由我们所谓的传统范式造成的结果。参见：惠特曼，2003年，第243—266页；阿皮亚，2001年，第107页；沃尔德伦，2007年。

② 许多学者都试图回溯人类尊严的理念史；参见（例如）：巴克（Baker），1947年；迪里希，1957年；波舍，1969年；霍斯特曼（Horstman），1980年；拜尔茨（Bayertz），1996年；福施纳，1998年；韦茨，1998年，第二章；克雷茨默/克莱因（Kretzmer/Klein），2002年。

而更为清晰地阐明尊严的传统范式。在下一节中对尊严的当代范式和传统范式做出比较之后,我将论证说,康德是尊严的传统范式的一个现代支持者。

首先来简要概述一下:在传统的观念中,人类尊严首先要回答的是如是一个理论的问题,即人类存在者在宇宙中的位置。根据这种范式,人类存在者凭借他们所具有某些能力,尤其是理性和自由,区别于自然中的其他事物。"尊严"一词被用于表达这种特殊的地位或高度。人类尊严唯有再进一步才能获得道德相关性:通过引入一个进一步的道德前提,我们被说成是负有一种充分地实现我们的源始尊严的义务。因此,我们把第二个阶段称作"得到实现的尊严",把第一个阶段称作"源始的尊严"。那么,传统的范式使用的就是这样一种双重尊严观念。①

传统范式的起源

人类尊严的传统范式还和第三种同时也是更为古老的一种范式相关,那就是贵族式的"尊严"范式。这种贵族式的用法在通俗言语中是极为常见的,举个例子,我们会说一位"权贵"或"散发着尊严的男爵夫人"。我们可以在古罗马的dignitas②中发现"尊严"的贵族范式,根据这个概念,尊严就是一种较高的位置或位阶。在古罗马

---

① 然而,我的意思并不是说,所有认同尊严的传统范式的思想家们都会按照两个分离的阶段来设想它们。

② 参见:韦格豪普特(Wegehaupt),1932年;德雷克斯勒(Drexler),1944年,第231—255页;波舍,1969年;伽达默尔(Gadamer),1988年。对罗马社会的社会学描述可参见:阿尔弗尔迪(Alföldy),1986年。这种古旧的观念和亚里士多德的"大度"(magnanimity)有很多相似之处[参见:《尼各马可伦理学》(*Nicomachean Ethics*),第四卷,1123b—11235a]。

时期，dignitas是一个政治生活中的概念：它表达的是统治阶级中的较高的位置。在这种贵族式的用法中，"尊严"并不归于所有人类存在者，而是一个表达殊荣的术语；它是一个仅仅适用于少数人的贵族观念，例如，它适用于一位执政官或元老。这种较高的位置可以获得、丧失或重获。它可以通过政治职位来获得，后者又可以通过功绩、出身，以及财富来获得。我们由于这种地位而具有某些权力和特权，但是我们也有义务按照与我们的地位相配的方式来行事。

罗马人的dignitas是一个很复杂的概念，它具有比地位更多的内涵，例如，卓越、价值和尊崇。《牛津拉丁语词典》为它给出了四组翻译：一、一项任务的配当性和适宜性；二、可见的感人事迹或可敬的品质（卓越性）；三、位阶、职位或一个高阶的位置；四、身份、尊崇（及其愉悦感）或荣誉。① 拉丁文的dignitas的观念具有诸多面相。我们可以在社会中位于一个高阶，我们能够成为与之相配的，我们能够就此成为卓越的，而且我们也能由于它而受到尊崇。我们说一位罗马元老具有尊严的时候，可以同时包涵所有这些东西。但是，其中的许多要素也可能会有缺失。我们可以占据一个高位而不是卓越的、配当的或值得尊崇的。（另一方面，我们也可以具有较高的能力、配当性，以及尊崇，却没有这样一个高位。）在罗马帝国晚期，有过一本《百官志》（*Notitia Dignitatum*），它是一份帝国中的最高职位的清单（参见：波舍，1969年，第36页）。在这种意义上具

---

① 其中的第一个似乎是它最古老的内涵，人们相信dignitas是从dignum（价值）中派生而来的。拉丁文dignitas的词源学问题可参见：韦格豪普特，1932年，第5页；德雷克斯勒，1944年，第233页。

有尊严,既没有预设卓越性,也没有预设尊崇性。一个人只需要占据其中的一个职位就具有尊严,而这是皇帝赐予他的。

这就和我们的"权贵"的概念是一样的。它是一个具有诸多面相的概念。它指的是某种基于头衔的位阶。权贵可能是卓越的、配当的和值得尊崇的。但是,这些东西对于他来说并不是必需的。一个人格只要登上了这个位阶,他就是一位权贵。这些附加的内涵对于dignitas或"权贵"来说并不是必不可少的。其必不可少的内容在于:"尊严"表达的是一种关系,一种某物凌驾于其他事物之上的较高的身份。我将在下文论证说,对于康德来说也是如此。当他按照贵族式的意义使用"尊严"的时候,他明确地把它规定为位阶(参见:*RL*,6:328.33;*TL*,6:468.09,*Anth*,7:127.09)。

因此,这种范式告诉我们——这对于理解当代的和传统的思维模式之间的对比来说至关重要——,我们根本无需把尊严理解为一种人类存在者具有的一种独特的形而上学的价值属性。相反,尊严也可以仅仅意指位阶或一个较高的位置。因此,说某物高于别的事物,这并不必然是指一种道德上的秩序,或者一种价值上的秩序。一位权贵(或说具有尊严的人)无需(在道德上或者在其他方面)配当这个位阶。而且,我们可以在政治权力上或流俗的尊崇上被抬高的同时,无需在道德上成为更善的。因此,这种"某物高于其他事物之上"的意义,必定适用于"尊严"的每一种用法。

西塞罗与传统范式

对于尊严的这两种较为古老的范式来说,西塞罗都是一个最为重要的例证。他的著作中到处都是罗马人的dignitas的贵族式用法的例子,[①]但是,他也首先把dignitas这个术语用来表达如是一种理念,即人类存在者在宇宙中具有较高的地位。由此,他把普遍化的dignitas应用于一切人类存在者:一切人类存在者都在宇宙中占据了一个位阶或较高的位置。因此,他的思想为尊严的传统观念提供了一个清晰而重要的例子,只要我们仔细考察一下他在《论义务》第一卷第三十章中[②]对人类存在者相对于动物的优越性或尊严的讨论,就能够发现这一点。他在105—107的段落中说,动物仅仅受制于本能和它们的感性的愉快,但是人类存在者具有理性。由于这样一种优越性,对于人类来说,一种愉快的生活是不值得过的:

> 但是,对于每一种对义务的研究来说都必不可少的是,我们必须要看到,人类天生就比牧牛和其他牲畜优越太多:它们除了感性的愉快之外没有思维,而且,即使这一点,它们也只是受到本能的驱使才会去追求;但是,人类的心灵却能通过研究和沉思得到培养。(Ⅰ,105)[③]

---

① 《牛津拉丁语词典》用来阐明dignitas的四种用法的例子全都出自西塞罗。在西塞罗之前,我们只能在普劳图斯(Plautus)和泰伦斯(Terence)那里找到一种用法。参见:韦格豪普特,1932年,第9页。

② 学者们都相信,这是拉丁语的dignitas被用于一切人类存在者的最早的文献。可见于:波舍,1969年,第37—41页;韦茨,1998年,第20页;钱奇克(Cancik),2002年,第19—40页。然而,相似的思维模式在希腊哲学中是很常见的,但是,拉丁语的dignitas在希腊语中没有直接对应的同义词。参见:波舍,1969年,第9及下页。对《论义务》的一个全面的注疏,可参见:迪克,1996年。

③ 米勒(Miller)译,西塞罗,1913年。

西塞罗就这段话做出的结论是：如果人类存在者陷入一种愉快的生活，那是极为羞耻的。他接着说：

> 由此我们可以看出，感性的愉快和人的尊严极不相配，因此，我们应当鄙视它，并且把它从我们身上抛弃；……只要我们牢记自己本性中的优越性和尊严（excellentia et dignitas），我们就会认识到，让自己陷于纵欲，过一种奢侈和放荡的生活是多么的错误，同时，活得节俭、克己、简单和清醒是多么的正当。（I, 106）

从如是一个事实出发，即我们如果沉溺于享乐是极为羞耻的，西塞罗论证说，我们可以看出，过一种愉快的生活和人类存在者占有的较高位置极不相配。我们的优越性和较高的位置要求这样一种生活，即我们较低的欲求受制于我们的理性。根据西塞罗的看法，所有人类存在者都富有理性：

> 我们还必须认识到，自然（可以说）赋予我们两种特性：其中的一种是普遍的，源自我们都同样地赋有理性这个事实，从而具有一种把我们提升到野兽之上的优越性。一切的道德和礼仪都是由此派生出来的，并且取决于我们确定自己义务的理性方法。另一种特性则是专门分配给个别人的特性。（I, 107）

这正是传统的思维模式的一个清楚的例子。人类存在者被说

第四章 尊严的三种范式

成是由于具有理性而高于动物。由于我们高于动物,我们就不应该像动物那样行事,而是要过一种理性的生活。西塞罗从我们具有理性这个事实中派生出了义务,这种做法含蓄地依赖于一个目的论的预设前提:自然既然给予我们理性,我们就应该依据自然(本性)而行动。因此,人类存在者凌驾于动物之上的优越性或高度,首先不过是一个事实性描述:人类存在者具有理性能力,动物却没有(参见:I,13)。唯有通过再补充一个进一步的前提,这个事实才会产生一个责任(即使西塞罗并没有把它们当作两个分离的预设前提来引入,它们在逻辑上也是不同的)。正是因为自然给予我们一个自制的目的,并且限制我们要按照这种方式行动:"自然赋予我们坚定、克制、自制和谦逊的作用。"(I,98)① 至于我们为什么要依据自然(本性)而行事的理由,根据西塞罗的看法,这是因为反对自然(本性)是毫无意义的:

> 和自然(本性)较量与追求我们无法获得的东西都是毫无意义的。这是一个真理,能够更好地澄清这种适宜性的自然(本性);因为,俗话说得好,"挑战密涅瓦"的东西,*换句话说,就是与自然对抗和冲突,这毫无适宜性。(I,110)

然后,自然圈定了人类存在者的生活,并且向他们指示适宜于他们

---

① 亦可参见:I,100,"如果我们以自然为指导,我们就决不会走上歧途";或者,I,103,"自然并没有把我们制作成这样,仿佛我们生来就为了嬉戏和游戏而行事。相反,我们为了更为朴素而重要的追求,而被塑造成自我规训的"。

* "挑战密涅瓦"的原文是"it flies in the face of Minerva",它是对拉丁文成语 invita Minerva 的直译,意思是"违反自然或本性"。——译者

的生活。那是一种符合人类自然（本性）的尊严或高度的生活："这种适宜性就是那与人的卓越性一致的东西，他的本性在这个方面不同于一切其他活着的受造物。"（Ⅰ，96）

总之，西塞罗为尊严的传统范式提供了一个清晰的例子，据此，人类存在者由于具有某种能力（亦即理性）而是自然中的一种特殊的存在者。如此，"是较高的"或"具有尊严"就被说成是要按照配当这种尊严的方式行事。对于西塞罗来说，人类存在者之所以负有这种义务，是因为自然赋予他们理性，而反抗自然（本性）是毫无意义的。我们使用自己的理性的义务，就通过一个目的论的预设前提得到了证成。

大良一世

在众多基督教思想家中，我们可以从教宗大良一世（或圣大良，公元440—461年在位）的讲道中找到传统的双重尊严观念的一个重要的例子。他的讲道被认为是已知的基督教思想家中最早使用拉丁文的dignitas的著作。他在一个著名的段落中说："啊，基督徒们，认识到（agnosce）你的尊严。一旦成为'神圣本性的分有者'，就不要再回到以往的卑劣中，那是一种（和尊严）不相称的生活。"[1]直到今天，这个段落依然是《天主教教理》中的道德问题章节的开首语（参见：《教理》，1999年，§1691）。大良还通过说我们是按照上帝的肖像而被创造的，表达了我们是"神圣本性的一个分有者"的见解："啊，觉醒吧，朋友，承认你本性的尊严。要记得你是'依据上帝

---

[1]《讲道》，21，第3章；出自：大良，1996年。至于后文，参见：波舍，1969年，第42—50页。

第四章　尊严的三种范式

的肖像'而被造的。"①

因此，对于大良来说，说人类存在者具有尊严，这就等于是说，他们由于是按照上帝的肖像被创造出来的，故而高于自然中的其他事物。②人类存在者之所以是上帝的肖像，是因为他们具有一个灵魂，后者就是那个使他们高于动物并且更为一般地高于肉体之上的东西："让灵魂（它在上帝的指导下，恰当地构成了对肉体的统治）保持其统治的尊严。"③而且，大良认为，这种尊严就是灵魂通过使用理性而独立于肉体的欲求统治自身的能力——也就是说，并不是由肉身的欲求所规定的：

> 如果……肉体的欲求更为强大，灵魂就会因为丧失了与之相当的尊严而蒙羞，而且它还会由于成为了它应当统治的东西的奴隶而陷入不幸。但是，如果心灵（顺从于它的统治者和天国的恩赐）藐视尘世放纵的诱惑，不允许"罪恶统治它的肉身"，理性就会持有一种良序的领导权。④

因此，尽管大良明确地诉诸上帝来设想尊严，但他会同意西塞罗的如是见解，即人类存在者由于具有理性和统治肉体欲求的

---

①《讲道》，27，第6章（第114页）。参见：《讲道》，94，第2章（第392页）："人们要承认自己的尊严，并且把自己看作是'按照他们的创造者的肖像和外表而造成的'。"人类存在者是依据上帝的肖像而被造的理念，很可能是指《圣经》；参见：《创世记》，1：26；1：27 f.；《圣咏集》，8：5-10。

② 一些学者认为，这是基督教尊严观的一个一般特征；参见：波舍，1969年，第42页；布鲁赫（Bruch），1981年，第140页。

③《讲道》，42，第2章（第180页）。

④《讲道》，39，第2章（第167及下页）。

能力,而高于自然中的其他事物。①大良接着说,我们应当效仿上帝:

> 如果我们怀着信德和智慧反思我们的受造之初,亲爱的,我们就会认识到,人类存在者是依照上帝的肖像而被创造出来的,这正是为了使他们能够效仿他们的创造者。只要神圣善性的形象持续地作为一种镜像反映在我们身上,我们这种物种就会具有这种本性的尊严。②

只要一个人类存在者留有上帝的肖像,就能活出自己本性的尊严。

总而言之,大良为传统的双重尊严观念提供了另一个例子。③根据这种观念(再次重申),人类存在者由于具有某些动物和非理性的自然物缺乏的能力,尤其是独立于肉体欲求的规定的理性和自由,从而有别于自然中的其他事物。由于人类就具有这些能力而言是与众不同的,我们就可以说,他们应该恰当地使用它们,以便能实现他们源始的尊严。大良在这个方面的见解和西塞罗是相似的,但是在大良的思想中,一个天意的上帝取代了一个目的论的自然的位

---

① 参见:波舍,1969年,第44,46页;布鲁赫,1981年,第141页。《天主教教理》表明,这依然是今日天主教会的观点:"由于人有灵魂,有理智和意志的精神力量,天主赋予人自由,这是'天主肖像的杰出标志'。"(1999年,§1705,参见:§1934,§1730,第306页)再者,大良认为,人类之所以是上帝的肖像,是因为他能够行事正义并充满仁慈。可见于:《讲道》,95,第7章(第398及下页)。

② 《讲道》,12,第1章(第49页)。

③ 一些学者论证说,这种双重结构是基督徒思想家的一个常见特征;参见:布鲁赫,1981年,第148及下页;格伦敦,1999年,第13及下页。

置。①大良通过强调上帝诫令人类存在者效仿神圣善工来表达这种义务:"上帝确乎要求他们'效仿自己',因为他'按照自己的肖像和样貌'创造了他们。"②

皮科·德拉·米兰多拉

人类尊严在文艺复兴时期的思想家那里成为了一个特别显著的话题;它甚至出现在了这个时期很多著名著作的标题之中。③这个显著的话题通常都被看作是对枢机(红衣主教)罗塔里欧·德·孔提[或赛格尼(Segni)],亦即后来的英诺森三世的一本叫作《论人类的悲惨性》(*De Miseria Humane Conditionis*)的著作的回应,它强调的是人类的悲惨境遇。④

接下来,我将聚焦于这个时期讨论过尊严问题的最为重要的作家皮科·德拉·米兰多拉(1463—1494),⑤他的思想为尊严的传统范式提供了另一个例子。皮科在他的《论人类的尊严》(*Discourse*

---

① 然而,在《论法律》(*De Legibus*, I, 24)中,西塞罗也认为,灵魂是由上帝创造的,而且人类在德性方面和上帝具有相似性。参见:波舍,1969年,第42页。它们之间的一个明确差异在于:大良认为,人类的尊严由于亚当的堕落而丧失了,又因为耶稣的牺牲而重获:"这种本性,虽然在亚当那里朽坏了,却在基督那里得到了重造。"《讲道》,27,第6章(第114页);参见:25,第5章(第102及下页);72,第2章(第316页)。波舍(1969年,第48页)认为,这种见解是基督教思想家的一个常见特征。

② 《讲道》,45,第2章(第194页)。

③ 除了皮科的《论人类的尊严》之外,亦可参见:巴尔多禄茂·法齐奥(Bartolommeo. Fazio, 1450),《论人类的卓越性和优越性》(*De Excellentia et Praestantia Hominis*);吉安诺佐·马内提(Giannozzo Manetti, 1452),《论人类的尊严和卓越性》(*De Dignitate et Excellentia Hominis*)。

④ 参见(例如):默奇兰德(Murchland),1966年,第vi页。这个显著的话题也可能是对基督教中世纪的一种更为常见的观点的回应。参见:马基雅维利(Machiavelli),《论李维》(*Discourse on Livy*)。

⑤ 皮科的传略,可见于:克里斯特勒(Kristeller),1964年,第4章。

on the Dignity of Man)(1486)中讨论了人类在"宇宙的秩序"和"存在者的链条"中的位置,[①]并且从上帝一直延伸到最低等的动物,他得出结论说,人类的源始尊严在这个链条中没有固定的位置。相反,人类存在者的尊严取决于他们在这个链条中选择自己位置的能力。在《论人类的尊严》的开头,皮科讲述了一个创造的故事,他说上帝对亚当如是说:

> 没有任何限制,你可以依据自己的自由意志,决定我们把你交付到谁的手中……你有能力堕落到较为低等的生活中,那是一种野蛮的生活;依据你的灵魂的判断,你将具有在更为高等的秩序中重生的力量,那是一种神圣的秩序。(《论人类的尊严》,§4.20&23)

根据皮科的见解,人类存在者由于被赋予了自由和理性而是特殊的:人类存在者具有像野兽一样生活的自由,但是他们的灵魂还具有理性,从而能够向神圣性发展。把人类存在者提升到自然中的其他事物之上的东西,就是他们能够选择他们自己命运的能力:即使那些像动物一样生活的人们——不同于纯然的动物——也具有选择一种截然不同的生活的自由。这个段落简要地涉及了尊严的传统观念的其他一些要素。被置于这种特殊的位置就意味着要产生

[①] 参见:《论人类的尊严》,§3.6。皮科提及人类在"宇宙的序列"(in universi serie)中的位置。皮科的译著来自布朗大学和博洛尼亚大学的联合研究《论人类的尊严》,可见于:http://www.brown.edu/Department/Italian_Studies/pico/index.html。更为常见的"存在者的链条"的理念,可参见:洛夫乔伊(Lovejoy),1961年。

一个对自己的义务,即充分地实现自己的源始尊严。实现或达不到这种尊严就相当于"存在者的链条"中的"上升"或"下降"的运动。

> 圣父在人类出生的时候就为他注入了各种生活的种子和胚芽。在每个想要栽培它们的人们身上,这些种子都会发芽成长并结出果实。如果他栽培了蔬菜的种子,他就会变成一株植物。如果他栽培了情感的种子,他就会变成一头野兽。如果他栽培了他的理性的种子,他就会变成一种天国的动物。如果他栽培了他的理智的种子,他就会变成一个天使或上帝之子。①

因此,通过栽培理性和理智,人类存在者实现了自己的尊严。简而言之,皮科的主张在于,人类存在者能够自由地选择他们的生活道路,而且,这也正是把人类存在者提升到自然中的其他事物之上的东西,或者说是赋予了他们一种尊严的东西。然而,这种自由包含着上升和下降的机会。也就是说,人类存在者由于他们具有的能力而比动物更为优越,尽管他们并不必然会选择要行使这些能力。至于我们为什么要选择依据我们优越的能力而生活,皮科做出了如下解释:

> 这是为了让我们明白,由于我们生来就能够选择成为我们想要成为的人,我们务必对此极为小心;免得人们说我们,

---

① 《论人类的尊严》,§6.28-30。相似的主题也可见于大良的著作。参见:《讲道》,24,第2章;71,第2章;73,第4章。

受到了如此的尊崇,却没有意识到,我们使自己沦为牲畜和没有头脑的野兽。我们更要牢记先知阿撒夫(Asaph)的话:"你们都是神,众人都是至高者的子民,"*除非我们滥用圣父最为宽纵的慷慨,把他恩赐于我们的有益的自由意识变成有害的。要让一种神圣的抱负渗透我们的灵魂,从而不再满足于平庸的事物,我们要为最为崇高的东西而奋斗,用尽我们的力量去追求它们。(《论人类的尊严》,§10.48-50)

也就是说,为最高的东西而奋斗是上帝有意让我们去做的事情,是我们的优势所在,还是一件充满抱负的和卓越的事情。因此,皮科关于"较高者"和"较低者"的说法,能够在"存在者的链条"的语境中得到解释。他并不是指一种当代范式中常用的价值属性。[1]

总而言之,我们在西塞罗、大良和皮科那里发现的人类尊严观念都具有一个相同的基本结构。传统范式的尊严具有两个层面。首先,所有人类存在者都被说成是由于具有一种自由或理性的能力(源始尊严)而高于自然中的其他事物。其次,道德性和充分实现我们的源始尊严密切相关。在下一节中,我将更为清楚地阐明传统范式和当代范式之间的差异。

---

* 引文出自《圣经·圣咏集》82:6。——译者

[1] 由于有这样一种链条,我们要为一个更高的层次而奋斗,就可以表述为"成为更善的"或"拥有更多的价值",这并不是指一种G. E. 摩尔意义上的分离的价值属性。参见:摩尔,1993年;马克斯·舍勒,1913年/1916年。从本体论上看来,唯有一个更高的层面才具有更多的存在。参见:里肯,1998年b。波舍把这种观点追溯到了普罗提诺(Plotinus)的《九章集》(Enneads)。参见:波舍,1969年,第51页。

第三节 两种观念之间的差异

我所描述的这种尊严的传统观念在四个主要的方面和尊严的当代观念不同。在传统的观念中：一、尊严并没有被设想为一种独特的形而上学的价值属性；二、尊严有两个阶段；三、尊严本身并不是权利的基础；四、尊严主要关乎对自己的义务。①

一、尊严不是一种价值

在这种传统的观念中，"尊严"是指人类存在者在宇宙中的一种较高的位置，而不是一种固有的价值属性。因此，"尊严"表达的是一个事物凌驾于另一个事物之上的相对地位（例如，人类存在者是更高的），而不是具有一种内在特征（即使这种较高的地位是基于一种诸如自由或理性的内在特征）。而且，"更高的"和"较高的"也并没有隐含着一种价值的等级体系。存在者的一种等级体系在整个哲学史上都是颇为常见的一种思想（参见：洛夫乔伊，1961年）。人类存在者在这个等级体系中的特殊地位并不是基于他们所具有的一种较强的实在论的意义上的独特的形而上学的价值属性。相反，它是基于不同种类的存在者具有不同的能力这个事实。②

---

① 这些差异是由我本人提出的。然而，我极大地得益于前文提及过的那些关于尊严的理念史著作，尤其是：波舍，1969年。
② 举个例子，植物具有营养和生长的能力；动物既具有这些能力，还具有知觉和运动的能力；人类存在者不仅具有这些能力，还具有理性和选择的能力。参见：亚里士多德（Aristotle）:《论灵魂》(*On the Soul*), 414a29—415a13；普罗提诺:《九章集》，V2, 第1—2页；里肯, 1998年b, 第137—140页。

要理解传统范式的这个方面,就一定要牢记它在罗马人的dignitas的贵族式的观念中的起源。一位罗马元老由于他的功绩、位阶、财富或尊崇而在社会中处于较高的位置。在这种贵族式的观念中,一个人类存在者具有一个高于他人的地位,并且无需诉诸一种独特的形而上学的价值属性,然而,西塞罗却采用了dignitas的观念并加以普遍化,把它应用于所有人类存在者在自然中的地位——也没有援引一种独特的形而上学的价值属性。在这种传统的思维模式中,人类存在者高于自然中的其他事物之上,是由于他们具有一种诸如理性和自由的能力。

二、尊严是一个双重概念

第二个重要的差异在于,传统的思维模式中的尊严具有两个阶段。在当代的范式中,"尊严"是指人类存在者具有的一种价值,因此,我们要么具有尊严,要么就并不具有尊严;然而,在传统的思维模式中,我们的源始尊严既能获得实现,也能遭到滥用。[①]根据这个解释,每个人都就他具有某些能力而言(例如,理性、自由)具有一种源始的尊严。但是,我们唯有恰当地使用自己的这些能力,才能充分地实现自己的源始尊严。因此,传统的范式中的"高度"具有两个阶段,它们都使用"尊严"这个术语。

三、尊严并不产生权利

尊严的传统观念主要强调的是义务,而不是权利。这种思想

---

① 传统范式的双重性特征可参见:布鲁赫,1981年,第148及下页;格伦敦,1999年,第13及下页。

并不认为,我们之所以能够向他人提出要求是因为我们具有自由和理性。相反,具有理性或自由被说成是产生了一种恰当地使用我们的能力的义务。正如我在前文曾经说过的,我们按照一种恰当的方式行事的义务,并不是直接地从具有理性或自由的能力中推导出来的。相反,尊严的传统范式的拥护者们还使用了一个进一步的前提条件:例如,一种目的论的观点,即我们应当使用自然(或上帝)恩赐于人类存在者的那些人类特有的能力。(它也可以是一个分离的原则,例如,康德的定言命令式。)如果这种传统的范式在"应得权益"(entitlements)的意义上证成了人权,那么它们是基于一个进一步的前提条件做到这一点的,而不是仅仅依靠尊严本身。

这是它和当代范式的一个重要的对比。在当代的思维模式中,人权乃是基于人类存在者的一种固有的(价值)属性。我们可以通过指出自己的绝对价值来提出我们的权利要求。相比之下,传统的范式并没有把权利建立在人类存在者具有的一种独特的形而上学的价值属性之上。因此,在传统的范式中,作为一种较高的地位的尊严并不是权利的根据,我们还需要一个进一步的规范性的前提条件来推导出义务,例如,充分地实现我们的源始尊严。这种观点可以从如下情况中得到进一步的支持,即"应得权益"意义上的权利在那些使用尊严的传统范式的思想家们那里并不是十分显眼。[1]导致这种情况的一个理由或许在于,这种范式通常都和完善论联系在一起。

---

[1] 理查德·图克(Richard Tuck)论证说,"应得权益"意义上的权利概念起源于12世纪的财产法,而且它的广泛传播也只是在17世纪。参见:图克,1797年,第9,11页;施内温德,1998年,第93页;格伦敦,1999年,第6页。

四、完善论

尊严的传统观念和当代观念在总体结构上的第四个主要的差异在于,传统的思维模式的首要焦点并不是他人的尊严,而是我们自己的尊严的实现(仍可见于:波舍,1969年,第55及下页)。西塞罗、大良,以及皮科在讨论人类尊严的时候,都强调行动者应该实现他(或她)自己的源始尊严。他们在讨论人类尊严的时候,强调的是人类存在者赋有的一种特权或能力,以及我们应该如何使用这种能力。这种强调来自一个深藏于其下的完善论。这三位思想家在讨论道德哲学的时候,主要关注的是我们要如何完善自己,而不是我们要如何对待他人。

总之,传统的范式首要关注的是我们自己得到实现的尊严或完善性。现在,我要论证说,当康德在谈论尊严的时候,他赞同传统范式的所有这四个特征。我的目标是要为此提供一个积极的展示。唯有等到下一章,我才会论证康德的尊严观念为什么不是当代思维模式的一个实例。

第四节　康德与传统范式

康德在他的著作中时常都会按照贵族式的意义使用"尊严"一词,例如,他在讨论一位导师(RGV, 6:162.19)、一位数学家(KrV, 3:323.09)或一位大臣(ZeF, 8:344.08)的尊严的时候。在这最后一节中,我的目标是要就如是主张给出一些一般证据,即当康德在讨论尊严的时候,他首先使用的是传统范式。我主张康德持有尊严的传统范式的论点,势必会引发一定程度上的争议。康德或许是最为著名的讨论人类尊严问题的现代哲学家。人们常常都认为,他持有一种我所谓的当代范式。许多学者都相信,对于康德来说,尊严是所有人类存在者都具有的一种绝对的固有价值,而且这种价值也正是我们为什么要敬重他人的理由。[①]因此,人们常常都把康德当作我所谓的尊严的当代观念的灵感来源。[②]我在下文中的目标并不是要证明康德并不持有这种当代范式。我已经在本书的第一部中论证过,康德并不持有一种能够为敬重他人的要求奠基的价值观念(参见:第一到三章)。我的目标仅仅是要指出,康德的著作展示出了传统思维模式中的人类尊严的四个关键特征。然后,我将在下一章中仔细地分析《奠基》和《德性论》中的段落,证明它们也都是尊严的传统范式一个实例。

首先,康德对我所谓的尊严的传统观念非常熟悉,并且加以赞许地提到过它:

> 这些哲学家们(斯多葛派和其他人)从人的本性的尊严,即从自由(作为对偏好的势力的独立性)获取他们的普遍的道德原则。他们也不可能以一种更好、更高贵的原则为基础了。他们是直接从仅仅以这样的方式立法的并且完全通过这样的方式发布命令的理性中汲取各种道德法则的,从而……完全正

---

① 参见:帕通,1947年,第171,189页;罗斯,1954年,第52—54页;勒雷尔,1995年,第34—44页,第124页;伍德,1998年b,第189页;伍德,1999年,第115页;舍内克尔/伍德,2003年,第142页。

② 可见于(例如):格沃思,1982年,第28页;塞弗特,1997年,第98页;伍德,2008年,第94页;迪里希的德国宪法中的客体公式(对象公式)。

确地说明了一切。(*TL*,6: 57 note①)

因此,康德既知道也赞同我们所谓的尊严的传统范式。除此之外,还有一些段落表明,他本人赞同这种传统观念的全部四个要素:一、尊严指的是一种高度,而不是一种价值本身;二、他的尊严观念包含两个阶段:一个源始的和一个充分得到实现的尊严观念;三、他把尊严和义务联系起来,而不是首先把它和权利联系起来;四、他的"尊严"主要涉及对自己的义务。

一、对于康德来说,尊严指的是一种高度,而不是一种价值本身

康德对尊严的看法和一种斯多葛派的观念更为相似的第一个方面是他阐述尊严的方式。在他的不同主题和不同时期的著作中,康德都把尊严设想为地位或崇高(Erhabenheit)。②我的意思是说,康德通常都用"尊严"来表达某物高于或被提升到其他事物之上。按照这种用法,说"X具有尊严"就等于是说"X高于Y"或"X比Y更高"。尤其,康德把"崇高"定义为最高形式的高度(参见:*KU*,5:

---

① 康德和斯多葛派之间的关系,可参见:赖克,1939年;施内温德,1996年;阿利森,2011年,第2章;蒂默曼,2007年,第xxvii及下页;伍德,2006年;纳斯鲍姆(Nussbaum),1997年。赖克论证说,康德的《奠基》(部分地)是对西塞罗的《论义务》的直接回应。

② 它出现在如是一些不同的著作中:《证明上帝存在的唯一可能的证据》(1763);《将负值概念引入世俗智慧的尝试》(1763);《关于美感和崇高感的考察》(1764);《道德形而上学奠基》(1785);《实践理性批判》(1788);《法权论》(1797);《德性论》(1797);《逻辑学》(1800)。参见(例如):*BDG*,2: 117.35; *NG*,212.01,215.20; *GSE*,241.18; *GMS*,4: 425.28,440.21; *KpV*,5: 71.21; *TL*,6: 435.20; *Log*,9: 30.12。

248①),因此,说"X具有尊严"就等于是说"X高于其他事物之上"。至于高于其他事物的是什么东西,以及它为什么高于其他事物,则依赖于康德使用"尊严"的语境。举个例子,康德使用"君主的尊严"(*SF*,7:19.26)这一表述来意指这个国家的国王的较高位置;当他谈到"人性尊严"的时候,②他想要表达的是,人类存在者由于是自由的存在者而高于自然中的其他事物。当他谈及尊严和道德的关系的时候,③他说道德高于所有其他事物之上,因为,唯有道德应该被无条件地看重。我们将在下一章中对这些不同的用法做出更为充分的分析和阐述。

现在,最为重要的是,康德通常都用"尊严"来表达某物高于其他事物之上。崇高并不是一个经常出现在康德的研究性文献中的概念(一个例外可见于:盖耶,2000年,第167,169,171页)。康德对"崇高"最多的讨论是在他处理崇高感的文本中,也就是论文《关于美感和崇高感的考察》(Observations on the Feeling of the Beautiful and Sublime)(1764)。④然而,我们在此所讨论的崇高并不是一种情感。⑤当康德谈及崇高的时候,他心中所想的并不总是

---

① 康德把"崇高"或Erhabenheit说成是"绝对地大的"或"超越一切比较之上的大的东西",参见:*KU*,5:248.05-10。它的另一个翻译是"尊贵"(exaltedness)。康德在使用erhaben的时候(例如,《自然地理学》),他并不必然是在绝对的意义上(作为最高形式的高度)使用它的,参见:*PG*,9:169.05,191.14,342.10。

② 举个例子,可见于:*GMS*,4:439.04,440.11;*KU*,5:273.13 f.;*RGV*,6:80.18;183.24;*TL*,6:420.16,429.16,436.16,449.28 f.,459.23,462.30;*Päd*,9:488.36,489.01。

③ 参见:*GMS*,4:440.01,11;*KpV*,5:147.17 f.;*TL*,6:464.18 f.,483.03。

④ 康德对作为"崇高"的"尊严"的解释的不同内涵,可参见:珊德勒(Santeler),1962年,第65—70页;谢尔,2003年,第60,73页;德尼,2000年。康德的崇高概念,亦可参见:克鲁伊斯(Clewis),2009年。

⑤ 我感谢苏珊·谢尔在这个问题上对我的敦促。

一种情感。举个例子,我们来看看如下段落:

> 人们可以轻易地解释如下情况是怎么发生的:尽管我们在义务的概念下来设想对法则的一种服从,但我们却由此同时设想履行自己一切义务的人格有某种崇高和尊严。因为它之所以有崇高,虽然并不是就它服从道德法则而言的,但却是就它对这法则来说同时是立法者,并只是因此才服从它而言的。……人性的尊严正在于这种普遍的立法的能力,尽管是以它同时服从这种立法为条件。(GMS,4:439 f.)

康德在这个段落中把尊严阐释为崇高,并且拿尊严和从属性相比较。较高的事物就是一个道德上善的人和作为道德能力的人性(我将在下文第二点中回到这两个要素)。但是,崇高在此并不是一种情感。它仅仅是要表达某物(例如,一个履行了他的一切义务的人)根据某种尺度——确切地说就是根据道德性——而高于其他事物(也就是一个并不立法的存在者)之上。

同样,崇高在《判断力批判》中也不是一种情感。康德在讨论数学的崇高(亦即数量上的崇高)之初,就把崇高定义为超越比较之上大的东西:"我们把绝对的大的东西称为崇高的。"(KU,5:248)然后,康德把"绝对地大的"阐释为"超越一切比较之上大的东西"。(同上)因此,崇高在此无关乎情感,而是关乎心灵中的一个理念的无限性(参见:KU,5:250)。同样,就力学的崇高(例如,质的崇高)而言,它也不仅仅是一种情感。这种意义上的一种真正的崇高就是克服自然和感性冲动的能力:"因此,崇高不是包含在任何自然事物中,而是包含在我们的心灵中,只要我们能够意识到对我们里面的自然,并由此对我们外面的自然(如果它影响到我们的话)有优势。"(*KU*,5:264;参见:260 f.)①真正的崇高只存在于心灵之中这个事实(作为无限的理念或克服感性冲动的能力)并不意味着它是一种情感。否则,"一种本身崇高的情感"(*KU*,5:246)这样的表述就会变成一种同义反复,并且毫无意义。相反,康德用"崇高"来表达某物高于其他事物之上。那么,对这样一种状态的沉思就能够和一种崇高的情感结合起来。

我认为,康德一贯地把尊严设想为高度的这种观点,还能从他把尊严直接地等同于位阶的段落中获得支持。迄今为止,我都不是在论证说,康德并没有在某些时候把尊严理解为一种固有的价值属性。然而,我已经论证说,康德并没有提出过,甚至也没有预想过这样一种价值观念(参见:第一章)。我将在下一章里更为仔细地考察如是一些段落,即康德并列使用"尊严"和"价值"的段落。现在,我要得出结论说,康德——遵从传统的范式——通常都把"尊严"当作"高度"或"崇高"来使用。

二、康德的尊严观念包含两个阶段:一个源始的和一个得到实现的阶段

康德对"尊严"的用法也包含着尊严的传统范式的第二个特征。两个不同阶段的高度向所有人类存在者开放。所有人类存在者都因为具有自由而具有尊严,但是,唯有一个能够以某种方式

---

① 不同形式的崇高可参见:克鲁伊斯,2009年;赫费,2009年。

行使其自由的人才具有第二种形式的尊严。康德的一个最为清楚的同时提到这两个阶段的段落出自1770年代中期的一个反思笔记:"人类本性的尊严仅仅依赖于它的自由……但是,一个人类存在者的尊严(配当性)则建立在他对自由的行使之上。"[1]就第一个层次而言,所有人类存在者都由于自己是自由的存在者,而高于自然中的其他事物之上。康德把自由叫作"人类存在者的内在尊严"(*TL*,6:420),同时,他又把第一个阶段叫作"源始的尊严"(ursprüngliche Würde)(*SF*,7:73)。但是,唯有当我们恰当地使用自己的理性的时候,我们才能事实上把自己提升到自然中的其他事物之上。

我们还可以从康德的其他著作中发现他的这种双重结构的尊严观念,而且这有助于解释他对尊严的一些令人困惑的说法。有时候,康德在他的著作中说,自由(或道德性)的能力具有尊严;有时候他又说,现实地成为道德上善的才会具有这样一种尊严(参见:*TL*,6:420;*GMS*,4:435)。举个例子,我们可以在前文第一点的引文中发现这种张力。康德在同一个段落中说:"履行自己一切义务的人格有某种尊严"和"人性的尊严正在于这种普遍地立法的能力。"(*GMS*,4:440)第一种说法指的是某个现实地在道德上善的人,第二种说法指的是某个有能力成为道德上善的人。如果我们始终牢记,康德持有一种双重尊严的观念,这就根本不是个问题。道德能力是我们的源始尊严,然而,现实地成为道德上善的是我们充分得到实现的尊严。

---

[1] 《反思》,6856,19:181;系我自己所译;参见:*Päd*,9:488。

第四章　尊严的三种范式

这种双重结构还有助于我们弄清一些令人困惑的段落,它们关乎"是一个就其自身而言的目的"和"具有自律"。至于那些康德主要在它们和自由的关系中来使用的与尊严相关的概念,也只不过是强调了自由的不同方面。某人由于具有自由而是一个就其自身而言的目的(正如我在第三章中曾论证过的),从而是一个自律的和具有尊严的人。"目的自身"表达的是某人不仅仅是其他人的意志的一个手段;自律更为积极地表达了某人是自我统治的,同时,在这种语境中,尊严要表达的是自由把我们提升到自然中的其他事物之上。但是,我们在所有这三个概念中都能找到相同的双重结构。举个例子,康德的一个著名的说法是:"每一个理性存在者都作为目的自身而实存,"(GMS,4:428)但是,"道德性就是一个理性存在者唯有在其下才能是目的自身的那个条件"。(GMS,4:435)除非所有的理性存在者都是道德上善的,否则,这两种状态似乎就存在着一种张力。然而,只要我们心中牢记这种双重结构,这种张力就消失了。所有理性存在者都具有自由的能力(也就是说,他们作为目的而实存),然而,唯有当我们(恰当地)使用自己的自由时才能现实地是一个目的自身(也就是说,是真正自由的:"目的自身"首先并不是一个规范性术语,它不过是对自由的描述——正如我在前文第三章中曾论证过的)。同样,自律有时候是指自我统治的能力(参见:GMS,4:446 f.),有时候则是指对普遍法则的现实制定(参见:GMS,4:435 f.)。

三、对于康德来说,尊严和义务相关,并且本身不能产生权利

康德的尊严观念的第三个特征和我们先前曾在其他语境中谈

到过的传统范式的是一样的。对于康德来说,尊严本身不是一个能够产生权利的特征(例如,一种价值)。相反,对于康德来说,我们可以根据行动者的义务来提出权利要求:

> 但是,道德论为什么通常被(尤其被西塞罗)冠以义务论,而不也冠以法权论的名称呢?因为,前者毕竟是与后者相关的。根据在于:我们唯有通过道德命令式才知道我们自己的自由(一切道德法则,进而甚至一切权利和义务都是由这种自由出发的),道德命令式是一个要求义务的命题,随后从这个命题中可以展开使他人承担义务的能力,亦即法权(权利)的概念。(*TL*, 6: 239)

因此,根据康德的看法,权利主张的概念后于义务的概念。一个人可以通过提醒行动者要遵守定言命令式的义务来提出权利主张。据此,"每种内在权利"都是一种自由权利,这种说法与每个他人依据一个普遍的法则的自由是一致的(参见:*TP*, 8: 292 f.; *RL*, 6: 230)。我们的自由仅仅受到定言命令式的限制(参见:西尔,2009年)。如果另一个人类存在者非法地限制我们的自由,我们就可以提醒他有遵守这种命令式的义务。

作为人类存在者超乎自然中的其他事物之上的高度的尊严奠基在自由之上;自由伴随道德法则而来。道德的东西就是那个构成了我们的义务的法则所描述的东西。我们只要遵从法则,那么就我们真正让自己高于自然中的其他事物而言,我们就实现了自己的源始尊严。因此,尊严和义务相关,并且仅仅间接地和权利相关。

此外，我们的义务主要地是对自己的义务。

四、康德主要用"尊严"一词来意指对自己的义务

最后，康德把"尊严"用于所有人类存在者的做法还体现出了传统范式的第四个特征——也就是说，它主要是用在对自己的义务的语境中。拥有自由产生了一种义务（首先是对自己的义务），那就是要恰当地行使自己的自由。因此，康德把尊严和对自己的义务结合起来，就成了实现和保持自己的源始尊严的义务：

> 对自身的义务。这些义务并不在于……力图满足自己的欲望和偏好，因为人们相反必须很有节度和节制；而是在于，人在内心有某种尊严，这种尊严使他比一切造物都更高贵。而他的义务就是不在自己的人格中否认人性的这种尊严。①

根据康德的见解，人类存在者由于是自由的存在者，而比自然中的其他事物更为尊贵且地位更高（也就是说，并不必然由自己的偏好所规定）。这种自由被说成是密切关联于我们以恰当的方式行使自己的自由的义务，尤其是实现和保持我们的源始尊严的义务。任何关于我们应该做什么的要求都是通过定言命令式得到证成的（参见：第一部分）。然而，注意到这一点是十分重要的，对于康德来说，我们的源始尊严也产生了一种义务，而且这种义务主要是对我们自己的义务。正如我先前强调过的，对于康德来说，我们首要的义务

---

① *Päd*, 9: 488, A. 丘顿（A. Churton）译, 收录于：康德,《康德论教育》(*Kant on Education*), 伦敦：基根·保罗, 1899年。

就是要遵从定言命令式,并且以这种方式获得一个善的意志。如果没有这种对自己的义务,也就不存在对他人的义务,因为对他人的义务也同样是由定言命令式提出的(参见:TL,6:417 f.):

> 我不可能认识到自己对他人负有责任,除非我同时赋予自己责任,因为我认为自己被赋予责任所凭借的法则,在一切情况下都产生自我自己的实践理性,通过实践理性我被强制,因为我同时就是我自己这方面的强制者。①

因此,实现我们的源始尊严,通过遵守道德法则来抬高自己,首先是一种对自己的义务。我曾在上一章论证过,这一点即使对于如是一个这个看似相反的主张来说也同样是正确的:"我对别人怀有的,或者一个他人能够要求于我的敬重……就是对其他人身上的一种尊严的承认。"(TL,6:462)这个段落是要用"尊严"来指明我们要敬重的东西是什么(他人要充分实现自己的源始尊严的努力),而不是要就他人为什么应该受到敬重提供一个证成。然后,康德得出了如下结论:

> 所以,就像他不能以任何价格出卖自己(这会与自我珍重的义务相抵触)一样,他也不能与他人作为人类存在者同样必要的自我珍重相悖而行动,也就是说,他有责任在实践上承认任何其他人的人性的尊严。因此,他肩负着一种与必然要向每

---

① 可见于:舍内克尔,2010年;德尼,2010年b;蒂默曼,2012年。

个他人表示的敬重相关的义务。(*TL*,6：462)

个体有义务要实现自己的源始尊严。如果我们要敬重他人,我们就要敬重他们为尊严付出的努力。尊严主要关乎对自己的义务。

康德多次在对自己的义务的语境中用"尊严"来表达如是一种观点,即敬重我们的人格(自由和有理性)中的较高的方面才是一个恰当的道德动机。尊严所要表达的是：这个方面是更高的、更尊贵的或更为重要的。康德并没有说过,这个方面之所以更为重要是因为它具有一种价值属性；它之所以如此,是因为它就是道德法则之所在,唯有后者才能表明何为义务(参见：*RL*,6：225；*TL*,6：393)。"尊严"在讨论恰当的道德动机的语境中的这种用法,出现在《教育学》(*Lectures on Pedagogy*)的如下引文中。康德在那里说,对自己的义务"在于,人在内心有某种尊严,这种尊严使他比一切造物都更高贵,而他的义务就是不在他自己的人格中否认人性的这种尊严"(*Päd*,9：488)。然而,这种思想也多次出现在他的其他著作中,例如,康德在呼吁道德上的诫命或"真正的自我珍重(为其自己人格中的人性的尊严而自豪)"的时候(*TL*,6：459)。而且,他还说："如果德性的尊严在行动中不是被提高到一切之上,那么义务概念本身就会消失,并化为纯然实用的规定……因为在那种情况下,人在其自己的意识中的高贵就会消失。"(*TL*,6：483)这一点和康德的如是主张是一致的,即我们"作为动物人的低能不能损害他作为理性人的尊严的意识,而且他不应当在考虑到后者时否认道德上的自我评价"；相反,我们在追求自己的目的的时候,"不应当否认自己的尊严,而应当始终意识到其道德禀赋的崇高"(*TL*,6：435)。

康德把它们总结为：

> 从我们与道德法则的真诚而又精确的比较中，必然不可避免地得出真正的谦卑，但……从（自然）人感到有崇拜其人格中的（道德）人的要求中，同时得出升华和最高的自我评价，作为一种对其内在价值的情感，依照这种情感，他……拥有一种不会失去的尊严（dignitas interna），这种尊严引起了人对自己的敬重（reverentia）。（TL, 6: 436）

恰当的道德动机就是敬重道德法则或一个道德的人类存在者的理念。尊严表达了如是一个理念，即这个方面是更好的或者是首选的（因为，道德法则就是如此要求的，并且要击毁任何有悖于它的自大；参见：KpV, 5: 73）。因此，康德说："纯粹的道德动因……它教人感到他自己的尊严……和他发现自己被规定要达到的崇高思想。"（KpV, 5: 152）有时候，康德也并不用"尊严"一词来表达这种思想，而是用"崇高"来代替它：

> 纯粹实践理性的正直动机就是这样；它无非就是纯粹的道德法则本身，只要这法则让我们觉察到我们自己超感性实存的崇高……造成对其更高的使命的敬重。（KpV, 5: 88）

尽管康德没有在这个段落中使用"尊严"一词，但是他要表达的思想是相同的。道德的动机也可以表述为对道德方面（亦即道德法则）的崇高的敬重。我将在下一章中论证说，这也正是康德想要在《奠基》中的有关尊严的段落中表达的思想。康德在那里说，一个道德上善的存在者按照如是一种方式把自己的准则普遍化，即"出自一个理性存在者的尊严的理念，这个理性存在者除了它同时为自己立的法之外，不服从任何法则"（*GMS*, 4: 434）。

总而言之，按照尊严的传统范式，康德主要是在对自己的义务的语境中使用"尊严"一词。敬重道德法则的尊严就是恰当的道德动机（亦可参见：*RGV*, 6: 183; *SF*, 7: 58）。由于敬重关乎遵从道德法则而对自己的义务，尊严也就首先和对自己的义务相关。

结束语

本章的目标是要指出，尊严并不必须被理解为一种固有的价值属性（或一种价值归予），并且引入一个作为位阶或较高位置的尊严的理念。这种较为古老的观念在哲学史上曾极为显耀，然而我们甚至都不清楚，尊严的当代范式在20世纪之前是否存在。① 在这一章中，我已经就康德也按照传统范式来使用"尊严"一词给出了一些证据。这也解释了康德为什么仅仅零星地使用这个术语，而不是在所有我们预期它出现的地方使用它，假如他心中所想的确乎是一种当代范式。因为，这样一种尊严并不是一个能够带来任何证成上的分量的概念。康德有时候只是用它来表达他的核心理念。但是，我

---

① 我所能找到的"权利基于尊严"的最早的段落是G. W. F. 席勒的《唐·卡洛斯》（*Don Carlos*）的第三幕第三场。然而，席勒把尊严理解为自然中的高贵性，这种观念更接近尊严的传统范式。我没有在20世纪之前的文献中找到把尊严说成是一种固有的形而上学的价值属性的段落——尽管我知道如今的人们常常照此来解读康德。

们无需对此感到惊讶。康德常常都会使用他那个时代的流行概念,并使之从属于他的理论(例如,他那个时代的"狂热主义"或者"神圣性"这样的宗教术语,参见:*Kpv*, 5: 86 f., 或者"尊严"这样的斯多葛派的观念)。

但是,康德不会偶尔也把"尊严"当作一种价值的名称来使用吗?那么,我们又该如何理解《奠基》和《德性论》中的一些著名的段落,康德在那里似乎把尊严等同于一种无条件的价值?这将是下一章的话题。

第五章 康德的人类尊严观念

导　言

在上一章中，我在尊严的当代范式和一种截然不同的观念之间做出了比较，前者把尊严看作所有人类存在者都具有的一种绝对的内在价值，它是敬重他人的要求的根据；而且，我给出证据表明，康德不但了解后一种观念，他通常使用的也是这种观念。本章的问题是，康德是否并不赞同这种通常被归之于他的流行的当代观念。当我们读到康德的如是一些说法，例如"内在的价值，亦即尊严"（*GMS*, 4：435），"尊严，亦即无条件的、无与伦比的价值"（*GMS*, 4：436），"尊严（一种绝对的内在价值）"（*TL*, 6：435），或"尊严……亦即一种无价的价值"（*TL*, 6：462），又该作何解释呢？这不就是在把"尊严"明确地定义为一种绝对的内在价值吗？即使康德有时候会使用尊严的传统观念，难道他就根本不会使用这种当代的观念吗？

我们首先要注意到的事情是：我们有很好的理由怀疑，即使在这些段落中，康德也没有在标准的意义上使用当代范式。因为，我们已然知道，康德并不持有如是一种观念，即任何价值能够为道德要求奠基（可见于：第一章）。更为具体地说，价值并不是敬重他人的要求的根据（可见于：第二章和第三章）。因此，康德不会用一种"尊严"的价值为敬重他人的要求奠基。而且，事实上，他似乎明确地颠覆了尊严和敬重之间的关系。我们之所以要敬重某人，并不是因为他具有尊严，相反，他之所以具有尊严是因为他应该受到敬重。

> 人性本身就是一种尊严；因为人不能被任何人纯然当作手段来使用……而是在任何时候都必须同时当作目的来使用，而且他的尊严（人格性）正在于此，由此他使自己高于一切其他不是人、但可能被使用的世间存在者，因而高于一切事物。（*TL*, 6：462；同样可见于：6：434 f.）。

人类存在者之所以具有尊严，是因为他们应该被当作目的自身来对待，而不是由于其他任何原因。因此，在"尊严"和"价值"同时出现的那些段落中，据我推测，康德并没有赞同一种严格意义上的当代范式。

然而，这就给如是一种可能性留有余地，即康德有时候会把尊严设想为一种绝对的内在价值，但它的意义和第一章中提出的那种截然不同。康德或许有时候用"X具有绝对的内在价值"或"X具有尊严"这样的说法，来代替"X应该被无条件地看重"的规定。这并不能为敬重他人的要求引入一种新的（不同于我们在前文第三章中描述的那种）证成，但是它或许可以为"尊严"和"价值"同时出现的那些句子提供解释。然而，尽管我认为这也是一种可能的解读，但是我并不认为它就是康德在这些段落中真正想要表达的意思。

我将在这一章中论证说，即使是在"尊严"和"价值"同时出现的段落中，康德也赞同传统的范式，并且把尊严理解为高度或崇高。我曾在前一章中论证说，康德通常都把尊严设想为崇高性，或者设想为某物高于其他事物之上。①在这种情况下，"尊严"指的是一种"较高者"的关系属性。那么，"X具有尊严"就等于"X高于Y"或"X比Y更高"。但是，这就意味着，我们必须明确高于其他事物的东西是什么，以及它在哪些方面是更高的。我在前一章里主要讨论了尊严的贵族式用法的一些实例，例如，康德对"君主的尊严"的讨论（*SF*,7：19.26），或者传统观念的第一个阶段，例如，康德对"人性的尊严"的讨论。②

在为数不多的"尊严"和"价值"同时出现的段落中，康德或许引入了一种截然不同的对尊严的用法，但是我们必须要注意到，这些段落和作为高度的"尊严"，或者说是传统观念中得到实现的阶段也是极为适宜的。尤其是在"尊严"和"价值"同时出现的三组段落中：一个是在《奠基》中（4：434-436）；一个是在《德性论》中关于反对阿谀奉承的义务的讨论中（6：434-436）；另一个是在稍后关于对他人的敬重的章节中的寥寥数页中（6：462 f.）。简要预告一下我的论证：所有这三组段落全都可以被解读为尊严的传统范式

---

① 参见：*BDG*,2：175.35；*NG*,212.01,215.20；*GSE*,241.18；*GMS*,4：425.28,440.01；*KpV*,5：71.21；*TL*,6：435.20；*Log*,9：30.12。

② 举个例子，可见于：*GMS*,4：439.04,440.11；*KU*,5：273.13 f.；*RGV*,6：80.18,183.24；*TL*,6：420.16,429.16,436.16,449.28 f.,459.23,462.30；*Päd*,9：488.36,489.01。

的实例。在《奠基》的段落中,康德讨论的是道德性的价值。他在那里的主张是:道德性不仅具有一种价格,而且超乎一切价格之上(参见:GMS,4:435)。在这种语境中,"尊严"意指"超乎其上"。它表达的是"是较高者"的关系。"内在的价值,亦即尊严"(参见:GMS,4:435)的说法也可以被解读为:道德性的价值高于其他任何形式的价值之上。把"尊严"明确为"内在的"就等于是说:相比纯然相对的价值,内在的价值是较高或更为重要的。其次,在《德性论》中关于阿谀奉承的段落中,"尊严"和"价值"同时出现,也是在"道德性具有更高的重要性"的语境之中。康德的观点在于,自然的人类存在者要尊崇自身中较高的道德的方面(参见:TL,6:436)。康德想要用"尊严"表达的是:这个道德的方面就是"崇高"(TL,6:435),高于人类存在者的自然的方面,或者比它更为重要。再次,在《德性论》中对应予他人的敬重的讨论中(6:462),康德表示,我们所要敬重的他人身上的东西就是他们的道德努力,"亦即一种无价的价值"。人类存在者具有一种"尊严;因为人不能被任何人……纯然当作手段来使用……由此他使自己……高于一切事物"(TL,6:462)。"尊严"表达的是,人类存在者之所以高于自然中的其他事物,是因为他们应该直接地受到敬重(同时,自然中的其他事物只能间接地受到敬重)。康德在这个段落中是要用"价值"来明确他人身上应该受到敬重的东西是什么,那就是他们为那具有一种无条件的价值的道德所付出的努力。

在所有这三组"尊严"和"价值"同时出现的段落中,讨论的主题都是道德性的价值。这种价值比其他一切价值都更为重要,并且高于它们之上。(我曾在第一章中论证说,这一点应当被解读为:"唯有道德性应该被无条件地追求。"）如果康德在这些段落中也用"尊严"来表达一种高度，那么他对这个术语的使用就是一贯的。他所讨论的这种特定的高度就是：道德性比一切价格都更为重要，并且超乎它们之上。因此，我认为，如果我们把"绝对的内在价值"当作"尊严"的定义，那就过于急躁了。然而，如果我们把这些段落中的"尊严"按照"绝对的价值"这个定义来解读的话，我并不认为这样做就十分危险。因为，康德的价值概念并不是一种实质性的观念，亦即不是一种要为道德主张提供证成的观念（亦可见于第一章）。无论如何，我将在下文对我的如是论证做出扩展，即康德事实上使用的是一种更为复杂的但却统一的尊严观念，它所要表达的是一种高度。

为了对这些主张做出论证，我首先要指出，康德很少同时使用"尊严"和"价值"（第一节）。然后，我将对康德在《奠基》中讨论"尊严"的著名段落给出一个全面的解读（第三节），再对《德性论》中的段落做出相同的解读（第三节）。最后，我将对尊严在康德思想中的重要性，也可以说是尊严的价值做出一番反思（第四节）。

第一节　康德著作中出现的"尊严"

这一节旨在对康德的出版著作中所有用到"尊严"的地方做一个概览。显而易见，"尊严"和"价值"同时出现的情况极少。相比之下，康德频频在贵族意义上使用"尊严"一词，用它来表示某位成员在某个群体中的地位是较高的（例如，教师在教室中的地位，或数学在众学科中的地位）。而且，康德频频在传统意义上使用"尊严"，用它来表示所有人类存在者由于是自由的存在者而高于自然中的其他事物,他们通过成为道德上善的来实现这种源始的尊严。

在出版的康德著作中,他使用"尊严"这个术语一共有111次。[1]此外,还有一部《讲义》[2]和两部《反思笔记》[3],它们有助于我们澄清康德对尊严的看法。在他的出版著作中,使用过"尊严"一词的著作有18部之多。最常使用该词的著作是(按照出现次数排序):《德性论》(21次),《道德形而上学的奠基》(17次),《纯然理性界限内的宗教》(11次),以及《教育学》(10次)。[4]

在不同的语境和不同的著作中,康德始终都把"尊严"解作"崇高"和"(最高形式的)高度"。[5]他心中所想的这种高度,有时指的是贵族式的尊严观念,有时指的是我在第四章中辨别出来的那种

---

[1] 参见:《康德术语索引》(*Kant-Konkordanz*),1995年,第306—308页。这本书错误地把6:58.25的段落列入其中,本书则没有。此外,我还计算上了康德谈及Menschenwürde(人的尊严)而不是更为常用的Würde der Menschheit(人性的尊严)的4次。这4个段落是:*TL*,6:429.24、436.29、465.17;*Anth*,7:295.19。

[2] 《康德1784年冬季学年自然法权讲义:戈特弗里德·法耶尔阿本德版》,*NF*,27:1319-1322。

[3] *Refl*,6856,19:181;*Refl*,7305,19:307。

[4] 其余是:《对美感和崇高感的考察》(10次),《纯粹理性批判》(7次),《学科之争》(6次),《实践理性批判》(5次),《法权论》(5次),《实用人类学》(5次),《论永久和平》(4次),《判断力批判》(3次),《证明上帝存在的唯一可能的证据》(2次),《逻辑学》(2次),《将负值概念引入世俗智慧的尝试》(1次),《回答这个问题:什么是启蒙》(1次),《论神义论中一切哲学尝试的失败》(1次),《克劳斯对乌尔利希〈自由书〉的书评》(1次)。

[5] 参见:*BDG*,2:117.35;*NG*,212.01,215.20;*GES*,241.18;*GMS*,4:425.28,440.01;*KpV*,5:71.21;*TL*,6:435.20;*Log*,9:30.12。康德有时候也把这一点表述为低于某人尊严的东西。例如,参见:*KrV*,3:419.20;*KpV*,5:327.14;*RGV*,6:113.26;*RL*,327.27;*Päd*,9:489.11。亦可参见:*GMS*,4:438.13;*TL*,6:420.16 f.。他在那里把"尊严"解作一种"特权"。康德对"崇高"一词的说明,可见于:*KU*,5:248.05,250.05。

传统的尊严观念。当他在讨论——举个例子——"国王的尊严"（*Anth*, 7: 131.09）、"君主（monarch）的尊严"（*SF*, 7: 19.26）、"君主（regent）的尊严"和"大臣的尊严"（*ZeF*, 8: 344.06-08）的时候，他无疑使用的是贵族式的观念。在这些段落中，康德用贵族意义上的"尊严"来意指某方面的位阶，他有时还会明确地把它们等同起来（可参见：*RL*, 6: 328；*TL*, 468.09；*Anth*, 7: 127.09）。在这个意义上，康德也使用复数的"尊严"（dignities）（参见：*RL*, 6: 315；328）。例如，他把一个国家中的三种权威（统治权、执法权和司法权）叫作"国家尊严"（civic dignities），并且说它们"包含着一个总的元首（a superior over all）的关系"。这种优越性并不是一种道德性质，它不过是一种"命令者（imperans）与服从者的关系"（*RL*, 6: 315）。它所要表达的是：某人由于政治权力而高于其他人。按照这种排他性的意义（康德以此指明某个种类中的某个成员的高度），他还讨论过"哲学的尊严"（*KrV*, 3: 81.22；4: 203.08；参见：3: 322.29）或"哲学家的尊严"（*Päd*, 9: 26.14）、"数学的尊严"（*KrV*, 3: 323.09），以及"一位导师的尊严"（*RGV*, 6: 162.19）。由于这些用法全都是要把某个群体中的某个成员列为高于其他成员的，于是我把它们全都算作贵族式的尊严观念的一些实例（即使它们并没有像罗马人的观念那样，意指某个人类存在者在社会中的位阶）。总的来说，他使用这种贵族式的尊严观念一共有39次。[①]

[①] 除了此处引用的13个段落之外，其余可见于：*BDG*, 2: 117.35, 123.06；*NG* 198.02, 212.01, 215.20；*KrV*, 3: 419.20, 549.32；4: 159.33；*KpV*, 5: 25.06, 71.21；*KU*, 327.14, 336.10；*RGV*, 6: 113.26, 123.16, 165.25；*RL*, 327.27, 329.33 & 36, 363.27；*TL* 467.26；*SF*, 7: 19.18, 34.10, 52.22；*Anth*, 316.05；*ZeF*, 8: 365.14, 368.27。

不同于尊严的这种排他性的和等级性的用法，康德时常讨论的都是所有人类存在者的尊严，或者——按照他常用的表述——"人性的尊严"。①康德认为，人性的尊严就是作为独立于偏好而行动的能力的自由（参见：*RGV*, 6: 57.27, 183.24; *TL*, 420.22; *SF*, 7: 73.03; 8: 42.01; *Refl*, 19: 181; *NF*, 27: 1319-1322）。由于这种意义上的自由也就是道德地行动的能力，康德也说，人性的尊严就是道德地行动的能力（参见：*GMS*, 4: 435.08, 440.11; *SF*, 7: 58.20）。在这种语境中，康德以如是说法明确了"尊严"的意义：道德地行动的能力就是人类存在者超乎自然中的其他事物之上的特权（参见：*GMS*, 4: 438.13; *TL* 6: 420.17, 434 f.; *Päd*, 9: 488.36）。有趣的是，他并没有在这些段落中提及"价值"，但是，他明确地把人类尊严称作"内在的"（*TL*, 6: 420.22）和"不会失去的"（unverlierbar）（*TL*, 6: 436.12）。根据康德的说法，我将把尊严的这种用法叫作"源始的尊严"（ursprüngliche Würde）（*SF*, 7: 73.03），因为它表达的是我所谓的传统思维模式中的尊严的第一个阶段。总的来说，他在他的出版著作中共有41次使用这种意义上的尊严。②

再者，康德在讨论和道德性与道德上善的行为相关的尊严的时候，通常都是指传统范式中的得到实现的尊严。根据这种意义，康

---

① 逐字地出现在：GMS, 4: 439.04, 440.11; KU, 5: 273.14; *RGV*, 6: 80.18, 183.24; *TL*, 420.16, 429.16, 436.16 & 29, 449.29, 459.23, 462.30; *Päd*, 9: 488.36, 489.01 /07/ 11&34; 但是，亦可见于：*GSE* 2: 212.11, 217.17, 219.11, 221.29; *GMS* 4: 435.08, 438.13; *KpV*, 5: 88.07, 152.28; *RGV*, 6: 57.27; *TL*, 420.22, 429.24, 435.02&19, 436.12, 462.13/21&24, 465.17; *SF*, 7: 58.20, 73.03; *WA* 8: 42.01; *Rez Ulrich*, 454.20; *Päd*, 9: 488.35, 489.08。

② 可见于：前文作为参考的脚注。

德讨论过"德性的尊严"（*GSE*,2：216.29；*TL*,6：483.03）、义务概念的尊严（参见：*RGV*,6：23.23 f.）、道德法则的尊严（参见：*KpV*,5：147.17 f.；*TL*,6：464.18），还有"履行自己一切义务的人格具有的某种崇高和尊严"（*GMS*,4：440.01 f.）。康德尤其是在表达如是一种主张的时候会使用这种得到实现的意义上的"尊严"，即道德性应该超乎其他事物之上而被看重。因此，正是在这些段落中，康德在讨论这种得到实现的意义上的"尊严"的时候，它才会和"价值"同时出现（尤可参见：*GMS*,4：435.04 f.；*TL*,6：435.02 ff.）。道德性被说成是由于独立于偏好而具有的一种较高的价值："主观原因对此越不赞成，越多反对，便越是证明一个义务中的诫命的崇高和内在尊严。"（*GMS*,4：425.27-29）总的来说，尊严和道德性相关联的段落一共有31个。①

我认为，除了康德使用贵族式的尊严观念的段落之外，他对"尊严"的使用始终都符合尊严的传统范式。康德讨论所有人类存在者的尊严的41个段落指的是传统观念的第一个阶段，也就是说，它是指人类存在者高于自然中的其他事物之上的能力。在康德31次诉诸它和道德性的关联来讨论尊严的段落中，他强调的是按照某种方式来使用我们的自由的义务，也就是充分地实现我们的尊严。

关于康德对尊严的使用，同样值得我们注意的是：在"尊严"一

---

① 除了我们引用过的7个之外，亦可参见：*GSE*,2：227.35,241.18；*Aufsätze*,2：450.32；*GMS* 4：405.17,411.02&13,434.29/32&34,435.04&25,436.03&06,442.29；*RGV*,6：23.19,114.11；*TL*,467.25；*Anth*,7：295.19 & 22；8：257.27；*Log*,9：30.12；*Päd*,9：490.01&31,493.04。

词出现的111次中,只有8次和价值(worth or value; Werth)相关。①由于这几个段落正是研究性文献中的如是主张的来源,即康德赞同尊严的当代范式,②现在,我将对它们做出仔细的考察。在下一节(第二节)中,我要考察《奠基》中的那些通常被如此解读的段落。然后,在接下来的一节(第三节)中,我要考察《德性论》中的段落。我将论证说,即便是这些段落,事实上也都符合尊严的传统范式。

第二节 《奠基》中的尊严

导言

接下来,我将仔细地考察《奠基》中的一些看似和尊严与价值相关的段落,因为它们最有可能被看作是对我所提出的对康德的诠释的一种挑战。我要论证的是,如果我们仔细地考察这些段落的内容和文本,我们就会发现,康德即使在这里也遵循传统的思维模式。

康德在《奠基》中使用"尊严"一词总共只有17次。令人震惊的是,如果我们认为康德遵循的是当代范式的话,那么在我们最为期待的地方,康德根本就没有使用这个术语。他既没有在谈及人性公式和应予他人的敬重的时候使用这个术语(参见:GMS,4: 426-431),也没有在《奠基》的第三章中证成自己的道德主张的时候使用它。这是令人震惊的;如果康德把尊严看作他的"最基本的价值"

---

① 参见:GMS,4: 435.04,435.25,436.03; TL,6: 435.02,436.10-12,462.12 f.; Anth,7: 295.19; KrV,3: 322.09。

② 可参见导言至第一部分。

（伍德，1998年b，第189页），以及一种甚至能够充当定言命令式的基础的价值（参见：盖耶，2000年，第150—157页），我们就该期待康德会在（例如）《奠基》的第三章中持续处理这一议题（参见：GMS, 4: 446-463），因为他在那里致力于证成定言命令式（参见：GMS, 4: 431.32-34, 445.01 f.）。然而，康德既没有在第三章中使用"尊严"一词，也没有在那里提出一个对人类存在者的一种绝对价值的论证。[1]

相反，"尊严"在自律公式和目的王国公式的外围讨论中出现了8次（参见：GMS, 4: 434.20-436.07）。然后，在概括他对这些公式的论证的时候，他4次使用了这个术语（参见：GMS, 4: 438.08-440.13）。此外，它还零星地在《奠基》中独立出现了5次，并且显然根本无关乎对人类尊严的讨论，而是关乎道德性超乎其他任何形式的行为之上的高度（参见：GMS, 4: 405.17, 411.02&13, 425.28, 442.29）。由于康德在自律公式的附录的三个段落中把尊严和价值联系在一起，在此，我将对"尊严"一词出现了8次的附录中的一页半的内容做出考察。在分析这个附录的时候，我将提到对这个论证的一个概括。

我将论证说（并且预先提出），这个附录回答了一个关于最为宽泛的意义上的道德动机的问题。这个段落无关乎道德要求的证成问题。相反，此处要讨论的问题是，我们为什么要遵从作为自律

---

[1] 在第三章中，康德使用了1次"内在价值"这个短语（参见：4: 454.37），它在那里明显和道德性有关，而不是意指所有人类存在者的一种价值；他在谈及人性公式的时候，3次使用了"绝对的价值"这个短语（参见：GMS, 4: 428.04, 15&30），然而，他只是顺带提了一下。

公式的定言命令式,这个公式强调的是对除了道德动机之外的一切兴趣的排除(参见:GMS 4:431.25-432.04)。康德的回答是:我们之所以要遵守定言命令式,是因为对这种命令式的遵从(也就是道德性)具有一种较高的价值(也就是说,唯有道德性应该被无条件地追求)。我认为,康德不过是重申了《奠基》中熟悉的主张,而不是要提出尊严的当代范式。唯有一个道德上善的意志才能具有一种无条件的价值。尽管我们完全可以在一种更为温和的意义上(即作为对我们应该看重的东西的一种规定)把"尊严"的定义解读为"无条件的价值",但是这样做和康德在其他地方的用法是不一致的,并且使"尊严"在这个段落中丧失其意义:"尊严"表达的是道德的崇高性,因为这种价值是高于或先行于其他任何价值的:道德性(而不是我们偏好的对象)应该超乎其他所有事物而被追求。

这个段落的语境

更为详细地说,这个段落出现在康德对自律公式和目的王国公式的讨论的末尾。在他的讨论中,康德不断地在这两个公式之间切换。康德引入自律公式,"亦即每一个理性存在者的意志都是普遍立法的意志的理念"(GMS,4:432.03 f.),[①]是为了澄清定言命令式"定言的"本性,或者"在命令式本身中,通过它所包含的某一种规定,也同时暗示着在出自义务的意欲中,对一切兴趣的排除"

---

① 在这个时候,康德并没有把自律公式表述为一个命令式的形式。他首次这样做是在4:434.12-14。

(*GMS*, 4: 431.35-37)。①康德随后指出,自律公式的理念(即每个理性存在者都应该制定普遍法则)引出了一个目的王国的理念。一个目的王国是"不同的理性存在者通过共同的法则形成的系统结合"(*GMS*, 4: 433.17 f.)。这样一个王国只能是一个理想,但是如果每个人都根据定言命令式而行动,它就会现实地实存(参见:*GMS*, 4: 438.29-32)。②

他得出结论:"道德性存在于一切行动与立法的关系中,唯有通过这种关系,一个目的王国才是可能的。"(*GMS*, 4: 434.07 f.)康德把目的王国的要求重述为自律公式的要求,因为普遍的要求必定能够出自一个行动者的意志,而无需考虑这个要求的关涉范围。③然后,他第一次把自律公式表述为:"只这样采取行动,即意志能够通过其准则同时把自己视为普遍立法者。"(*GMS*, 4: 434.12-14)。它也正是关于尊严的段落所要讨论的法则。

这个段落

在解读这个8次使用"尊严"的段落的时候,我们必须意识

---

① 制定普遍法则的要求导致一个定言的命令式,即不要依赖于其他任何我们(由于偏好)想要的东西,因为一个普遍的或最高的立法者不能受制于偏好:"因为这样一个依赖的意志就会本身还需要另一个法则,来把它的自爱的兴趣限制在普遍法则的有效性的条件上。"(*GMS*, 4: 432.08-11)康德的论证的背后是这样一种看法,即一切偏好都是对自爱的促进,参见:*KpV* 5: 22-25。

② 当他第一次讨论目的王国的时候,康德同样没有把它表述为一个公式。他只是在重申自己的论证时说:"每一个理性存在者都必须如此行动,就好像它通过它自己的准则在任何时候都是普遍的目的王国中的一个立法成员似的。"(*GMS*, 4: 438.18-21)

③ 因此,帕通把目的王国公式算作自律公式的一个附属公式,可见于:帕通,1947年,第129页。其关涉范围强调的是我们的义务的承受者,而不是谁负有义务,参见:吉伯德,1999年,第151页。

到，它是自律公式的附录，而且这个公式否定了偏好是我们恰当的道德动机。这个段落并不是要解决道德要求的证成问题，除非尊严是一种基本的价值，我们才能有这样一种期待。这个附录是一个极其紧密的和复杂的段落。因为，它试图把四个关键概念联系起来，它们中的每一个都在这一页半的内容中得到了不同的表达。这四个概念分别是："自律""道德性""尊严"和"价值"。这些概念结合在如是一个主张之中：一个道德上善的人之所以是自律的（或者遵守自律公式的）人，是因为道德性具有一种较高的价值。

鉴于这个段落的复杂特性，我首先要解决的问题是，如果我们严格地根据这个段落的语境来理解它的话，它为什么就应该被解读为尊严的传统范式的一个实例。为了避免让问题进一步复杂化，我不会在下文的每一个节点都强调一下为什么这个段落不是当代的思维模式的一个实例。然而，当我讨论完这一页半的全部内容之后，我将提供一个独立的讨论，以反对这样一种观点，即"价值"一词的出现使得《奠基》的这个段落成为了尊严的当代范式的一个例子。在这个讨论中，我将再次指出，首先，对于康德来说，善是信赖于正当的；其次，具有一种绝对的内在价值的并不是人性本身，而是道德性；再次，康德并没有把价值设想为一种独特的形而上学的属性。这个段落的开头是：

【第1次出现】按照这个原则去行动的实践必然性……根本不是依据情感、冲动和偏好……理性……并不是为了任何其他的实践动因或者未来的利益，而是出自一个理性存在者的**尊**

严的理念,这个理性存在者除了它同时为自己立的法之外,不服从任何法则。(GMS,4: 434.20-30①)

"尊严"的第1次出现把它和"自律""道德性"的概念联系起来。一个道德上善的存在者对自律公式的遵守并不是出自任何偏好或关于自己益处的想法,而是出自一个道德上善的存在者的尊严(或崇高)的理念,如是一个存在者也就是一个遵守自律公式的存在者,或者——正如引文中最后一句话所言——"这个理性存在者除了它同时为自己立的法之外,不服从任何法则"。正如《奠基》稍后对这个论证的概括所指出的,康德心中所想的是这个行动自己的道德上善的意志的尊严。②尽管如是一种观点是康德的伦理学著作中的一个常见论题,即我们自己的道德上善的意志的尊严或崇高性的理念是一个恰当的道德动机,③但是,我们也必须以恰当的方式小心地解释这一点。为了成为道德上善的,一个人格不能为任何对自己作为一个道德上善的人格的嗜好所推动,也不能为任何关于这样做在他人眼中可能会产生的好处的考虑所推动。(参见例如:GMS,4: 397.19-32)更为适宜地把这一要求表述为,一个道德上善的人格之所以要遵守自律公式是因为道德性的尊严。因此,道德性的尊严就可以解释遵守自律公式在实践上的必要性。

---

① 在这次和后面的引文中,我都为"尊严"加上了粗体。
② 可见于:《奠基》,4: 440.07-10(强调系我所添加):"就我们自己的意志仅仅在一种因其准则而可能的普遍立法的条件下才去行动而言,这个理念中对我们来说可能的意志是敬重的真正对象。"
③ 参见(例如):TL,6: 483,459; KpV,5: 152; RGV,6: 183; SF,7: 58。

在"尊严"一词接下来两次出现时,康德把它阐释为高度:

【第2次和第3次出现】在目的王国中,一切东西要么有一种价格,要么有一种**尊严**。有一种价格的东西,某种别的东西可以作为等价物取而代之;与此相反,超越一切价格、从而不容有等价物的东西,则具有一种**尊严**。(GMS,4:434.31-34)

这两次出现是要把尊严阐释为崇高性或最高形式的高度。在这个段落中,康德讨论的是某物高于那些可以有一个价格的事物之上的特殊情形,后者可以和其他具有同等价格的事物交易。高于价格之上的和具有一种较高价值的事物就是道德性,正如接下来的两次出现中所清楚阐明的一样:

【第4次和第5次出现】与普遍的人类偏好和需要相关的东西,都具有一种市场价格……但是,构成某物唯有在其下才能是目的自身的那个条件的东西,则不仅具有一种相对的价值,亦即一种价格,而且具有一种内在的价值,亦即**尊严**。
现在,道德性就是一个理性存在者唯有在其下才能是目的自身的那个条件……因此,道德和能够具有道德的人性是唯一具有**尊严**的。(GMS,4:434.35-435.09)

这几次出现都把"道德性""尊严"和"价值"的概念联系在一起。具有一种内在价值的东西正是道德性。康德用"内在的"一词所要表达的是：我们何以必须孤立地判断某物，也就是说，独立于任何可能存在的关系对它做出判断（参见：*KrV*, A324 f./B381 f.）。鉴于他把"价值"用作对我们应该看重的东西的规定（可见于：前文第一章），那么他想要表达的意思就是说：我们应该看重道德性，无论我们是否具有这样做的偏好。追求道德的规定并不以它和（例如）道德行动的功效可能存在的关系为条件，或者以我们是否偏好这个行动为条件。正是在这个方面，道德价值高于相对的或有条件的价值。说某物具有一种相对的或有条件的价值，就等于是说，某物由于别的什么事物而应该被看重，例如，由于我们对它的偏好（参见：*GMS*, 4: 428）。

当康德在这种语境中使用"尊严"一词的时候，它可以仅仅是"内在价值"的一个定义（在刚才明确的那种意义上）。然而，这种用法将会有悖于康德在大多数段落中对"尊严"一词的使用（可见于：前文第一节）。而且，这个段落也会丧失其确切意义。康德的问题在于，为什么一个道德上善的存在者要遵守自律公式。康德的意思是说，道德性比其他任何价值都更为重要，也就是说，道德性就价值而言是更高者或较高者。严格来说，贯穿于他的著作之中的"尊严"都是一个用来表达某物（在某些方面）超乎其他事物之上的概念。因此，"内在价值，亦即尊严"的说法不应被解读为"尊严"的一个定义，而是如是一种具体的要求，即"内在的"就是比"相对的"更为重要的或超乎其上的。整个这句话可以转述为：道德性不仅仅是一种从属性的相对价值（价格），而是一种较高的内在价值（一种价值上的尊严）。"尊严"被用于表达如是一种思想，即道德价值高于其他任何价值。① 尽管道德性在它应该超乎其他任何事物而被追求的意义上具有尊严，人性在就其具有道德性的能力而高于自然中的其他事物的意义上也具有尊严（参见：*GMS*，4：438.12 f.）。在传统的范式中，它们是高度或尊严的两个阶段。唯有当我们恰当地使用了自己的道德能力的时候，人性的源始高度才能得到实现。在《奠基》的这个部分中，康德主要讨论的是得到实现的尊严（一个道德上善的意志），正如它在接下来这一次出现中清楚阐明的一般：

> 【第6次出现】工作中的技巧和勤奋具有一种市场价格……与此相反，出自原理（不是出自本能）的信守承诺、仁爱具有一种内在的价值……这些行为……把实施它们的意志呈现为一种直接敬重的对象……因此，这种评价使人认识到这样一种思维方式的价值是**尊严**，并使它无限地超越一切价格（*GMS*，4：435.09-28）。

这次出现证实了康德在这个段落中讨论的是道德性。具有一种超乎一切价格之上的价值的东西是指道德性，而且"尊严"是在某物（道德性）超乎其他任何事物之上（道德价值超乎一切价格之上）的语境中出现的。在此，他更为具体地谈到了一个道德上善的意志或一种道德的思维方式，从而使这个段落更加接近于《奠基》第一

---

① 但是，如果"内在价值"的意思是指对无条件地看重某物的规定，难道尊严就其具有"值得珍重"的内涵而言不是一种内在价值吗？难道康德说"某物应该被看重"和"它值得被看重"不是同一个意思吗？然而，无条件地看重某物的要求并不是康德所使用的"尊严"的一个必需的内涵，例如，他在讨论"数学的尊严"或"一位导师的尊严"的时候。

章中著名的开首语——唯有一个善的意志才能被称为无条件善的（参见：*GMS*,4：393.05-07）。康德认为，一个道德上善的思维方式具有内在的价值，并且因此高于其他任何天赋和并不具有这种特殊的价值的思维方式（也就是说，那些不能被无条件地看重的思维方式）。根据传统的范式，这正是一个道德上善的人所具有的得到实现的尊严。

尊严接下来的几次出现，指明了道德性为何被说成是具有一种较高的价值，并且反过来把自律和道德性这种较高的价值联系起来：

【第7次和第8次出现】如今，究竟是什么使道德上善的意念或者德性有资格提出如此之高的要求呢？无非是这种意念为理性存在者争得的对普遍立法的参与权……因为除了法则为之规定的价值之外，没有任何东西具有一种价值。但正是因为这一点，规定一切价值的立法本身必须具有一种**尊严**，亦即无条件的、无与伦比的价值①……因此，自律就是人的本性和任何有理性的本性的**尊严**的根据。（*GMS*,4：435.29-436.07）

这两次出现把"道德性具有一种较高的价值"的主张和最初的问题结合起来，即为什么一个道德上善的人要遵守自律公式。它们把"道德性""尊严"和"价值"，同"自律"或——正如康德在此对它的简称——"立法"联系起来。自律地行动就是在采纳我们的准则的时

---

① 此处，"**尊严**，亦即无条件的、无与伦比的价值"的说法也并不必须被解读为"尊严"的一个定义。它应该得到如是一种解读："道德性具有一种较高的地位（尊严），因为它应该超乎其他一切事物之上而被看重（它具有一种无与伦比的价值）。"

候，仿佛是在为所有其他人制定一个法则（参见：GMS，4：432 f.）。因此，康德在前文的段落中讨论立法，就是他把这个讨论拉回到自律的方式。康德在这个段落中以如是一个问题开头，即一种道德的思维方式为什么具有一种绝对的价值，或者高于其他任何思维方式之上（也就是说，具有一种尊严）。康德的回答是：这种思维方式能争得对普遍的立法或自律的参与权。对于他的回答，即立法具有一种较高的价值，他进一步解释如下：道德法则作为一个原则先行于并规定了善：这个（道德的）法则规定了一切（道德上的）价值（参见：前文第一章）。如果法则规定了一切（道德上的）价值，那么根据法则的要求去行动，就意味着我们是道德上善的，并且具有道德价值。因为，根据法则的要求去行动就等于是在立法（作为自律），正是这种立法具有一种无条件的价值，或者一种较高的价值（亦即价值上的尊严）。因此，康德可以得出结论说：自律是人类存在者的（得到实现的）尊严的根据。自律是一种道德的思维方式所能提出的高要求（成为较高的或具有尊严）的根据。这就回答了康德在这个段落（包含第7次和第8次出现）的开头提出的问题。

这个解释——"因为这一点，规定一切价值的立法本身必须具有一种……无条件的、无与伦比的价值"——并不是要论证法则为什么是先行的，或者道德性为什么具有一种较高的价值。那种论证是由《实践理性批判》和《奠基》的第一章给出的。这个解释也不是要论证如是一种看法，即人类存在者具有一种赖以应该受到敬重的价值。[1]这样一种论证将会是科斯嘉德初版回溯论证的一个版本

---

[1] 怀着对波切都的敬意：其2012年。

（正如第二章的第一节曾讨论过的）。我曾经论证说,这种论证是无效的(参见:同上),但是,"为什么其他人类存在者应该受到敬重"的问题也并不是康德在此所讨论的主题。他的主题是:一个道德上善的人为什么要遵从自律公式,或者说,这种思维方式的特殊之处是什么。这个解释揭示了不同的概念之间的联系,并且把自律和康德关于道德动机的看法结合起来。

总而言之,《奠基》中这一页半的有关尊严的讨论之所以变得如此复杂,是因为它们把四个截然不同的概念结合在一起("自律""道德性""尊严""价值")。对这一复杂结构的揭示产生了一副极好地适宜于传统的思维模式的图景。康德在自律公式的整个这个附录中的主张是:道德性超乎其他一切事物而被看重。这就回答了一个善人为什么要遵守自律公式的问题。他之所以要这样做,既不是出自他希望获得的任何益处,也不是出自任何偏好,而是出自道德价值的较高地位的理念(亦即它的尊严)。这都是康德在《奠基》全文中提出的熟悉主张,他甚至根本不需要在此为它们做出论证。因此,康德在《奠基》中讨论尊严的段落可以根据尊严的传统范式得到很好的解释。

作为一种价值的尊严

现在,我已经指出,《奠基》的段落何以能够表明康德使用的是尊严的传统范式,同样重要的是,这也直接阐明了我的消极主张,即他并没有使用当代的思维模式。由于这样一些说法的出现,例如,"内在价值,亦即**尊严**"(第4次出现),或"认识到这样一种……价值是**尊严**"(第6次出现),或"一种**尊严**,亦即无条件的、无与伦比的价值"(第7次出现),它们有可能被解读为当代范式的一些实例。如果我们把尊严解读为内在价值,如果人性具有尊严(第5次出现),那么人性就具有内在价值,我们就会被引导着去认为,我们之所以要敬重人性是因为它具有一种内在价值。

然而,这并不是康德真正的意思,而且牢记我曾强调过的三个要点是极为重要的:首先,对于康德来说,善依赖于正当;其次,具有一种内在价值的不是人性,而是道德性;再次,康德并没有把价值设想为一种独特的形而上学的属性。

就第一点而言,康德在《奠基》中也曾清楚地表明,善是依赖于正当的:"因为除了法则为之规定的价值之外,没有任何东西具有一种价值。"(GMS,4:436.01 f.)因此,没有任何独立的价值能够为敬重他人的要求奠基,对于康德来说,它们之间的关系是相反的:我们之所以要敬重他人,是因为这是作为人性公式的定言命令式的诫命。正是由于道德法则——而不是由于人类存在者的一种内在价值——我们才要敬重他们(可见于:前文第一章和第三章)。

其次,这一点又进一步地从如下事实中获得了支持:在《奠基》和其他著作中,康德都专门地把绝对的内在价值和道德性,而不是人类存在者本身结合在一起。①这一点不仅出现在《奠基》著名的开首语中,康德在那里主张说,唯有一个善的意志才能被称为绝对善的(参见:GMS,4:393),而且它也出现在讨论尊严本身的段落中。回忆一下,这个段落是始于对依据一个道德原则(自律公式)而行动的实践上的必要性或义务的追问(参见:GMS,4:434)。尽

---

① 亦可参见:马尔霍兰,1990年,第104页。两个少有的例外:GMS,4:428.04;TL,6:462.13,它们分别在第三章和下文第三节得到了讨论。

管康德说道德性和人性都具有尊严（第5次出现），但是唯有道德性才被说成是具有一种内在价值："构成某物唯有在其下才能是目的自身的那个条件的东西……具有一种内在的价值……现在，道德性就是……那个条件。"（GMS,4：435）他继续解释说，唯有道德性才具有一种内在价值，道德性导致了一种直接的敬重，而且他还追问说："究竟是什么使道德上善的意念或者德性有资格提出如此之高的要求呢？"（同上）他回答说，我们唯有在道德地行动的时候（通过参与立法），才能像我们无条件地应该行动（依据法则规定的行动）的那样行动。同样，在这个讨论尊严的段落中，康德专门把绝对的内在价值和道德性结合在一起（亦可参见：达沃尔，2008年）。这是对康德著作中反复出现的思想的一个清楚的表述。贯穿于他的著作之中，康德多次重申如是一个主张，即人类存在者的内在的或绝对的价值就是他们唯一能够通过成为道德上善的而给予自身的价值：

"（那）是唯有他自己才能给予自己的价值，而且这种价值就在于他做什么，他如何以及按照什么原则不是作为自然的环节，而是以他的欲求能力的自由而行动；也就是说，一个善的意志是他的存在能够具有一种绝对的价值所唯一凭借的东西。"（KU,5：443.07-13）[1]

---

[1] 可见于（例如）：GMS,4：439,449 f.,454；KpV,5：110 f.,147 f.；KU,5：208 f.。马修·卡斯韦尔（Mattew Caswell）论证说，康德的恶观念排除了人性会具有这样一种绝对价值的可能性，参见：卡斯韦尔，2006年。

人类存在者的这种绝对价值次于且依赖于一个道德上善的意志。这并不意味着我们可以用一种非人道的方式来对待道德上恶的人类存在者——再次重申,康德认为,即使一个罪犯也应该受到敬重①——,而是强调,康德的伦理学并不是建立在人类存在者的一种内在的或无条件的价值的基础之上的,以及对于康德来说,权利不是奠基在人类存在者所具有的一种价值(参见:TL,6:239.13-21):如果我们应该敬重所有人类存在者,但是不是所有人类存在者都具有一种绝对的价值(一个道德上善的意志),那么,绝对的价值就不是敬重他人的要求的根据。

因此,康德既没有把敬重他人的要求奠基在所有人类存在者都拥有的一种绝对的内在价值之上,也没有提出这样一种价值。再次,这一点又可以从康德的价值观念中获得进一步的支持。康德并没有积极地把价值明确为一种独特的形而上学属性。在《奠基》对尊严的讨论中——正如在其他地方一样②——康德仅仅消极地明确了内在价值。康德说,内在价值"超越一切价格","不容有等价物的东西"(第3次出现),"不仅具有一种相对的价值"(第4次出现),而是还有一种"无条件的、无与伦比的价值"(第7次出现;所有强调均系我所添加)。再一次——正如我在第一章中论证过的——我同意这样一些学者的观点,他们认为"内在价值"不过是对"我们应该独

---

① 参见:康德,TL,6:463.12 f.;可见于:希尔,1992年,第53页;伍德,1999年,第132—139页。
② 可见于:勒雷尔,1995年,第36页。参见:珊德勒,1962年,第61页;施瓦特伦德尔(Schwartländer),1968年,第183页。

立于其有用性而看重的东西",①或者"我们只要充分地受到理性的支配就会看重的某物"②的另一种说法。

因此,《奠基》的这个段落中没有任何迹象表明,康德打破了他的如是主张,即价值不是道德要求的根据(参见:第一章)。相反,他直接肯定了价值依赖于道德法则(参见:*GMS*,4:436)。然而,这就为如是一种可能性留有余地,即康德在《奠基》4:434-436中把尊严设想为一种较为温和的意义上(作为理性的一个规定)的价值。在某种程度上,这是一种自然而然的解读,因为这种路径正是由康德所引发。他似乎在两种类型的价值之间设置了一种比较,它们是价格和尊严:道德性"不仅具有一种相对的价值,亦即一种价格,而且具有一种内在的价值,亦即尊严"(*GMS*,4:435)。因此,同样地,我认为这种解读是可能的,但与此同时,它对我的整个论证的影响不大,因为它并没有为敬重他人的要求引入一种新的证成。

无论如何,我认为,这根本就不是康德在此想要表达的意思,正如我曾在前文中论证过的一样。这种对"尊严"的用法和康德在其他地方的用法是不一致的(也和"尊严"在他所处的那个时代的用法格格不入)。但是,更为重要的是,根据这种对尊严的诠释,我们就会错失由"尊严"一词所带来的更为深刻的维度和细节。康德并不纯然是在用另一个不同的术语来表达"绝对的价值",他在使用

---

① 仍可参见:罗斯,1954年,第50及下页;希尔,2003年,第19页;恩斯特龙,2009年,第11—14页。
② 再度可参见:希尔,1992年,第48页;迪安,2000年,第34页;*GMS*,4:414,449,454。

"尊严"这个说法时，想要表达的是如是一个理念，即道德性是较高的和特殊的。在这个特定的语境中，康德用"尊严"一词表达了如是一种思想，即道德价值超乎其他一切价值之上。

因此，我并不认为康德提出了尊严的当代思维模式，也不认为他把"尊严"定义为"价值"，即使是在《奠基》中最具此等意味的段落中也是如此。

第三节 《德性论》中的尊严

在这一节中，我将就《德性论》中康德对"尊严"的使用做出一个仔细的考察。即使我们承认康德的确在《奠基》中使用尊严的传统范式，而不是它的当代范式，我们同样也可以论证说，他在《德性论》中改变了自己的想法（参见：达沃尔，2008年，第175—177页）。我们来讨论一下如下段落。康德说：

> 人唯有作为人格来看……拥有一种尊严（一种绝对的内在价值），藉此他迫使所有其他有理性的世间存在者敬重他（*TL*, 6: 434 f.）。

稍后，他又说：

> 因此，我对别人怀有的或者一个他人能够要求于我的敬重……就是对其他人身上的一种尊严的承认，亦即对一种无价的、没有可以用价值评估的客体与之交换的等价物的价值的承

认。(*TL*, 6: 462)

这两个段落都引导我们认为,康德赞同尊严的当代范式。那么,他的主张就会是说,所有人类存在者都具有一种叫作"尊严"的绝对的内在价值,这也正是我们为什么要敬重他人的理由。因此,在这一节中,我们将对这些段落做出仔细的考察。

接下来,我将首先对康德在《德性论》中对"尊严"的使用做一个概述。然后,我将仔细地考察"尊严"和"价值"同时出现的两个段落,看康德是否提出了尊严的当代范式。再次,我将反思它在《德性论》中的意义是否在这个方面打破了康德早期著作中的意义。

康德在《德性论》中对"尊严"的使用

康德在《德性论》中使用"尊严"一词共有21次。[1]它们都是孤立地和零星地出现的,没有遵循一个系统的模式。康德在讨论反对阿谀奉承或假谦卑的义务的时候,6次用到这个术语(参见:*TL*, 6: 435 f.)。在讨论应予他人义务的时候,"尊严"出现了9次(参见:*TL*, 449, 462, 464, 467 f.)。它在对自己的义务的引言部分出现了2次(参见:*TL*, 6: 420),在康德处理不要说谎的义务的时候出现了2次(参见:*TL*, 6: 429)。在讨论爱他人的义务的时候出现了1次(参见:*TL*, 6: 459),然后,在"方法论"中出现了1次(参见:*TL*, 6: 483)。这个术语的这种零星的和不多的使用不禁让我们怀疑,康德是否真的把"尊严"当作《德性论》中的一个关键概念。

---

[1] 可见于:*TL*, 6: 420.16 & 22; 429.16 & 24; 435.2&15&19; 436.12&16&29; 449.28; 459.23; 462.12&21 & 24&30; 464.18; 467.25&26; 468.09; 483.03。

更具有启发性的地方在于,康德在这本著作中是在何种意义上讨论尊严的。在这个术语的21次使用中,有3次是贵族式范式的实例。康德强调一个要素超乎其他要素之上,但是他并不是指一种道德上的位阶,或者所有人类存在者在自然中的一个更高的位置。相反,康德讨论的是尊严应该就某人在社会中持续地占据的"地位和尊严"(Stand und Würde)(TL,6:468.9)而言表现出来一些差异,以及就错误地"被提升到一个法则的尊严"的习俗(TL,6:464.18 f.)。在第3处,康德说,反对嘲弄的正当方式是"要么根本不作任何防卫,要么作出有尊严的和严肃的防卫"(TL,6:467.26)。在这几个地方,康德都并不是在讨论道德性(也不是在讨论一种基础性的道德价值),而是在讨论一个实体所占据的超乎其他实体的一种更高的位阶(以及符合我们的较高位置的行为)。

康德3次讨论了道德性的尊严,例如,他谈到了德性的尊严(TL,6:483.03)、理性的道德兴趣的尊严(参见:TL,6:467.25),以及我们的道德实践理性的尊严(参见:TL,6:435.02)。我认为,其余15次都是指"人性的尊严"(Würde der Menschheit或者类似于现代德语的Menschenwürde,参见:TL,6:429.24,436.29)。由此可以看出,康德在此依然是在我们所具有的一个道德上善的存在者的理念的意义上使用"尊严"一词(前文第三章中所规定的理想的或本体的人性)。这跟某人现实地成为道德上善的,或者得到充分实现的道德性的尊严不是一回事。相反,人性在这种意义上和道德能力是一回事,后者对于康德来说等于自由意志(可参见:第三章)。所有人类存在者由于是自由的存在者而超乎自然中的其他事物之上,这个理念跟服从道德法则是一回事。

举个例子,康德把"其人格中的人性的尊严"明确为"一个道德存在者的优点,亦即按照原则来行动,也就是内在自由"(*TL*,6:420.16)。康德用"尊严"来表达了如是一种思想,即人类存在者超乎自然中的其他事物之上:"他的尊严正在于此,由此他使自己高于一切其他世间存在者。"(*TL*,6:462.24)正是自由赋予人类存在者这样一种优点,或者说使他们高于自然中的其他事物。康德称其为"内在的自由,一个人类存在者的内在尊严"(*TL*,6:420.22)。所有人类存在者都内在地具有这种形式的尊严。

最重要的是要注意到,"尊严"的21次出现中只有3次是和"价值"同时出现的(参见:*TL*,6:435.02;436.12;462.12)。现在,我将仔细考察一下如下段落:反对假谦卑的义务(*TL*,6:434-436)以及应予他人的敬重的义务的引言部分(*TL*,6:462-464)。提前告诉大家,我将论证说,即使在这种语境中,康德讨论的也是人性(成为道德的能力)的尊严。在整个《德性论》中,康德的论点都在于,我们绝不应该剥夺我们自己能够自由地行动(也就是说,依据道德性而行动)的优点。这并不是对道德性的一种新的证成或应用,它不过就是在用一种不同的方式说,我们应该按照定言命令式的诫命而行动。在反对假谦卑的义务的语境中,这个理念表现为,"真正的自我珍重"是"为其自己人格中的人性的尊严而自豪"(*TL*,6:459.23)。我们不应在他人面前贬低自己,因为我们自己身上就具有最为重要的事物:道德法则和遵守它的能力。因此,"他可以与同类的任何其他人媲美,在平等的基础上评价自己"(*TL*,6:435)。康德在这种语境中提到的价值就是我们在自己眼中应该具有的一个善的意志的价值。正是出于相同的理由,康德才会在敬重的义务的引言中同时提到"尊严"和"价值":"就像他不能以任何价格出卖自己(这会与自我珍重的义务相抵触)一样,他也不能与他人作为人同样必要的自我珍重相悖而行动。"(*TL*, 6: 462)这就意味着,当康德说敬重他人就是"对其他人身上的一种尊严的承认,亦即对一种无价的价值的承认"的时候(*TL*, 6: 462),他的意思不过是说,我们应该敬重的东西是什么——他们为道德价值所付出的努力;这并不是在为我们为什么要敬重他们提供一个证成。

现在,在概述完康德在《德性论》中对"尊严"的使用之后,我将仔细地对"尊严"和"价值"同时出现的段落做出一个仔细的考察。而且,我打算从讨论反对假谦卑的义务的段落入手(参见6: 434-6)。

尊严与反对阿谀奉承的义务

康德把反对阿谀奉承的义务当作如是一种义务来讨论,即一个人类存在者对纯然作为一个道德存在者的自己具有的义务。他的意思是说,他在看待一个人类存在者的时候,不会去考虑他的动物性或肉体的本性(参见:*TL*, 6: 420)。他在那种语境中论及的另外两种恶习是说谎和吝啬。康德之所以要反对这些恶习,是因为它们就其形式而言就直接违反了道德法则:"这些恶习所采纳的原理,与作为道德存在者的人们的品性(在形式上就已经)截然相悖。"(*TL*, 6: 420)对于康德来说,一种品性就是一种因果法则(参见:*KrV*, A539/B567)。一个道德存在者的因果法则就是道德法则或定言命令式(参见：GMS,4：446 f.)。这就意味着，这三种恶习直接违反了一个现成的道德诫命，即根据能够被普遍化的原则而行动，从而成为自由的存在者："这些恶习以不具有任何原理，这样也无任何品性为自己的原理。"(TL,6：420)这也正是为什么这些恶习被说成是"剥夺自己作为一个道德存在者的优点，亦即按照原则来行动，也就是剥夺自己的内在自由"(TL,6：420)。因此，说谎、吝啬和阿谀奉承直接地反对我们的自由(它被理解为依据定言命令式而行动)。它们否定我们能够依据原则而行动的优点和尊严，并且"由此使自己成为纯然偏好的游戏，因而成为物品"(TL,6：420)。康德用"尊严"来改述他的核心主张，即我们应该依据定言命令式而行动。如果我们不这样行动，我们就剥夺了自己的优点(自由)，并且把自己贬低为一个受到外部力量规定的事物。康德对"尊严"的使用并没有为陷入这三种恶习为什么是错误的提供一种新的证成，但是，他用"尊严"和"贬低自己"的说法揭示了这些恶习的一个方面。

如果我们更为仔细地考察阿谀奉承或假谦卑的恶习(TL,6：434-436)，这一点就能够得到证实。在前文第三章中讨论敬重的时候，我们已经讨论过这种恶习了。在当前的语境中，我感兴趣的是康德对"价值"和"尊严"的使用。我的主张是：在这个段落中，康德讨论的是道德价值。因此，他对"尊严"的使用并没有引入一种新的价值和尊严的观念，而是重申了一个我们熟悉的主张，即道德性在价值方面是更为重要的，或者说是超乎其他价值之上的(也就是说，在价值方面具有一种尊严)。前文已经说过，阿谀奉承的恶习是"仅仅作为获取一个他人的恩惠的手段而想出的对其自己道德价值的降低"(TL,6：435 f.)。我们不应该贬低自己，而是要尊崇自身中的道德价值(参见：TL, 6：436, 468)。作为法则的一个主体，人类存在者可以"与同类的任何其他人媲美，在平等的基础上评价自己"(TL, 6：434.32 f., 435.3-5；参见：Vigil, 27：609 f.)。再一次，这个理念表现为：通过遵从道德法则，我们能够获得一个道德上善的意志的无条件的价值(在第一章中所指出的意义上)。相比之下想要获得他人的恩惠只是有条件的价值，因此，我们不应该奉承他人。在反对阿谀奉承的义务的语境中，康德没有引入一种新的价值。

因此，我们没有理由认为，康德的如下段落是想引入一种新的价值观念(一种可以证成道德要求，但却会违背他就这个主题想要论证的其他一些东西的价值观念)(参见：第一章)。这个段落是：

> 人唯有作为人格来看……拥有一种尊严(一种绝对的内在价值)，借此他迫使所有其他有理性的世间存在者敬重他(TL, 6：434 f.)。

这个段落之中没有任何特殊之处能够表明，此处的"价值"不同于康德在其他地方为之论证的"价值"(参见：前文第一章)。事实上，在我看来，这个段落似乎很难让我们把如是一种见解归之于康德，即所有人类存在者自身都具有一种能够为敬重他人的要求奠基的价值。因为，康德说过，"一个人类存在者(作为现象的人、有理性的动物)是一种意义不大的存在者"，它仅仅具有一种"普通的价值"。尽管他"能自己给自己设定目的，这给予他的毕竟只是其可用性的一种外在价值"。这种价值甚至"还低于一般交换物，即货币"。相反，他的绝对价值源自他是"一种道德实践理性的主体"(TL, 6：434)。

这和我们前面就康德对"价值"的使用的诠释，以及他对敬重他人的要求的诠释是一致的。作为一个道德实践理性的主体，一个人类存在者服从定言命令式，并且能够获得一个善的意志。这个意志是唯一值得我们无条件地追求的东西（也就是说，它"具有"一种绝对的内在价值）。当康德说一个存在者迫使他人敬重自己的时候，他并不是在讨论应予他人的诫命性的敬重。相反，他讨论的是敬重的道德情感，康德认为，准确地说，这种敬重的情感就是对道德法则的敬重，而他人为道德法则给出了一个实例（参见：*GMS*, 4: 401 note; *KpV*, 5: 81 note）。一个人类存在者由于其道德实践理性而服从于定言命令式，后者无条件地发布诫命，并且迫使其他遵从它们的人们表示敬重。这并不是要就我们为什么要敬重他人提出一种新的证成（参见：第三章），而是要解释我们为什么不应该阿谀奉承。我们能够获得最为重要的东西（一个善的意志），因此我们不能认为我们自己比任何人更卑微。

康德用"尊严"来表达较高者和较低者的相同的主张。自我珍重的义务乃是基于如是一种思想，即我们能够获得最为重要的东西：作为道德法则的诫命的一个善的意志。因此，我们自身的这个方面就是重要性上的较高者：它就其重要性而言是崇高的，并且能够把我们自己提升到自然中的其他事物之上。这也正是康德把它纳入到他对假谦卑的恶习的讨论之中的方式："自然系统中的人……是一种意义不大的存在者……"然而，"他作为动物人的低能不能损害他作为理性人的尊严的意识"；因此，一个人类存在者"不应当否认道德上的自我珍重"，而是要"意识到其道德禀赋的崇高"而坚持这种珍重。这也就是说，"从我们能够做出这样一种内在的立法，（自然）

人感到有崇拜其人格中的（道德）人的要求，同时得出升华和最高的自我珍重"。人类存在者的这个道德的方面涉及一种"对其内在价值（valor）的情感，依照这种情感，他不为任何价格（pretium）所收买，而且拥有一种不会失去的尊严"（TL,6：434-436）。

因此，自我珍重就是以我们的道德召唤的尊严为骄傲。①康德用"尊严"来表达如是一种理念，即某物是"崇高的""高贵的"或"高于任何价格的"。在这种语境中，高贵的东西就是道德使命（在唯有道德性应该被无条件地追求的意义上），或者我们自己是道德上善的理念（参见：TL,4：436；Vigil,27：593；GMS,4：434；Päd,9：488 f.）。在这种语境中，尊严无疑关乎道德性。它本身并不是一种价值，但却被用于表达道德价值超过其他任何形式的行为的一种更高的地位。

因此，康德在讨论阿谀奉承的恶习时同时使用"尊严"和"价值"的事实并不意味着他赞同尊严的当代范式。相反，康德讨论的是一种道德实践理性的价值，也就是我们非常熟悉的一个主张，即道德性应该超乎其他一切事物而被追求（也就是说，具有一种绝对的价值）。康德用"尊严"表达了如是一个理念，即道德价值比其他任何形式的行为都更高和更为重要。如果我们挑出一两句话，并且对它做出孤立的解释，我们就会获得如是一种印象，即康德就我们为什么应该敬重他人提出了一种新的证成（因为，他们具有一种价值）。然而，根据对这个段落的一个仔细的考察，他无疑并没有这样一种见解。现在，我将考察康德同时使用"尊严"和"价值"

---

① 康德在此用"道德召唤"（moral calling）意指人格性，或者成为服从道德法则的，参见：Vigil,27：627，TL,6：459；GMS,4：434。

的第二个段落。

"尊严"和敬重他人的要求

康德在《德性论》中对应予他人的义务的介绍包含着他同时使用"尊严"和"价值"的另一个实例（参见：TL, 6: 462）。同样，如果我们孤立地解读这个段落，我们就会获得如是一种印象，即康德使用的是尊严的当代范式：

> 因此，我对别人怀有的，或者一个他人能够要求于我的敬重……就是对其他人身上的一种尊严的承认，亦即对一种无价的、没有可以用价值评估的客体与之交换的等价物的价值的承认。（TL, 6: 462）

在这个段落中，康德似乎是在说，我们之所以能够向他人提出（道德的）要求，是因为我们具有一种内在价值，而且这种价值就叫作"尊严"。这就成了尊严的当代范式的一个实例。我们之所以要敬重他人，是因为我们认识到他们具有一种特殊的价值。根据这种解读，善就是先行于正当的，而权利又是先行于义务的。

然而，如果我们把它放到其语境中来解读，那么，康德在此就无疑也是要把人类存在者的价值和道德性结合起来，这种价值并不是我们为什么要敬重他人的理由，这个段落也仅仅是要讨论我们要敬重他人身上的什么东西（他们为道德性和一种绝对价值所付出的努力）——它并不是我们为什么要敬重他人的一个证成。我们最终将会发现，这个段落并不是要为我们为什么要敬重他人提供一个证成,它仅仅是要解释我们要敬重他人身上的什么东西。接下来,我将对前面的引文所处的这个段落做出一个仔细的解读。

这个段落是从康德对如是一种义务的讨论开始的,即"出于他人应得的敬重而应予他人的义务"(*TL*,6:462-468)。他对这些义务的讨论乃是一个讨论对其他人类存在者的义务的章节的第二章,它的第一章要处理的是爱的义务。[①]敬重的义务强调的是我们的义务的一个消极的方面。它们是一些限制条件,训诫我们在对待他人的时候把自己保持在某些限制之内。每个人都对其他每个人负有这些义务,而无需把他人置于一个进一步的(感激以及其他,等等)责任之下。它们类似于出现在康德的《法权论》中的法权义务,"不减少任何人的'他的'"(*TL*,6:449.33;参见:6:448-450)。

这个讨论"出自敬重而对他人的义务"的段落被分为八个小节(§§37-44)。前五个小节是总论,包括定义(§37)、对我们为什么要敬重他人的证成(§38)、对我们要敬重什么东西的澄清(§39)、与敬重的情感的一个比较(§40),以及对不敬的恶习的本性的一个澄清(§41)。然后,康德阐述了不敬的三种恶习:傲慢(§42)、毁谤(§43)和嘲讽(§44),我已经在前文第三章中详细地对它们做出了讨论。

前面的引文所处的段落出现在§37,包含了对应予他人的敬重的一些定义。在介绍一般而言的对他人的义务的时候(§25),康德把敬重的义务描述为"不要把自己抬高到他人之上"(*TL*,6:449.32;参见:第三章)。在对他人的敬重中,我只是"限制我自己,

---

[①] 至于这两章之间的关系,可见于:巴伦,2002年,第393—400页;埃瑟,2004年,第370—374页;格雷戈尔,1963年,第182—188页。

以便不从他人作为人有权设定在自己本身中的价值夺走任何东西"（*TL*,6：450.12 f.）。因此，康德在§37中把"节制"定义为"一个人的自爱自愿受他人的自爱的限制"（*TL*,6：462.5-7）。如果我们不限制自己的自爱，而是把它抬高到他人的自爱之上，这种态度就是"自负"（arrogantia；Eigendünkel）。最极端的不敬的恶习就是否认他人的任何价值："把一个事物评判为没有价值的东西，就是蔑视。"（*TL*,6：462.15 f.）

因此，对他人的敬重就是"对他人身上的一种尊严的承认"（*TL*,6：462.12 f.）。在对他人的敬重中，我们不要把自己置于他人之上，而是要承认他们的某种位阶或身份（亦即尊严）。我们要使他人正当地置于自己身上的价值完整无缺。这种价值并不是对我们为什么要敬重他人的证成——"价值"在此仅仅是指自我珍重——它是要解释我们要敬重他人身上的什么东西。我们要承认他人正当地置于自己身上的自我敬重。但是，康德为什么说对他人身上的尊严的承认就是"对一种无价的、没有可以用价值评估的客体与之交换的等价物的价值的承认"（*TL*,6：462.13-15）？他在§38中对此做出了解释。

§38包含了对敬重他人的要求的证成。这是一个难懂的段落，"每个人都有权要求其邻人的敬重，而且他也依赖于康德在其他地方做出的更为充分的处理。它是这样开始的：交互地对任何他人有这方面的责任"。（*TL*,6：462.18-20）一开始，这个观点读起来就像是一个有待证明的论题。但是，它已经包含了一个证成。我们可以要求他人的敬重，但是这只能通过我们也"交互地"给予他人敬重才具有约束性。这并不是说，我们只需要敬重那些和我们相互敬重的人。①对于康德来说，即使一个罪犯也值得敬重，正如我曾强调过的（参见：TL，6：463）。相反，它是一个对道德责任的本性和起源的说明。一个准则的道德约束性的产生是因为它被授权成为一个普遍的法则。②无论如何，康德在讨论的过程中也说出了这个证成。

　　他接着说："人性本身就是一种尊严。"（TL，6：462.21）我曾在第四章论证说，这一点可以解读为"人性高于自然中的其他事物"。为什么它是较高者？"因为人不能被……纯然当作手段来使用，而是在任何时候都必须同时当作目的来使用。"（TL，6：462.21-23）人类存在者之所以具有一种尊严，是因为道德法则（正如人性公式所清楚阐明的）要求对人类存在者的敬重。尊严并不是这种要求的根据（亦可见于：6：434.32-435.2）。在这种语境中，康德用"尊严"来表达如是一个理念，即人类存在者就其本性而言是特殊的，因为他们受到敬重他人的要求的保护，正如人性公式所表达的："他的尊严（人格性③）正在于此，由此他使自己高于一切其他不是人但可能被使用的世间存在者，因而高于一切事物④。"（TL，6：462.24-26）人性公式才是我们为什么要敬重他人的证成，证实了康德之前曾说过的话（参见：§25），即敬重他人的要求已然包含在不要把他人贬低为纯然的手段的要求中（参见：TL，6：450）。

---

① 我感谢塞缪尔·卡恩在这一点上对我的敦促。
② 参见（TL，6：393.19-22）："我们……使自己成为他人的目的，而且这种准则永远只能通过取得一个普遍法则的资格。"参见：TL，6：451；Vigil，27：580。
③ 康德在此使用"人格性"是要指出，使我们高于自然中的其他事物和使我们受到敬重的东西就是对道德法则的服从（自由）。这一点将会出现在§38接下来的内容中。
④ 康德关于对动物的义务的见解，参见：前文第三章。

§38的其余部分明确了我们要敬重他人身上的什么东西。康德紧接着说：

> 所以，就像他不能以任何价格出卖自己（这会与自我珍重的义务相抵触）一样，他也不能与他人作为人同样必要的自我珍重相悖而行动，也就是说，他有责任在实践上承认任何其他人的人性的尊严。（*TL*, 6: 462.26-31）

他人身上我们要敬重的东西就是他们的自我珍重。由于我们服从于一个敬重我们自己的义务，因此每个其他人也都服从于这个义务。这种自我珍重被说成是必要的和关乎尊严的。

康德在讨论反对阿谀奉承的义务的时候，已经解释了自我珍重在何种意义上是必要的和关乎尊严的。再次重申，每个人都服从道德法则。我们珍重它，它使我们认识到自己的道德召唤的尊严的崇高性。因此，这也就解释了康德为什么在§37中说，敬重他人就是要敬重他们的尊严和一种无价的价值（他们的道德召唤）：由于我们从我们自己服从于道德上的自我珍重的义务中认识到我们的源始尊严，并且形成一个善的意志，因此，每个其他人也都服从相同的义务。如果我们应该敬重他人——正如人性公式所要求的——那么我们要敬重的就是他们实现自己的源始尊严和形成一个道德上善的意志的努力。

因此，根据对这个段落的仔细考察，我们没有理由认为，康德想要引入一种基于一种价值的新的证成。尊严被明确地说成是出自人性公式的要求，它不是后者的根据。康德关于价值的任何说法都不能表明,他的意思和其他著作中提出的价值有着截然不同的意义(参见:前文第一章)。康德在此没有把价值说成是我们为什么要敬重他人的理由的另一个原因在于,即使那些事实上并不具有一个道德上善的意志和它的绝对价值的人们,也依然应该受到敬重。这个观点出现在§39。

康德在§39中明确指出,敬重他人的道德努力的意思并不是说,我们只应敬重道德上配当的人们:"蔑视(contemnere)他人,也就是说,拒绝给他人一般人应得的敬重,在任何情况下都是违背义务的;因为他们是人。"(TL,6:463.2-4)我们不仅要敬重那些道德上善的人类存在者,而且不能仅仅因为他们或许终究是善的(即使他们并没有表现出任何迹象)而敬重他们。如果我们要敬重所有其他人(而不是所有具有道德价值的人),那么道德价值就不是敬重他人的证成。人性公式要求我们要敬重所有人类存在者自身:"作为一个人类存在者,即便他因为自己的行为而使自己不配敬重,一个恶棍也值得被敬重。"(TL,4:643.13-15)康德并不是说,一个有恶习的人类存在者实际上在本质上是善的,或者说他努力赋予自身价值,或者说他的道德能力具有价值。即使我们能够判定一个有恶习的存在者没有道德价值,我们依然不能把他当作一个事物,或者怀着彻底的蔑视来对待他(亦可参见:德尼,2010年a)。他依然是一个人类存在者,并且应该受到敬重。道德上的恶习或谬误的推理都不能为蔑视提供证成:"因为如果按照这种假说,他永远也不能被改造好;这与一个本身(作为道德存在者)永远不会失去一切向善禀赋的人类存在者的理念是无法统一的。"(TL,6:463.36-464.3)我们应该敬重所有人类存在者自身。我们要敬重的东西就是他们身上的道德能力（自由和定言命令式），但是，他人在道德上的程度——以及他和道德价值的符合程度——不能为缺乏敬重提供证成。康德允许我们常常都不得不感到蔑视（例如，对一个恶棍），然而，应予他人的敬重并不是一种情感，而是通过同样高的位阶或他人的尊严来限制我们的自我珍重的准则（参见：*TL*,6∶449.23-30）。即使我们不得不在敬重的第一种意义上对一个恶棍感到蔑视，"但把这种轻视外在地表现出来却毕竟是一种伤害"（*TL*,6∶463.4-6）。

总而言之，到目前为止，这一章的问题在于，康德是否——在他同时使用"尊严"和"价值"的段落中——并不赞同尊严的当代范式。我已经论证说，即使在最为可能的段落中也并非如此。《德性论》并没有提供这样一种证成。它并没有打破康德之前的说法。他使用"尊严"和"人性公式"不过是要使相同的主张更加接近直观。但是，如果这就是康德的"尊严"概念，它跟道德哲学又有什么关系？我们该如何看待如是一个主张，即康德是这种在联合国文件和许多国家的宪法中都如此显著的"尊严的当代范式"的创始人。同时，如果这个主张是错误的，又意味着什么？

第四节　康德尊严观念的相关性

在最后一节中，我想反思一下康德的尊严观念（按照我的诠释）对更为一般的道德哲学和政治哲学的意义。我的目的并不是要为康德的见解提供一个系统的辩护——这本身就是一整套大工程。相反，我想通过提出三个要点以表明，康德的见解——即使它们和尊严的当代观念截然不同的——并不因此是牵强的，而是具有一种源始的合理性。

我们之所以要提出这个有关康德尊严观念的意义的问题,是因为今天的人们对人类尊严的观念寄予厚望。尊严在联合国文件中是证成人权的一个重要部分,而且,它还是许多国家的宪法的基石(仍可见于:第四章)。为了寻求这个理念的一个证成,人们普遍转向康德。[①]然而,我已经论证过,尊严在康德的道德哲学中只是一个次要的概念。他用这个术语来表达如是一种理念,即道德性和其他任何形式的行为相比都更为重要。但是它本身并不是任何道德要求的根据。这个诠释使得康德的文本更为一致,也解释了康德为什么很少使用"尊严"这个术语,也根本没有(如果康德赞同当代的思维模式的话)在我们希望它出现的段落中使用它。但是,如果尊严对于康德来说是一个次要的概念,我的诠释是否就摧毁了人们常常在道德哲学中赋予人类尊严的那种高期望值?它是否削弱了我们对人权和敬重他人的要求的论证?康德的尊严观念对于道德哲学和政治哲学来说有什么意义?

摆在我们面前的有两种考虑,或许能缓和康德的尊严见解和尊严的当代范式之间的矛盾之处。首先,即使尊严对于康德来说是一个次要的概念,这也并不意味着我们不需要敬重他人。康德和当代范式都聚焦于如是一种见解,即我们应该敬重所有人类存在者。它们不过是为这种要求提供了不同的证成。其次,我对康德的诠释并不意味着尊严的当代观念是毫无根据的,或者说所有人类存在者都不具有这样一种价值。由此导致的结果不过是:康德并没有提供

[①] 参见(再次):格沃思,1982年,第28页;塞弗特,1997年,第98页;伍德,2008年,第94页;迪里希在德国宪法中的对象公式;韦茨,1998年,第三章。

这样一种观念。如果我们能够按照别的方式证成当代范式,似乎就是一个非常令人满意的结果。这将为人权提供一种额外的证成和辩护。康德论证说,价值不能是道德性的基础,这是基于他在《纯粹理性批判》中的认识论。这并不意味着就没有这样一个基础,但是它表明这样一种观念必须走向更为深远的程度:我们必须要提供一种截然不同的认识论,以便能拒斥康德在第一《批判》中的见解。因此,我的诠释只是设置了一种窘境:如果我们想要坚持尊严的当代范式,我们就无法向康德寻求这种见解的一个证成;同时,如果我们想要追随康德,我们就必须支持一种截然不同的尊严观念。但是,如果我们真的要追随康德呢?他的尊严概念和道德哲学与政治哲学是否具有任何相关性呢?

尊严对于康德的伦理学来说远不如它在尊严的当代范式中那样处于核心位置。然而,这并不会让尊严或康德的伦理学变得无关紧要。对于康德来说,尊严本身并没有一种基础性的作用。尊严表明,和基于偏好的行动相比道德性是更为重要的,但是,它并不是道德性为何如此重要的理由。但是,尊严对于康德来说只是一个次要的概念这个事实本身,并不能使康德的道德哲学低于尊严的当代范式。接下来,我将要指出三个理由来说明,对于满足一种道德理论的需求而言,康德的伦理学为什么是更为完善的。我的目标并不是要为康德做出系统的辩护,也不是要论证尊严的当代范式是错误的。我只是想要给出一些提示,以表明康德的伦理学绝不是牵强的:一、除非尊严的当代范式有一个令所有人都信服的证成,否则,康德的伦理学似乎就具有一个更为实在论的论证起点;二、康德的定言命令式对于众多行动者的协调一致来说是一个重要的规范性条件；三、众多迹象表明，这种命令式确乎根植于普通的道德认识之中。

一、康德伦理学的论证起点

为康德的见解辩护的第一个步骤是要转移举证责任。尊严的当代范式（如果得到令人信服的辩护）将会是道德性的一个牢固的基础。但是，这样一种先行的和独立的价值如何得到证明？对于康德来说，我们根本就不具有或者能够把握到这种价值："人类的实存自身根本就不是一个能够产生任何责任的事实。"（Vigil, 27: 545）康德并不认为我们能够从任何道德上的事实入手，例如，人类存在者的一种价值：

> 在这里，我们看到哲学事实上被置在一个尴尬的立场上；尽管这个立场无论在天上还是在地上都无所依傍或依托，它却应当是坚固的。（GMS, 4: 425）

这意味着，对于康德来说，负有举证责任的是坚持人类存在者的一种先行价值的辩护者。对于康德来说，人类存在者的源始处境就在于存在着众多不能相互回避的有限的行动者（参见：RL, 6: 311-313; ZeF, 8: 366）。在这种源始处境之中，人类存在者有着截然不同的需要和观点。①定言命令式就是要应用于这种处境。

---

① 参见：奥尼尔，1989年，第一章；1996年，第50—65页。这并不意味着人类存在者全都是非社会的。相反，根据康德的看法，他们具有一种"非社会的社会性"（参见：IaG, 8: 20-22）。

二、作为协调一致的一个条件的定言命令式

能够用于支持康德见解的第二个要点是,就"一"描述的这种处境而言,定言命令式构成了一个使得众多有限的但却相互关联的行动者的协调一致的条件。在这种处境中,相对主义——即不同的人们持有根本上截然不同的道德真理(或者根本就没有任何道德真理可言)的见解——不是来得太早,就是来得太晚(参见:威廉,1985年,第九章)。对于一个持有共同的道德法则但却不知道其他群体持有截然不同的法则的群体来说,相对主义来得太早了。然而,我们一旦知道了其他持有截然不同的规则的群体,相对主义就来得太晚了,因为持有不同见解的人们必须找到共同生活的方法。我们必须要建立起来的新的法则(政治的和道德的法则)无法诉诸主观的理由得到证成,也就是说,它无法诉诸一部分人认可但另一部分人不认可的理由得到证成。康德把这种情况称作一种"理性的私人运用"(WDO; 8: 38)。① 如果我们仅仅说的是一个特定的群体、传统,或者一个基于我们自身的欲求的特定利益,这个理由就仅仅对于共享这种观点的群体有效。只要这个群体还是孤立的,这种一致同意就还看似不错,同时,相对主义也就显得来得太早。然而,一旦出现了相互冲突的群体,一个群体共享的观点本身对于另一个群体来说就是毫无道理的。举个例子,如果我们提出一个法则仅仅是因为我们的牧师告诉我们要如此,那么这个法则就仅仅对于所有接受这个牧师的权威的人们有效。即使不同的人们欲求相同的事物,这

---

① 参见:奥尼尔,1989年,第二章;1996年,第61及下页。

也不能构成道德法则(以及政治法则)的一个善的基础。举个例子,如果每个人都欲求自己的幸福,这很可能会造成更多的冲突,而不是和谐。例如,两个男人欲求同一个女人。但是,即使不同的人们的欲求能够和谐一致,这种和谐也不过是偶然的,因为这些欲求可能会改变。如果出现了一场纠纷,不会有法则充当仲裁(参见:*RL*,6:312;*KpV*,5:28 f.)。

因此,如果有一个法则能够协调众多有限的行动者,如果一切特定的欲求都被排除掉,那么,就只剩下法则的形式(参见:*KpV*,5:28 f.;*GMS*,4:420 f.,400-402)。这个形式就是定言命令式,它让我们追问自己,我们是否愿意我们的理由或出自这个理由的规则成为一个普遍的法则。这种命令式就是一个能够被算作是众多有限的行动者的理由的条件。[①]首先,它指明了能够成为一个道德上的理由的东西,或者能够对责任做出解释的东西:"仅仅表示什么是责任的定言命令式就是:按照一个同时能够被视为一个普遍法则的准则行动。"(*RL*,6:225;参见:*Vigil*,27:578;鲍姆,2010年)这种命令式表达的是道德责任是什么,以及它的本性或本质是什么。对于康德来说,无论是他人的纯然实存,还是他们相互提出要求(例如,得到帮助)的事实本身,都不能产生一个责任。正是这种命令式让它成为一个责任,而不是一个纯然的愿望。它就是:

> 我们的被他人爱(在危难时得到帮助)的需要……我们因

---

① 参见:奥尼尔,1989年,第一章;1996年,第51页;希尔,1992年,第111及下页。

此使自己成为他人的目的；而且,这种准则永远只有通过取得一个普遍法则的资格……才能让人有责任也使他人对我们成为目的(*TL*,6：393)。

对于一个旨在推导出具体义务的决定程序来说,定言命令式本身并不是一个如此丰富的指导,而是一个能够被算作一个道德的理由的条件。

把这种命令式说成是空洞的(仍可参见：黑格尔,1820年,§135)传统控诉在某种程度上是正确的,但是,这是它的一个长处,而不是一个弱点。我们为什么要期待一个18世纪的普鲁士人提出的一个判决,能够一次性地决定所有的道德问题(包括有关尚未发明出来的那些技术的问题)？相反,康德给我们提供了一个框架,其中的细节问题需要每一个群体来解决。这种命令式直接包含了一个新的要求。除了不要让自己成为例外的要求之外(自然法则公式),这种命令式还要求我们不要把自己抬高到其他理性存在者之上(人性公式),以及不要根据自私的动机而行动(自律公式)。除了一些关于人类存在者的一般事实之外(我们不是自足的,我们会受到伤害和欺骗),我们还可以推导出更多的道德规则。①但是,我们能够先天地说出的东西是有限的,并且为经验性的差异留有大量的空间。

即使是在康德对更多具体的义务给出最充分的解释的《德性论》中,他也只能给出一些一般的规则,它们为决疑的问题和经验

---

① 参见：奥尼尔,1989年,第五章；1996年,第六章；奥伯尔,2006年,第264页。

性的差异留有空间。这些问题包括:"我们要如何按照地位、年龄、性别、健康状况、富裕或贫穷等差异来对待人们?"(*TL*,6:469)它们的答案"不可以在德性论的形而上学初始根据中详细陈述并加以分类,因为这里要讨论的只是德性论的纯粹理性原则"(*TL*,6:468)。因此,即使《德性论》中提出的这些原则也需要"一种具有其特殊规则的跨越"(*TL*,6:469),以便能把这种一般的原则应用于经验。我们将会发现不同层次的规则,能够回答更为具体的经验知识(参见:希尔,1992年,第三章;奥伯尔,2006年,第264页)。举个例子,有对所有人类存在者本身都有效的一般规则(如果除了人类之外还有任何其他的理性存在者),有对有限的人类存在者有效的规则,有对特殊处境下的有限的人类存在者有效的规则(例如,某些地理条件下)以及其他,等等。这也包括了个别的人或群体的一些具体愿望。这种命令式承认每个党派的自由,除非它干涉其他党派的自由(参见:*RL*,6:230)。如果某种实践确乎干涉了自由,我们就必须找寻一个我们愿意它成为一个普遍法则的新的规则。因此,除了关于所有人类存在者的先天知识和经验性的知识之外,个人的愿望没有更多的空间。定言命令式并不要求整齐划一的行为。大多数时候,它并没有规定解决方案(例如,开车的时候是要左转还是右转),它只是要求协商一致的法则能够(在讨论的领域之内)被普遍化。如果我们提出要把一个规则当作一个法则,那么,如果我们想要让自己的党派成为例外,它就不能被普遍化(参见:*GMS*,4:424),或者说,这个法则就不能被其它党派采纳(参见:恩斯特龙,2009年,第167—183页;里思,2012年b)。因此,想要推导出具体的义务,并不像它通常看上去那么简单。①但是,这个为环境和判断留下的空间是一个长处,而不是一个弱点。它为个别的差异和自由留有空间。

总而言之,定言命令式是众多有限的理性行动达成协调一致并且迈向冲突的解决的一个条件。但是,即使这就是对康德的一个合理诠释(想要对它做出系统的证成,还必须讨论更多的东西),也会导致一个问题,即我迄今为止讨论的东西是否能够证实这种命令式是定言的。康德在定言命令式不顾我们想要什么而有效的意义上把它称作"定言的"。相反,如果一个命令式的有效性基于其他某种我们想要的东西(参见:*GMS*,4:414,441),或者其他人想要的什么东西,它就只能是假言的。然而,一个假言的命令式并不是客观地和普遍地有效的,因为它只能在满足条件的情况下有效。但是,正如我已经指出的,这种命令式似乎唯有当我们想要避免冲突、孤立和散居的情况下才有效。这是否意味着,这种命令式不过是假言的,而不是定言的?

康德似乎认为,孤立生活不是一种选择。他在其《关于一种世界公民观点的普遍历史的理念》(Idea of a Universal History from a Cosmopolitan Point of View,1784)的论文中论证说,人类不能孤立地生活在一起(因为他们会相互残杀),孤立也使我们无法繁荣发展和激发我们的天赋。相反,我们将会变得"畸形,又歪斜,又弯曲"(*IaG*,8:22)。康德把这种加入社会的冲动说成是"最大的困境"(*IaG*,8:22)。然而,如果某人并不介意这种孤立的状态以及它的全部危险和艰难后果,又会如何? 在这种极端的情形下,某人如果并不介意

---

① 这种推导的复杂性,可参见:蒂默曼/斯密特,2012年;蒂蒙斯,2012年;汉娜(未出版)。

丧失理性而靠本能生活,那么,定言命令式——在此仅仅根据前面的论证来解释——似乎对这样一个存在者就是无效的。

这对于康德来说并不是一个选择。根据我在这本著作中提出的解读,定言命令式并不是一个唯有当我们想要合作的时候才能得到应用的选择原则。对于康德来说,所有人类存在者都由于自由而服从这种命令式,即使"最坏的恶棍"(GMS,4:454)也希望遵守它。但是,这是正确的吗?什么样的论据能够支持康德的如是主张,即每个人都服从道德法则呢?这个问题把我们引向为康德辩护的第三个步骤。

三、作为一个现存的诫命的定言命令式

为康德的见解辩护所需要的第三个步骤是一些能够表明确乎存在着这样一种命令式的迹象。它反映出了康德的《奠基》中的问题。他首先确立起这样一个条件句,即如果道德性确乎存在,那么,它就必定表现在定言命令式之中。然后,他提出一个问题:是否真的有这样一种命令式(参见:GMS,4:425 f.,445)。康德当然认为每个人类存在者都服从于定言命令式,而且——即使他们并不知道它的准确公式——在任何时候都"把它用做自己的判断的圭臬"(GMS 4:403 f.;参见:402-406;KpV,5:8 note)。然而,是否确乎如此呢?这样一个明确的要求——我们愿意自己的准则成为一个普遍的法则——是否真的是指导每个人的原则呢?我将论证说,这种要求并不像它抽象地看起来时那般牵强。

我认为,康德的见解可以从一个看似不大可能的来源中获得支持:经验哲学。康德当然坚定不移地认为,道德性不能从经验性的

观察中推导出来（参见：GMS, 4: 389, 407-412, 425, 430 f.）。然而，如果康德的说法是正确的，道德性是先天的，那么，我们就可以从所有人类存在者身上发现它。经验应该能够证实道德性。这是因为，先天的东西（对于康德来说）同时也就是必然的和普遍的东西（参见：KrV, B4）。因此，如果定言命令式具有一种先天的来源，那么，我们就能够在所有人类存在者身上发现它的踪迹。而且，这也正是经验哲学能够支持康德的地方。

我们应该期待一种什么样的踪迹？我想指出三种似乎在本质上就与定言命令式相关联的踪迹。我将论证说，（一）定言命令式基本上就是一种公平的要求；（二）这个要求关乎一种侦察作弊者或破坏规则的人的能力；（三）康德的命令式的一个要点在于道德法则（它是定言地有效的）和习俗（它仅仅是假言地有效的）之间的区别。最后，（四）我将论证说，所有这三个要素都可以通过经验哲学而被证明是深深地根植于人类存在者身上的。

（一）公平：康德把定言命令式的本质说成是要排除某人把自己视作一个被意愿为一般法则的规则的一个例外的可能性：

> 现在，如果我们在每一次逾越一个义务时都注意我们自己，我们就将发现，我们实际上并不愿意我们的准则应当成为一个普遍的法则，因为这对我们来说是不可能的，而毋宁说这准则的对立面倒应当普遍地保持为法则；只不过我们允许我们自己为了我们或者（哪怕仅仅这一次）为了我们的偏好的利益而破例。（GMS, 4: 424.15-20）

不要破例的要求并不是一个牵强的或抽象的要求。它描述什么东西对于康德的命令式来说是道德的,而且似乎也和我们的公平感产生了共鸣。这种要求并不需要整齐划一的行为,也不要求规则崇拜。它仅仅要求我们不要毫无理由地让自己成为一个一致同意的规则的例外,或者仅仅由于涉及自己就破例。如果我们要分配某物(例如,一个孩子的生日派对上的一个蛋糕),我们就要假定每个人都要获得相同的分量。然而,我们或许有很好的理由给某些人多分一些。如果过生日的那个小孩分得一块较大的蛋糕似乎也不错,或者切蛋糕的小孩,或者最为饥饿的小孩,或者那个买原料的小孩以及其他,等等。此处的要点在于,如果没有一个很好的理由,仅仅因为涉及自己而要破例,那就是不公平的。经验哲学告诉我们说,公平的意义或多或少就是一个人的普遍性。①甚至三岁小孩也知道平均分配的规范[参见:尼科尔斯(Nichols),2009年,第8页]。

(二)**作弊者侦察**:康德的定言命令式可以被说成是一种公平的要求,并且反对无票搭车或作弊者。如果这种命令式被认为是深深地根植于人类存在者身上的,那么我们就很可能会认为,人类存在者善于侦察作弊者。同样,经验哲学支持如是一种见解,即作弊者侦察是根深蒂固的,甚至四岁的小孩也能侦察逾越规则的人。②

(三)**道德/习俗的区分**:康德道德哲学的一个核心部分是如是一种见解,即道德规则是定言地有效的,然而,基于特定欲求的机智的规则和习俗却仅仅是假言地有效的。康德认为,即使八岁的小孩

---

① 参见:达沃尔,2006年,第173,175页;普林茨(Prinz),2008年,第264—267页;尼科尔斯,2009年。

② 参见:尼科尔斯,2005年,第6页;普林茨,2008年,第249—252页。

也能区分无条件错误的东西（例如，不退还订金和做伪证）和依赖于欲求的规则（参见：TP,8：286；KpV,5：155）。而且，经验哲学同样也支持如是一种见解，即道德/习俗的区分是深深根植于人类存在者之中的。相关研究也支持如是一种理念，即孩子们从小就能做出道德/习俗的区分。和康德一样，他们把道德规则看作是一般而言有效的（例如，对不同国家都有效）；和康德一样，他们根据"公平"和"对受害者的伤害"来解释这些规则的有效性（参见：尼科尔斯，2005年，第6页）。

（四）经验哲学：经验哲学中有好几种思路可以支持康德的观点中的一些基本要素。它可以支持如是一些主张，即公平的判断或多或少就是一种人性的普遍性，侦察作弊者的能力是根深蒂固的，以及人们从小就能区分定言的和假言的规则的能力也是根深蒂固的。然而，这并不能构成对康德的观点的证明。经验哲学是一种方法，而不是一种一元化的立场，毫无异议地只发出一种声音。再者，它重点强调的是经验性的观察，而不是一种先天的洞识（它对于康德来说是如此）；而且，其中一些支持强调的是情感的作用，而不是理性的法则。我们甚至可以说，经验哲学有时候表现过头了。举个例子，我们也能在蝙蝠和黑猩猩中发现一种侦察作弊者的机制，[1]它似乎并不是什么人类存在者独有的东西，康德对此似乎也非常感兴趣。

然而，经验哲学的发现迄今为止都没有提出什么和康德的见解不一致的东西。康德的兴趣是要表明，定言命令式是必然的和普遍

---

[1] 参见：普林茨，2008年，第264—267页，第249—252页。

的。经验哲学则承认如是一种可能性,即对非假言的命令式的认知和作弊者侦察的能力是生而具有的。① 这个生而具有性的问题并不完全等同于康德的如是问题,即道德性是否是先天的(也就是说,是否是必然的和普遍的),但是,如果定言命令式的能力是生而具有的,它就指明了如是一个结论,即它也同时是普遍的和深深根植于人类存在者之中的。但是,即使这都是正确的,依然还会有一个问题。除了定言命令式和公平判断之外,诸如憎恨、复仇,以及毁灭性的惩罚等非道德的欲求也同样是普遍的。这并不足以表明,如果某物是普遍的,我们就必须证成它是一个道德上正当的要素。即使经验哲学事实上能够支持康德的一些基本理念,它也并不能让康德的见解中的规范性证成变得陈旧过时(例如,我在前文标题二中曾概述过的那种证成)。

结束语

我曾在第一章中论证说,康德赞同一种传统的尊严观念。根据他的见解,所有人类存在者都由于自由而高于自然中的其他事物。由于自由,人类存在者服从要求我们(在恰当使用我们的自由中)履行自己的源始尊严和敬重他人的定言命令式。

然而,这就意味着,"尊严"本身并不是一个具有任何证成分量的概念,我们也不必对这个结论感到惊讶。这种观点之所以合理,不仅是因为康德在他的全部著作中很少使用"尊严",而且也是因为

---

① 参见:尼科尔斯,2005年,第4,7页;普林茨,2008年,第264—267页。

它符合康德伦理学的整体框架。他始终把定言命令式看作道德性的最高原则；而且,他试图证成这种命令式的时候,并没有诉诸一种价值或尊严的观念——正如主流的解读引导我们认为的那样。因此,我的解读有助于揭示出康德的道德著作的一贯性。

再者,我曾试图表明,康德的见解具有某种源始的合理性。我在上一节中的目标并不是要为康德做出一种系统的辩护。我所说的任何东西都没有强有力到足以完成这个任务。我的目标仅仅是要表明,康德的理念并不是牵强的。他的理念能够从经验哲学中获得一些支持；他的定言命令式也的确阐明了能够充当一个道德理由的东西的条件；而且,相比尊严的当代范式,康德的论证似乎具有一个更为实在论的起点。

那么,康德的尊严观念——按照我对它的诠释——和道德哲学有什么关系？康德的见解无法满足尊严的当代范式的拥护者们置于道德哲学之上的所有希望。康德并没有为道德哲学提供一种能够使之建立于其上的价值。相反,康德提醒我们说,我们无法直接地认识到一种能够引发敬重的价值。对他人的敬重毋宁是一个我们必须要完成的任务。康德的尊严观念之所以如此重要,是因为他向我们强调如是一种意义,即这个任务和我们自身欲求的利己追求相比,更为高贵,也更为崇高。

结　论

　　人类尊严在康德的框架中的位置（根据我的解读）比我们通常所认为的更为温和；但是，它并不是毫无意义的。人类尊严并不是道德命令式的根据，相反，人类存在者之所以具有尊严，是因为他们是自由的存在者，从而受制于道德的命令式。

　　康德把他的道德哲学建立在一种先天的理性法则之上。他论证说，如果我们把道德性奠基在任何其他事物之上（例如，客体或人类存在者的一种属性），道德性的无条件的性质就会被摧毁，并由此导致他律：

　　　　如果意志在它的准则与他自己的普遍立法的适宜性之外的某个地方，从而超越自己，在它的某个客体的性状中，寻找应当规定它的法则，那么，在任何时候都将出现他律。（GMS, 4: 441；参见：KpV, 5: 39 f.）

　　我们在诠释康德讨论尊严和敬重他人的要求的段落时面临着一种诱惑，即从后门引入客体的一种属性充当道德要求的基础，例如，所有人类存在者具有的一种价值，或者他们作为目的自身而具有的一种规范性属性。我们在假定人类存在者具有这样一种先行的价值的时候,就会超越意志和它内在的先天原则。这是一个被康德否决了的步骤。它将会导致他律,并且否定无条件的道德要求的可能性(参见:第一章)。

康德的研究性著作中的一种著名的论证,即人类存在者的价值能够作为意志的一种内在属性而被认识的主张,不能为敬重他人的要求奠基(参见:第二章)。相反,康德诉诸先天的道德法则来证成这种要求(参见:第三章)。因此,对于康德来说,"尊严"就不是一种能够为敬重奠基的价值。相反,他赞同一种截然不同的、从根本上来说属于斯多葛派的尊严观念(第四章),即使是在"尊严"和"价值"同时出现的一些著名段落中也是如此(第五章)。对于康德来说,"尊严"表达的是某物超乎其他事物之上的理念,举个例子,人类存在者之所以在自然中是特殊的,是因为他们应该受到平等的对待,而非理性的事物则无需如此(参见:*TL*,6:462);它还表达了道德性高于其他任何形式的行为的理念,因为唯有道德的行为才能被无条件地要求(参见:*GMS* 4:434-436)。

因此,我被引向了如是一个结论,即理解康德道德哲学的关键在于,我们要理解道德性如何能够是理性的一个先天法则,而不是基于任何价值。在这本著作中,我只能概述康德的答案:对于康德来说,道德法则是自由的因果法则。康德论证说,每一种因果性都需要一个法则,如果自由是人类存在者独立于自然而规定自身的一种因果性,这种能力同样要服从于一个因果的法则:道德法则或定言命令式。道德法则可以说是理性的一种运作原则。当理性在考虑我们要做什么的时候,它受到这种法则的指导——就像它在理论的推理中受到无矛盾原则的指导一样。我已经提供了康德的答案,但是,想要对此做出一个充分的辩护或者做出一个解释,那就超出了当前工作的范围。我们必须要解释作为一种描述性的形而上学属性的自由(独立于自然而规定我们自身的能力)为什么会产生一种道德的法则。还有,我们必须要对如是一种理念做出合理的解释,即道德责任为什么只能表现为一个定言的命令式。这些问题并不是这本著作的主题。相反,我在此处的论证引发了一种窘境:如果我们想要证成人类尊严是一种能够充当敬重他人的要求的基础价值,我们就不能仅仅依靠康德。但是,如果我们发现康德对这个问题的见解令人心动,我们就要在他的文本中为敬重他人的要求的一种截然不同的证成找到依据。

在康德的研究性著作中,还有一种逐渐壮大的回应,旨在反对康德把道德性建立在一种价值之上的见解。我的著作正是这种趋势的一个部分:它解释了我们如何能够无需诉诸一种作为基础的价值,来解读康德对尊严、敬重,以及作为目的自身的人性的看法。我的诠释和当代范式一样,都认为我们应该敬重所有的人类存在者,我只是为这种见解提供了一种截然不同的证成。一方面,我的论证支持一种对康德的"反价值"(anti-value)的解读;但是另一方面,它并不要求我们依赖形式的定言命令式来推导出具体的义务。相反,根据我对康德的解读,我们可以凭借敬重人格这一根深蒂固的问题来进行道德慎思。

参考文献

Alföldy, Géza (1986), *Die römische Gesellschaft.* Stuttgart: Franz Steiner.
Allison, Henry (2011), *Kant's* Groundwork for the Metaphysics of Morals. Oxford: Oxford University Press.
—: (2012) "The Singleness of the Categorical Imperative." In Bacin (2012b).
Ameriks, Karl (2003), *Interpreting Kant's Critiques.* Oxford: Clarendon Press.
Appiah, Anthony (2003), "GroundingHuman Rights." In *Human Rights as Politics and Idolatry*, ed. A. Gutman. Princeton: Princeton University Press, pp. 101-116.
Bacin, Stefano (2012a), "Perfect Duties to Oneself as aMoral Being." In Trampota (2012).
—: et al. (2012b) (eds.), *Kant and Philosophy in a Cosmopolitan Sense.* Berlin/New York: Walter de Gruyter.
Baiasu, Sorin, and Timmons, Mark (2012) (eds.), *Kant on Practical Justification.* Oxford: Oxford University Press.
Baker, Herschel (1947), *The Dignity of Man. Studies in the Persistence of an Idea.* Cambridge/MA: Harvard University Press.
Baron, Marcia (1995), *Kantian Ethics Almost without Apology.* Ithaca: Cornell University Press.
—: (2002), "Love and Respect in the *Doctrine of Virtue.*" In Timmons (2002), pp. 391-407.
Baum, Manfred (2012), "Prior Concepts of the Metaphysics of Morals." In

Trampota (2012).

Baxley, Anne Margaret (2009), "Allen Wood. *Kantian Morality.*" *Journal of the History of Philosophy* 47, pp. 627-629.

Betzler, Monika (2008) (ed.), *Kant's Ethics of Virtue*. Berlin/New York: Walter de Gruyter.

Bruch, Richard (1981), "Die Würde des Menschen in der partistischen und scholastischen Tradition." In *Wissen-Glaube-Politik*, ed. W. Gruber et al. Graz: Styria, pp. 139-154.

Carnois, Bernard (1987), *The Coherence of Kant's Doctrine of Freedom*. Chicago: University of Chicago Press.

Catechism of the Catholic Church (1999). London: Geoffrey Chapman.

Cancik, Hubert (2002), "'Dignity of Man' and '*Persona*' in Stoic Anthropology: Some Remarks on Cicero, *De Officiis* I, 105-107." In Kretzmer/Klein (2002), pp. 19-40.

Caswell, Matthew (2006), "The Value of Humanity and Kant's Conception of Evil." *Journal of the History of Philosophy* 44, pp. 635-662

Christiano, Thomas (2008), "Two Conceptions of the Dignity of Persons." *Annual Review of Law and Ethics* 16, pp. 101-126.

Cicero, M.T. (1913), *De Officiis*, tra. W. Miller. Cambridge/MA: Harvard University Press.

Clewis, Robert R. (2009), *The Kantian Sublime and the Revelations of Freedom*. Cambridge: Cambridge University Press.

Cohon, R. (2000), "The Roots of Reasons." *The Philosophical Review* 109, pp. 63-85.

Copp, David (1999), "Korsgaard on Normativity, Identity, and the Ground of Obligation." In *Rationality, Realism, Revision*, ed. J. Nida-Rümelin. Berlin/New York: Walter de Gruyter.

Craven, Matthew C.R. (1995), *The International Covenant on Economic, Social, and Cultural Rights*. Oxford: Clarendon Press.

Cummiskey, David (1996), *Kantian Consequentialism*. Oxford: Oxford University Press.

Darwall, Stephen (2006), *The Second-Person Standpoint*. Cambridge/MA: Harvard University Press.

—: (2008), "Kant on Respect, Dignity, and the Duty of Respect." In: Betzler (2008), pp. 175-199.

—: (2009), "Why Kant Needs the Second-Person Standpoint." In Hill (2009), pp. 138-158.

Dean, Richard (2000), "Cummiskey's Kantian Consequentialism." *Utilitas* 12, pp. 25-40.

—: (2006), *The Value of Humanity in Kant's Moral Theory*. Oxford: Clarendon Press.

Denis, Lara (2000), "Kant's Cold Sage and the Sublimity of Apathy." *Kantian Review* 4, pp. 48-73.

—: (2010a), "Humanity, Obligation, and the Good Will: An Argument against Dean's Interpretation of Humanity." *Kantian Review* 15, pp. 118-141.

—: (2010b), "Freedom, Primacy, and Perfect Duties to Oneself." In *Kant's* Metaphysics of Morals: *A Critical Guide*, ed. Lara Denis. Cambridge: Cambridge University Press.

Dicke, Klaus (2002), "The Founding Function of Human Dignity in theUniversal Declaration of Human Rights." In Kretzmer/Klein (2002), pp. 111-120.

Donagan, Alan (1977), *The Theory of Morality*. Chicago: The University of Chicago Press.

Downie, R.S., and Telfer, E. (1970), *Respect for Persons*. New York: Schocken.

Drexler, Hans (1944), "Dignitas." In *Das Staatsdenken der Römer*, ed. R. Klein. Darmstadt: Wissenschaftlicher Buchgesellschaft, 1966, pp. 231-254.

Duden. Etymologie. Herkunftswörterbuch der deutschen Sprache (1997), ed. G.

Drosdowski. Mannheim: Dudenverlag.

Dürig, W. (1957), "Dignitas." In *Reallexikon für Antike und Christentum* Vol. III, ed. by T. Klauser. Stuttgart: Hiersemann, pp. 1024-1035.

Duncan, A.R.C. (1957), *Practical Reason and Morality.* London: Thomas Nelson and Sons LTD.

Dyck, Andrew (1996), *A Commentary on Cicero*, De Officiis. Ann Arbor: The University of Michigan Press.

Ebbinghaus, Julius (1959), "Die Formeln des Kategorischen Imperativs und die Ableitung inhaltlich bestimmter Pflichten." In *Gesammelte Schriften* Vol. 2, ed. Georg Geismann et al. Bonn: Bouvier, 1988.

Encyclopedia of Human Rights (1996), ed. E. Lawson.Washington D.C.: Taylor & Francis.

Engstrom, Stephen, and Whiting, Jennifer (1996) (eds.), *Aristotle, Kant, and the Stoics*. Cambridge: Cambridge University Press.

—: (2009), *The Form of Practical Knowledge. A Study of the Categorical Imperative.* Cambridge/MA: Harvard University Press.

Esser, Andrea (2004), *Eine Ethik für Endliche. Kants Tugendlehre in der Gegenwart.* Stuttgart-Bad Cannstatt: Frommann-Holzboog.

FitzPatrick, William (2005), "The Practical Turn in Ethical Theory: Korsgaard's Constructivism, Realism, and the Nature of Normativity." *Ethics* 115, pp. 651-691.

—: and Watkins, Eric (2002), see Watkins.

Flikschuh, Katrin (2000), *Kant and Modern Political Philosophy*. Cambridge: Cambridge University Press.

—: (2010), "Kant's Kingdom of Ends: Metaphysical, Not Political." In Timmermann (2010), pp. 119-139.

Foreman, Elizabeth (2010), "Jens Timmermann (ed.): Kant's *Groundwork of the Metaphysics of Morals: A Critical Guide*." Notre Dame Philosophical

Reviews 2010.08.23 (http://ndpr.nd.edu/review.cfm?id=20990)

Formosa, Paul (2012), "Is Kant a Moral Constructivist or a Moral Realist?" In Bacin (2012b).

Forschner, Maximilian (1998), "Marktpreis und Würde; oder vom Adel der menschlichen Natur." In *Die Würde des Menschen. Fünf Vorträge*, ed. H. Kössler. Erlangen: Universitätsbund Erlangen-Nürnberg e.V., pp. 33-59.

Frohwein, Jochen A. (2002), "Human Dignity in International Law." In Kretzmer/ Klein (2002), pp. 121-135.

Gadamer, Hans-Georg (1988), "Die Menschenwürde auf ihrem Weg von der Antike bis heute." *Humanistische Bildung* 12, pp. 95-106.

Gaut, B. (1997), "The Structure of Practical Reason." In *Ethics and Practical Reason*, ed. Cullity/Gaut. Oxford: Oxford University Press.

Geuss, Raymond (1996), "Morality and Identity." In Korsgaard (1996b), pp. 189-199.

Gewirth, Alan (1978), *Reason and Morality*. Chicago: Chicago University Press.

—: (1982), *Human Rights*. Chicago: Chicago University Press.

Gibbard, A. (1999), "Morality as Consistency in Living: Korsgaard's Kantian Lectures." *Ethics* 110, pp. 140-164.

Glasgow, Joshua (2007), "Kant's Conception of Humanity." *Journal of the History of Philosophy* 45, pp. 291-308.

Glendon, Mary Ann (1999), "Foundations of Human Rights: The Unfinished Business." *The American Journal of Jurisprudence* 44, pp. 1-14.

—: (2001), *A World Made New*. New York: Random House.

Gregor, Mary (1963), *Laws of Freedom*. Oxford: Basil Blackwell.

Griffin, James (2001), "Discrepancies between the Best Philosophical Account of Human Rights and the International Law of Human Rights." *Proceedings of the Aristotelian Society* 101, pp. 1-28.

Guyer, Paul (1992) (ed.), *The Cambridge Companion to Kant*. Cambridge:

Cambridge University Press.

—: (1998a), "The Value of Reason and the Value of Freedom." *Ethics* 109, pp. 22-35.

—: (1998b) (ed.), *Kant's* Groundwork of the Metaphysics of Morals. Lanham: Rowman & Littlefield.

—: (2000), *Kant on Freedom, Law, and Happiness*. Cambridge: Cambridge University Press.

—: (2006a), *Kant*. London: Routledge.

—: (2006b) (ed.), *The Cambridge Companion to Kant and Modern Philosophy*. Cambridge: Cambridge University Press.

—: (2007), *Kant's* Groundwork for the Metaphysics of Morals. *A Reader's Guide*. London/New York: Continuum.

Haezrahi, Pepita (1962), "The Concept of Man as End-in-Himself." *Kant-Studien* 53, pp. 209-224.

Hanna, Robert (unpublished), "Living with Contradictions: The Logic of Kantian Moral Principles in Nonideal World."

Hegel, Georg Wilhelm Friedrich (1820), *Elements of the Philosophy of Right*, tra. by H.B. Nisbet. Cambridge: Cambridge University Press, 1991.

Henkin, Louis (1981), *The International Bill of Rights*. New York: Columbia University Press.

Herman, Barbara (1993), *The Practice of Moral Judgment*. Cambridge/MA: Harvard University Press.

—: (2010), "The Difference that Ends Make." In *Perfecting Virtue: Kantian Ethics and Virtue Ethics*, ed. Julian Wuerth et al. Cambridge: Cambridge University Press.

Hill, Thomas (1992), *Dignity and Practical Reason in Kant's Moral Philosophy*. Ithaca: Cornell University Press.

—: (2000), *Respect, Pluralism, and Justice*. Oxford: Oxford University Press.

—: (2002), *Human Welfare and Moral Worth.* Oxford: Oxford University Press.

—: (2003), "Treating Criminals as Ends in Themselves." *Annual Review of Law and Ethics* 11, pp. 17-36.

—: (2009) (ed.), *The Blackwell Guide to Kant's Ethics.* Oxford: Wiley-Blackwell.

Hills, Alison (2005), "Rational Nature as the Source of Value." *Kantian Review* 10, pp. 60-81.

Höffe, Otfried (ed.) (1989), *Grundlegung zur Metaphysik der Sitten. Ein kooperativer Kommentar.* Frankfurt: Klostermann.

—: (1992), *Ethik und Politik.* Stuttgart: Suhrkamp.

—: (2002) (ed.), *Kritik der praktischen Vernunft.* Berlin: Akademie Verlag.

—: (2008), "Urteilskraft und Sittlichkeit. Ein moralischer Rückblick auf die dritte *Kritik.*" In *Kritik der Urteilskraft*, ed. O. Höffe. Berlin: Akademie Verlag, pp. 351-366.

Horn, Christian, and Schönecker, Dieter (2006) (eds.), *Kant's* Groundwork of the Metaphysics of Morals: *New Interpretations.* Berlin/New York: Walter de Gruyter.

Horstmann, R.P. (1980), "Menschenwürde." In *Historisches Wörterbuch der Philosophie* Vol. 5, ed. J. Ritter and K. Gründer. Basel/Stuttgart: Schwabe & Co., pp. 1124-1127.

Hruschka, Joachim (2006), "Kant and Human Dignity." In *Kant and Law*, ed. S. Byrd/J. Hruschka. London: Ashgate, pp. 69-84.

Hügli, A. (2004), "Wert I." In *Historisches Wörterbuch der Philosophie,* vol. 12, ed. J. Ritter et al. Basel: Schwabe, pp. 556-558.

Hutchings, Patrick (1972), *Kant on Absolute Value.* Detroit: Wayne State University Press.

Ibsen, Knut (1990), *Völkerrecht. Ein Studienbuch.* München: C. H. Beck'sche Verlagsbuchhandlung.

Jones, H.E. (1971), *Kant's Principle of Personality.* Madison: University of

Wisconsin Press.

Johnson, Robert (2007), "Value and Autonomy in Kantian Ethics." In *Oxford Studies in Metaethics* Vol. 2, ed. Russ Shafer-Landau. Oxford: Oxford University Press, pp. 133-148.

—: (2010), "The Moral Law as Causal Law." In Timmermann (2010), pp. 82-101.

Kain, Patrick (2010), "AllenW.Wood, *Kantian Ethics*." *Philosophical Review* 119, pp. 104-108.

Kant, Immanuel (1996), *Practical Philosophy*, trans. M. Gregor. Cambridge: Cambridge University Press.

Kant-Konkordanz Vol. 9 (1995), ed. Wilhelm Lütterfelds et al. Hildesheim: Olms. Kerstein, Samuel J. (2002), *Kant's Search for the Supreme Principle of Morality*. Cambridge: Cambridge University Press.

—: (2006), "Deriving the Formula of Humanity." In Horn/Schönecker (2006), pp. 200-221.

Klemme, Heiner (2010), "Immanuel Kant." In *Handbuch Menschenrechte*, ed. Georg Lohmann et al. Metzler: Stuttgart.

Korsgaard, Christine (1996a), *Creating the Kingdom of Ends*. Cambridge: Cambridge University Press.

—: (1996b), *The Sources of Normativity*. Cambridge: Cambridge University Press.

—: (1998), "Motivation, Metaphysics, and the Value of the Self: A Reply to Ginsborg, Guyer, and Schneewind." In *Ethics* 109, pp. 49-66.

Kretzmer, D., and Klein E. (2002) (eds.), *The Concept of Human Dignity in Human Rights Discourse*. The Hague/London/New York: Kluwer Law International.

Kristeller, Paul O. (1964), *Eight Philosophers of the Italian Renaissance*. Stanford: Stanford University Press.

Langton, Rae (2007), "Objective and Unconditioned Value." *Philosophical Review* 116, pp. 157-185.

Leist, Anton (1996), "Persons as 'Self-Originating Sources of Value.'" In Bayertz (1996), pp. 177-199.

Leo the Great (1996), *Sermons*, tra. by J.P. Freeland and A.J. Conway. Washington D.C.: The Catholic University of America Press.

Lichtblau, Klaus (2004), "Wert/Preis." In *Historisches Wörterbuch der Philosophie*, vol. 12, ed. J. Ritter et al. Basel: Schwabe, pp. 586-591.

Lo, P.C. (1987), *Treating Persons as Ends*. Lanham: University Press of America.

Löhrer, Guido (1995), *Menschliche Würde*. Alber: Freiburg.

Lovejoy, Arthur (1961), *The Great Chain of Being, a Study of the History of an Idea*. New York: Harper & Row.

MacIntyre, Alasdair (1981), *After Virtue*. South Bend: University of Notre Dame Press.

Mackie, John (1977), *Ethics*. New York: Penguin Books.

Martin, Adrienne (2006), "How to Argue for the Value of Humanity." *Pacific Philosophical Quarterly* 87, pp. 96-125.

McDowell, John (1985), "Value and Secondary Qualities." In *Morality and Objectivity*, ed. Ted Honderich. London: Routledge & Kegan Paul.

Mendonça, W.P. (1993), "Die Person als Zweck an sich." *Kant-Studien* 84, pp.167-184.

Meyer, Michael (1989), "Dignity, Rights, and Self-Control." In *Ethics* 99, pp. 520-534.

Mohr, Georg (2007), "Ein ‚Wert, der keinen Preis hat '-Philosophiegeschichtliche Grundlagen der Menschenwürde bei Kant und Fichte." In *Menschenwürde*, ed. H.J. Sandkühler. Frankfurt a.M.: Lang, pp. 13-39.

Moore, G.E. (1903), *Principia Ethica*, ed. T. Baldwin. Cambridge: Cambridge University Press: Cambridge, 1993.

Mulholland, Leslie (1990), *Kant's System of Rights*. New York: Columbia University Press.

Murchland, Bernard (1966), *Two Views of Man*. New York: Frederick Ungar.

Nichols, Shaun (2005), "Innateness and Moral Psychology." In *The Innate Mind*, ed. P. Carruthers et al. Oxford: Oxford University Press.

—: (2009), "Emotions, norms, and the genealogy of fairness." *PPE* 9, pp. 1-22.

Noggle, Robert (1999), "Kantian Respect and Particular Persons." *Canadian Journal of Philosophy* 29, pp. 449-478.

Nussbaum, Martha (1997), "Kant and Stoic Cosmopolitanism." *Journal of Political Philosophy* 5, pp. 1-25.

Oberer, Hariolf (2006), "Sittlichkeit, Ethik und Recht bei Kant." *Annual Review of Law and Ethics* 14, pp. 259-267.

O'Neill, Onora (1989), *Constructions of Reason*. Cambridge: Cambridge University Press.

—: (1991), "Kantian Ethics." In *A Companion to Ethics,* ed. P. Singer. Oxford: Blackwell.

—: (1996), *Towards Justice and Virtue*. Cambridge: Cambridge University Press.

—: (1998), "Kant on Duties Regarding Nonrational Nature." *Aristotelian Society. Supplement* 72, pp. 211-228.

Oxford Latin Dictionary (1996), ed. by P.G.W. Glare. Oxford: Oxford University Press.

Parfit, Derek (2011), *On What Matters*. Oxford: Oxford University Press.

Paton, Herbert James (1947), *The Categorical Imperative. A Study in Kant's Moral Philosophy*. London: Hutchinson.

Pfordten, D. von der (2009), "On the Dignity of Man." *Philosophy* 84, pp. 371-391.

Pico della Mirandola (1486), *On the Dignity of Man*, tra. by C.G. Wallis. Indianapolis: The Bobbs-Merrill Company, 1998.

Pieper, Annemarie (2002), "Zweites Hauptstück (57-71)." In Höffe (2002), pp. 115-133.

Plotinus, *The Enneads*, tra. by S. MacKenna. London: Faber and Faber, 1969.

Pöschl, Viktor (1969), "Der Begriff der Würde im antiken Rom und später." *Sitzungsberichte der Heidelberger Akademie der Wissenschaften. Philosophischhistorische Klasse* 3. Heidelberg: Carl Winter, pp. 7-67.

Porcheddu, Rocco (2012), "Der Zweck an sich selbst und die Deduktion des Kategorischen Imperativs." In Bacin (2012b).

Prauss, Gerold (1983), *Kant über Freiheit als Autonomie*. Frankfurt: Klostermann.

Prinz, Jesse (2008), *The Emotional Construction of Morals*. Oxford: Oxford University Press.

Rauscher, Frederick (2002), "Kant's Moral Anti-Realism." *Journal of the History of Philosophy* 40, pp. 477-499.

Rawls, John (1971), *A Theory of Justice*. Cambridge/MA: Harvard University Press.

Reath, Andrews (2003), "Value and Law in Kant's Moral Theory." *Ethics* 114, pp. 127-155.

—: (2006): *Agency& Autonomy in Kant's Moral Theory*. Oxford: Oxford University Press.

—: (2012a): "Formal Approaches to Kant's Formula of Humanity." In Baiasu/Timmons (2012).

—: (2012b): "The Ground of Practical Laws." In Bacin (2012b).

Regan, D. (2002), "The Value of Rational Nature." In *Ethics* 112, pp. 267-291.

Reich, Klaus (1939), "Kant and Greek Ethics II." *Mind* 48, pp. 446-463.

Ricken, Friedo (1989), "Homo Noumenon und Homo Phaenomenon." In O. Höffe (1989), pp. 234-252.

—: (1998a), *Allgemeine Ethik*. Stuttgart: Kohlhammer.

—: (1998b), "Aristotelische Interpretationen zum Traktat *De passionibus animae*

(Summa theologiae I II 22-48) des Thomas von Aquin." In *Die Einheit der Person*, ed. M. Thurner. Stuttgart: Kohlhammer.

Ross, David (1954), *Kant's Ethical Theory*. Oxford: Clarendon Press.

Santeler, Josef (1962), *Die Grundlegung der Menschenwürde bei I. Kant*. Innsbruck: Innsbruck University Press.

Scanlon, Thomas (1998), *What We Owe to Each Other.* Cambridge/MA: Harvard University Press.

Scheler, Max (1913/16), *Der Formalismus in der Ethik und die materiale Wertethik*. Bern: Francke, 1980.

Schneewind, Jerome B. (1992), "Autonomy, Obligation, and Virtue: An Overview of Kant's Moral Philosophy." In Guyer (1992).

—: (1996), "Kant and Stoic Ethics." In Engstrom/Whiting (1996), pp. 285-301.

—: (1997), "Introduction." In *Immanuel Kant. Lectures on Ethics*, ed. Peter Heath and Jerome B. Schneewind. Cambridge: Cambridge University Press.

—: (1998), *The Invention of Autonomy. A History of Modern Moral Philosophy*. Cambridge: Cambridge University Press.

Schönecker, Dieter (1999), *Kant: Grundlegung III. Die Deduktion des kategorischen Imperativs*. Freiburg: Alber.

—: and Wood, Allan (2003), *Immanuel Kant „Grundlegung zur Metaphysik der Sitten": ein einführender Kommentar*. Paderborn: Schöningh.

—: (2010), "Kant über die Möglichkeit von Pflichten gegen sich selbst (*Tugendlehre* §§ 1-3)." In *Kant als Bezugspunkt philosophischen Denkens*, ed. H. Busche/A. Schmitt. Würzburg: Königshausen & Neumann, pp. 235-260.

Schwartländer, Johannes (1968), *Der Mensch ist Person*. Stuttgart: Kohlhammer.

Sedgwick, Sally (2008), *Kant's* Groundwork of the Metaphysics of Morals. Cambridge: Cambridge University Press.

Seel, Gerhard (2009), "How Does Kant Justify the Universal Objective Validity of the Law of Right?" *International Journal of Philosophical Studies* 17, pp.

71-94.

Seifert, Josef (1997), *The Value of Life*. Amsterdam: Rodopi.

Shafer-Landau, Russ (2003), *Moral Realism*. Oxford: Clarendon Press.

Shell, Susan (2003), "Kant on Human Dignity." In *In Defense of Human Dignity*, ed. R. Kraynak/G. Tinder. South Bend: University of Notre Dame Press.

Silber, John (1959/60), "The Copernican Revolution in Ethics. The Good Reexamined." *Kant-Studien* 51, pp. 85-101.

Smit, Houston, and Timmons, Mark (2012), "Kant's Grounding Project in *The Doctrine of Virtue*." In Baiasu/Timmons (2012).

Smith, Michael (1999), "Search for the Source." *The Philosophical Quarterly* 49, pp. 384-394.

Stern, Robert (2012), "On Hegel's Critique of Kant's Ethics. Beyond the 'Empty Formalism' Objection." In *Hegel's* Philosophy of Right, ed. Thom Brooks. Oxford: Wiley-Blackwell.

Stratton-Lake, Philip (2002) (ed.), *Ethical Intuitionism: Re-Evaluations*. Oxford: Clarendon Press.

Sullivan, Roger (1989), *Immanuel Kant's Moral Theory*. Cambridge: Cambridge University Press.

Sussman, David (2003), "The Authority of Humanity." In *Ethics* 113, pp. 350-366.

Timmermann, Jens (2000), "Kant's Puzzling Ethics of Maxims." *Harvard Review of Philosophy* 8, pp. 39-52.

—: (2003), *Sittengesetz und Freiheit*. Berlin/New York: Walter de Gruyter.

—: (2006), "Value Without Regress: Kant's 'Formula of Humanity' Revisited." *European Journal of Philosophy* 14, pp. 69-83.

—: (2007), *Kant's* Groundwork of the Metaphysics of Morals. *A Commentary*. Cambridge: Cambridge University Press.

—: (2010) (ed.), *Kant's* Groundwork: *A Critical Guide*. Cambridge: Cambridge

University Press.

—: (2012), "On duties to the self as such." In Trampota (2012).

Timmons, Mark (2002) (ed.), *Kant's Metaphysics of Morals. Interpretative Essays*. Oxford: Oxford University Press.

—: and Smit, Houston (2012), see Smit.

—: (2012), "Kant on Duties to Oneself qua Animal Being." In Trampota (2012).

Trampota, Andreas (2003), *Autonome Vernunft oder moralische Sehkraft?* Stuttgart: Kohlhammer.

—: et al. (2012) (eds.), *Kant's Tugendlehre. A Comprehensive Commentary*. Berlin/New York: Walter de Gruyter.

Tuck, Richard (1979), *Natural Rights Theories. Their Origin and Development*. Cambridge: Cambridge University Press.

Uleman, Jennifer (2010), *An Introduction to Kant's Moral Philosophy*. Cambridge: Cambridge University Press.

Vogt, Katja (unpublished), "Do Human Beings Have Non-Relative Value?"

Waldron, Jeremy (2007), "Dignity and Rank." *European Journal of Sociology* 48, pp. 201-237.

Wasianski, E.A.Ch. (1804), "Immanuel Kant in seinen letzten Lebensjahren." In *Immanuel Kant. Sein Leben in Darstellungen von Zeitgenossen*, ed. Felix Gross. Darmstadt: Wissenschaftliche Buchgesellschaft, pp. 189-271.

Watkins, Eric, and FitzPatrick, William (2002), "O'Neill and Korsgaard on the Construction of Normativity." *Journal of Value Inquiry* 36, pp. 349-367.

Wegehaupt, Helmut (1932), *Die Bedeutung und Anwendung von dignitas in den Schriften der republikanischen Zeit*. Ohlau i. Schl.: Eschenhagen.

Wetz, Franz Josef (1998), *Die Würde der Menschen ist antastbar*. Stuttgart: Klett-Cotta.

Whitman, J. (2003), "From Fascist 'Honour' to European 'Dignity.'" In *The Darker Legacy of European Law*, ed. C. Joerges/N. Ghaleigh.

Cambridge:Hart, pp. 243-266.
Williams Bernard (1985), *Ethics and the Limits of Philosophy.* Cambridge/MA: Harvard University Press.
Wolff, Robert Paul (1973), *The Autonomy of Reason.* New York: Harper & Row.
Wood, Allen (1996), "General Introduction." In *Immanuel Kant. Practical Philosophy*, ed. Mary Gregor. Cambridge: Cambridge University Press, pp. xiii-xxxiii.
—: (1998a), "Humanity as an End in Itself." In Guyer (1998b), pp. 165-187.
—: (1998b), "Kant on Duties Regarding Nonrational Nature I." In *Aristotelian Society Supplement* 72, pp. 189-210.
—: (1999), K*ant's Ethical Thought.* Cambridge: Cambridge University Press.
—: (2006), "The supreme principle of morality." In Guyer (2006b), pp. 342-380.
—: (2008), *Kantian Ethics.* Cambridge: Cambridge University Press.
Wright, Georg Henrik von (1963), *The Varieties of Goodness.* London: Routledge & Kegan Paul.

著者索引

（页码为原书页码，即本书边码）

Allison, Henry 阿利森，亨利 26, 40, 67 f., 92, 111 f., 128, 139, 165

Ameriks, Karl 阿梅里克斯，卡尔 15, 36

Appiah, Anthony 阿皮亚，安东尼 152

Aristotle 亚里士多德 153, 162

Bacin, Stefano 巴钦，斯特凡诺 131

Baron, Marcis 巴伦，马西娅 36, 125, 198

Baum, Manfred 鲍姆，曼弗雷德 , 44, 205

Baumgarten, A. C. 鲍姆加滕，A.G. 17, 47, 126

Baxley, Anne Margaret 巴克斯利，安妮·玛格丽特 79, 92

Carnois, Bernard 卡诺伊斯，伯纳德 26

Caswell, Matthew 卡斯韦尔，马修 190

Chirstiano, Thomas 克里斯蒂亚诺，托马斯 55, 63, 79, 87, 137

Cicero 西塞罗 40, 111, 143, 146 f., 152, 155—159, 161 f., 164 f., 169

Clewis, Robert 克鲁伊斯，罗伯特 166 f.

Cohen, Rachel 科洪，雷切尔 69

Copp, David 科普，大卫 69

Cummiskey, David 库米斯基，大卫 137

Darwall, Stephen 达沃尔，斯蒂芬 55, 65, 75, 79, 119 f., 124, 189, 191, 209

Dean, Richard 迪安，理查德 2, 5, 12, 16, 33, 53, 55, 57, 84, 87—93, 95, 190

Denis, Lara 德尼，拉腊 87, 92, 121, 128, 166, 171, 201

著者索引

Donagan, Allen 多纳根, 艾伦 71
Duncan, A. R. C. 邓肯, A.R.C. 40, 111
Dürig, W. 迪里希, W 1, 152, 157, 164, 202

Ebbinghaus, Julius 埃宾豪斯, 尤里乌斯 96
Engstrom, Stephen 恩斯特龙, 斯蒂芬 2, 12 f., 16, 26, 33, 53, 96, 104, 109 f., 123, 128, 190, 207
Esser, Andrea 埃瑟, 安德烈亚 116, 138, 198

FitzPatrick, William 菲茨帕特里克, 威廉 12, 15, 75
Flikschuh, Katrin 弗里克舒, 卡特琳 110
Foreman, Elizabeth 福尔曼, 伊丽莎白 35
Formosa, Paul 弗摩萨, 保罗 2, 16
Forschner, Maximilian 福施纳, 马克西米利安 11, 152

Gadamer, Hans-Georg 伽达默尔, 汉斯–格奥尔格 153
Gaut, Berys 高特, 贝里斯 63 f.
Geuss, Raymond 戈伊斯, 雷蒙德 69, 74

Gewirth, Alan 格沃思, 艾伦 1, 55, 69, 164, 202
Gibbard, Allan 吉伯德·艾伦 69, 72, 75, 148, 183
Glasgow, Joshua 格拉斯哥, 约舒亚 36, 87, 92
Gregor, Mary 格雷戈尔, 玛丽 198
Griffin, James 格里芬, 詹姆斯 149
Guyer, Paul 盖耶, 保罗 5, 12, 15 f., 24, 53, 55, 58, 68, 79—86, 95 f., 104, 117, 128, 166, 181

Hanna, Robert 汉纳, 罗伯特 207
Hegel, G. W. F. 黑格尔, G.W.F. 136, 206
Hill, Thomas 希尔, 托马斯 2, 12, 15 f., 53, 110
Hills, Alison 希尔斯, 阿利森 2, 16, 33, 53, 67 f., 96, 108, 110, 135, 137, 139, 190, 205 f.
Hobbes, Thomas 霍布斯, 托马斯 12, 73, 80, 113
Höffe, Otfried 赫费, 奥特弗里德 136, 167
Horstmann, R. P. 霍斯特曼, R.P. 152
Hutchings, Patrick 哈钦斯, 帕特里克 12, 147

Johnson, Robert 约翰逊, 罗伯特 2, 16, 114
Jones, H. E. 琼斯, H.E. 11, 147

Kain, Patrick 卡因, 帕特里克 15, 79
Kerstein, Samuel 克斯腾, 塞缪尔 5, 12, 53, 55, 57 f., 63—65, 67 f., 79, 87 f., 92—95
Klemme, Heiner 克莱米, 海纳 109, 143
Korsgaard, Christine 科斯嘉德, 克里斯蒂娜 5, 12, 15, 23, 29, 31, 34, 53—57, 60—64, 66—76, 78 f., 88, 93, 95, 128, 188

Langton, Rae 兰顿, 蕾 15 f., 21, 23, 29, 34, 55, 64, 75, 117, 148
Leist, Anton 莱斯特, 安东 69
Leo the Great 大良 146 f., 152, 157—159, 160 f., 164
Lo, P. C. 罗秉祥 11 f., 147
Löhrer, Guido 勒雷尔, 吉多 11 f., 55, 110, 147, 164, 190
Lovejoy, Arthur 洛夫乔伊, 阿瑟 160, 162

Machiavelli 马基雅维利 159
MacIntyre, Alasdair 麦金泰尔 137

Mackie, John 麦凯, 约翰 15, 148
Martin, Adrienne 马丁, 阿德里安娜 64, 79
McDpwell, John 麦克道尔, 约翰 29
Meyer, Michael 迈耶, 迈克尔 11, 143
Mohr, Georg 莫尔, 格奥尔格 137
Moore, G. E. 摩尔, G. E. 15—17, 29, 50, 117, 148, 161
Mulholland, Leslie 马尔霍兰, 莱斯利 38, 80, 98, 128, 189

Nichols, Shaun 尼克尔斯, 肖恩 209 f.
Nussbaum, Martha 纳斯鲍姆, 玛莎 165

Oberer, Hariolf 奥伯尔, 哈里奥尔夫 44, 138 f., 206
O'Neil, Onora 奥尼尔, 奥诺拉 2, 96, 109, 133, 136, 204—206

Parfit, Derek 帕菲特, 德里克 120, 137
Paton, H. J. 帕通, H. J. 11 f., 56 f., 87, 109, 147, 163, 183
Pfordten, D. von der 普福尔滕, D. 冯·德 143
Pico della Mirandola 皮科·德拉·米兰多拉 146 f., 152, 159—161, 164

Pieper, Annemarie 皮珀, 安妮玛丽 17, 20

Plotinus 普罗提诺 161 f.

Porcheddu, Rocco 波切都, 罗科 38, 65, 110, 187

Pöschl, Viktor 波舍, 维克多 152—155, 157—159, 161 f., 164

Prauss, Gerold 普劳斯, 杰罗尔德 69, 110

Prinz, Jesse 普林茨, 杰西 209 f.

Rauscher, Frederick 劳舍尔, 弗雷德里克 13, 15 f.

Rawls, John 罗尔斯, 约翰 71

Reath, Andrews 里思, 安德鲁 2, 12, 16, 31, 36, 53, 58, 84, 96, 109 f., 115, 123, 207

Regan, Donald 里甘, 唐纳德 63

Reich, Klaus 赖克, 克劳斯 40, 111 f., 165

Richken, Friedo 里肯, 弗里多 12, 87, 117, 128, 131, 161 f.

Ross, David 罗斯, 大卫 12, 33, 87, 147, 164, 190

Rousseau 卢梭, 让-雅克 11, 112

Santeler, Josef 珊德勒, 约瑟夫 166, 190

Scanlon, Thomas 斯坎伦, 托马斯 28 f.

Scheler, Max 舍勒, 马克斯 148, 161

Schiller, G. W. F. 席勒, G. W. F. 152, 173

Schneewind, Jerome 施内温德, 杰罗姆 2, 13, 16, 33, 38, 40, 47, 112, 117, 163, 165

Schönecker, Dieter 舍内克尔, 迪特尔 11, 15, 23, 40, 60, 80, 100, 104, 106, 121, 128, 148, 164, 171

Schwartländer, Johannes 施瓦特伦德尔, 约翰内斯 190

Sedgwick, Sally 塞奇威克, 萨莉 36

Seel, Gerhard 西尔, 格哈德 138 f., 170

Seifert, Josef 塞弗特, 约瑟夫 1, 15, 147 f., 164, 202

Shafer-Ladau, Russ 谢弗-兰多, 拉斯 20, 148

Shell, Suan 谢尔, 苏珊 166

Silber, John 西尔伯, 约翰 26

Smit, Houston 斯密特, 休斯顿 109, 118, 139, 207

Smith, Michael 史密斯, 迈克尔 69, 72

Stern, Robert 斯特恩, 罗伯特 136

Stoltzenberg, Günter 施托尔岑堡, 京特 109

Stratton-Lake, Philip 斯特拉顿-莱克, 菲利普 20

Sullivan, Roger 沙利文,罗杰 26,96

Sussman, David 萨斯曼,大卫 63,78

Timmermann, Jens 蒂默曼,詹斯 36 f., 40,55,67,105,107,111,114,116, 121,137,165,171

Timmons, Mark 蒂蒙斯,马克 118, 137,139,207

Trampota, Andreas 特兰博塔,安德烈亚斯 26

Tuck, Richard 塔克,理查德 163

Uleman, Jennifer 邬勒曼,珍妮弗 110

Vogt, Katja 沃格特,卡提亚 2,16

Waldron, Jeremy 沃尔德伦,杰里米 152

Wasianski, E. A. Ch. 瓦西安斯基, E. A. Ch. 11

Watkins, Eric 沃特金斯,埃里克 149, 152,155,202

Wetz, Franz-Josef 韦茨,弗朗茨-约瑟夫 204

Williams, Bernard 威廉姆斯,伯纳德 17

Wolff, Christian 沃尔夫,克里斯琴 55

Wolff, Robert Paul 沃尔夫,罗伯特·保罗

Wood, Allen 伍德,艾伦 1,5,11 f., 15—17,22,29,33,35 f.,40,44, 53—55,57,60,63,67,75—80, 91,95,100,104,106,111 f.,128, 147,164 f.,181,190,202

Zöller, Günter 策勒,京特 109

主题词索引

（页码为原书页码，即本书边码）

Animal 动物（可见于：Respect 敬重）
Authority Argument 权威性论证（出自 Allen Wood 艾伦·伍德）75—79
Autonomy 自律 18, 83, 108, 168 f., 183, 186—188

Categorical Imperative 定言命令式
—— justification of 定言命令式的证成 23—27, 113—118, 208—211
—— and the Formula of Humanity 定言命令式与人性公式 5, 23 f., 107—124, 201 f.
—— and equivalence of its formulas 定言命令式及其诸公式的等同性 107—113
—— emptiness objection against 对定言命令式的空洞性反驳 135—139
Copernican Revolution 哥白尼式的革命 2, 4, 26

Degrading 贬低（可见于：Dignity 尊严）
Dignity 尊严
—— aristocratic paradigm of 尊严的贵族范式 153—155, 162, 164, 175, 177 f.
—— contemporary paradigm of 尊严的当代范式 1, 7, 147—152, 161—164
—— traditional paradigm of 尊严的传统范式 152—164
—— Kant and the contemporary paradigm 康德与当代范式 1—3, 174—180, 188—191
—— Kant and the traditional paradigm 康德与传统范式 164—173, 177—180
—— as elevation 作为高度的尊严 5 f., 152—155, 165—168, 175 f., 184—188

—— as rank 作为地位的尊严 138, 144, 146, 153—155, 162, 165—167, 178, 192 f., 199, 201, 206

—— and degradation 尊严与贬低 119, 131 f., 194—197, 200

—— dignified 有尊严的 146, 153

—— and sublimity 尊严与崇高 165—168, 172, 175, 178 f., 182, 184, 200

—— human dignity 人类尊严 1, 3, 146—153, 155—161, 166, 168 f., 178 f., 202 f., 213 f.

—— two-fold notion of 尊严的双重概念 153, 158, 162 f., 168 f.

—— and respect 尊严与敬重 1 f., 26, 143, 172, 174, 196—201, 203, 214

—— as value 作为价值的尊严 1—3, 5—7, 146—152, 188—191

—— and human rights 尊严与人权 1, 146—152, 163, 169 f., 173, 190, 198, 202 f.

—— in UN documents 联合国文件中的尊严 1, 149—152, 202

—— in the *Groundwork*《奠基》中的尊严 180—191

—— in the *Doctrine of Virtue*《德性论》中的尊严 191—202

Elevation 高度（可见于：Dignity 尊严）

End in Itself 目的自身

—— Kant's conception of 康德的目的自身的观念 101—104

—— proper treatment of 恰当地对待目的自身 107, 118—127

Ends 目的 12, 14, 29—31, 42, 44 f., 55—63, 66—69, 74, 76—79, 88—90, 100 f., 110, 112, 125, 128, 196

Feeling as justification 作为证成的情感 4, 16—20, 24—26, 28—30, 91

Formula of Autonomy 自律公式 35, 65, 109, 181—189, 206

Formula of Humanity 人性公式

—— its application 它的应用 118—137, 139

—— its justification 它的证成 5, 24, 53—94, 96—108, 113—118

Freedom 自由 44, 47, 49, 58, 79—87, 100—107, 114 f., 128—133, 159—161, 168—171, 179, 194, 206

—— and end in itself 自由与目的自身 100—107

—— and Categorical Imperative 自由与定言命令式 114 f.

Good 善（可见于：Value 价值）

Heteronomy 他律 4 f., 18, 31, 43, 53, 93, 116, 118, 135, 213

Homo Noumenon 作为本体的人 128—132, 193

Homo Phenomenon 作为现象的人 128—130

Human Dignity 人类尊严（可见于：Dignity 尊严）

Humanity 人性（康德的人性观念）127—133

—— Formula of 人性公式（可见于：Formula of Humanity 人性公式）

Justification 证成

—— of requirement to respect others 对敬重他人的要求的证成 23—27, 53—94, 96—135, 197—201

—— of Categorical Imperative 对定言命令式的证成 113—118

Menschenwürde 人类尊严（可见于：人类尊严）

Naturrecht Feyerabend 法伊尔阿本德版康德自然法权 41—43, 102 f., 177

Obligation 责任 121, 134, 137, 199, 205, 214

Paradox of Method 方法的悖论（可见于：价值）

Personality 人格性 128—132, 197, 200

Regress Argument 回溯论证（出自：Christine Korsgaard 克里斯蒂娜·科斯嘉德）55—75, 88, 93, 188

Respect 敬重（Kant's conception of 康德的敬重观念）118—122

—— three conceptions of 三种敬重的观念 119

—— justification for the requirement to 对敬重的要求的证成 23—27, 53—94, 96—135, 197—201

—— duties following from the requirement to 对出自敬重他人的要求的义务 118—135

—— for animals 对动物的敬重 46, 77, 133—135, 200

—— and dignity 敬重与尊严 1 f., 26, 143, 172, 174, 196—201, 203, 214

—— and value 敬重与价值 11—13, 23—27, 147—152, 188—191

—— in the *Doctrine of Virtue*《德性论》中的敬重 124—127, 131—133, 143, 171, 174, 197—201

Rights 权利 1, 146—152, 163, 169 f., 173, 190, 198, 202 f.

Servility 阿谀奉承（可见于：Dignity, Degradation 尊严,贬低）
Sublimity 崇高（可见于：Dignity 尊严）

Utilitarianism 功利主义 134,137

Value 价值
—— absolute 绝对的价值 1—3,6, 11—15,20—22,26 f.,32—35, 37—39,45,48—54,64,66,85, 87—89,101 f.,143 f.,148,163 f., 174—176,181,189—192,196
—— inner 内在的价值 3,6,13,15, 23,32—35,39,45,64—67,143 f., 174—176,184—186,188—191, 196
—— relative 相对的价值 32—34, 58,60,67,70,89,101,133,144, 176,185
—— as metaphysical property 作为形而上学的属性的价值 3—5,7, 17—27,29—32,35,40—45,48— 54,63,65,67,72,79,84 f.,91,93, 111,143 f.,148,154,161—163, 188—190
—— value realism 价值实在论 7, 15 f.,35 f.,148
—— value intuitionism 价值直观主义 4,16,19 f.,22,25,50,52,83, 148
—— as prescription 作为规定的价值 4,28—35,38,48,54,68,75,102, 143 f.,175,182,185 f.,190
—— in paradox of method 悖论的方法中的价值 17—27,86
—— in the *Critique of Practical Reason*《实践理性批判》中的价值 17—27,43 f.
——《判断力批判》中的价值 49
—— of good will 善的意志的价值 1—3,21 f.,34 f.,37—41,46, 48 f.,54,65,87—94,128,131 f., 135,182,184,186,189 f.,194— 196,201
Vigilantius 维吉兰提 40,47 f.,126,129, 204

Worth 价值（可见于 Value）
Würde 尊严（可见于 Dignity）

图书在版编目（CIP）数据

康德论人类尊严 /（德）奥利弗·森森著；李科政，王福玲译 .—北京：商务印书馆，2022
（伦理学名著译丛）
ISBN 978-7-100-20493-4

Ⅰ.①康… Ⅱ.①奥…②李…③王… Ⅲ.①康德，
Ⅰ.（1724~1804）—哲学思想—研究　Ⅳ.① B516.31

中国版本图书馆 CIP 数据核字（2021）第 231797 号

权利保留，侵权必究。

伦理学名著译丛
康德论人类尊严
〔德〕奥利弗·森森　著
李科政　王福玲　译

商 务 印 书 馆 出 版
（北京王府井大街36号　邮政编码100710）
商 务 印 书 馆 发 行
北京艺辉伊航图文有限公司印刷
ISBN 978 - 7 - 100 - 20493 - 4

2022年1月第1版	开本 880×1230　1/32
2022年1月北京第1次印刷	印张 11¼

定价：58.00 元